FUNDAMENTAL ISSUES IN ACCOUNTING

会計学の基本問題

TOMOOKA Susumu
友岡 賛

慶應義塾大学出版会

序

　気が付けば、会計学を生業とするようになってから久しいが、この間、何をしてきたのかといえば、要するに、会計とは何か、を考えてきた。
　本書もまた、要するに、会計とは何か、を扱っている。

　本書は筆者にとって 20 冊目の本である。切りがよいので、何か、ちょっと気の利いた格好いいタイトルを付けた方がよかったかもしれないが、あえてシンプルな、至って地味な『会計学の基本問題』とした。
　ありそうで、そんなにないタイトル、というべきかもしれないが、筆者の知る限り、同名の書は 5 冊あり、そのうちの一冊、1969 年刊の峯村信吉著は実に懐かしい。
　筆者が会計学に手を染めた頃の慶應義塾には財務会計論の分野に同世代の三教授があり、そのうちの一人が峯村さんだった。峯村（1920〜1993 年）、山桝忠恕（1922〜1984 年）、そして會田義雄（1923〜1995 年）という三教授のなかから、指導教授には會田さんを選んだ筆者は、しかしながら、三教授から三様に学恩を受けた。
　三教授の思い出は「跋」に記すが、本書はこれをこの三教授に捧げたい。

2015 年 12 月 25 日、三田山上にて

友岡　賛

1 単著については異論がないとして、単著以外の場合、どのような書をもって「自分の本」ということができるのか、ということの判断は人によって違うだろうが、筆者の場合、「ボクが作った本」ということのできる本が自分の本である。
2 以下のものを参照。
　　友岡賛「三田の会計学」『三色旗』第586号、1997年。
　　友岡賛「三田の会計学──慶應義塾大学商学部創立50周年記念」『三田商学研究』第50巻第1号、2007年。

謝　辞

　慶應義塾大学出版会の木内鉄也氏には洵にお世話になりました。木内さんを編集者として本を出すのは3冊目ですが、ほかの書肆から出版する際にも、ことあるごとに木内さんの助言を当てにしてきました。
　また、慶應義塾大学商学会には本書の上梓について補助を受けています。
　木内さんと商学会に万謝します。

目　次

序　　*1*
謝　辞　*3*
引用について　*9*

第1部
会計とは何かを考える

第1章　会計の要件 …………………………………………… *13*
もはや会計ではない？　*13* ／定義と要件と複式簿記　*14* ／「会計」の定義　*18* ／会計の目的・機能と手段　*25* ／会計学のレーゾン・デートル　*27*

第2章　会計責任の意義 ………………………………………… *31*
「会計責任」の意義　*31* ／受託責任と会計責任　*37* ／会計の機能　*39* ／財務会計と管理会計　*43* ／受託責任と会計責任（続）　*45*

第3章　利益の意義 ……………………………………………… *47*
利益の重要性　*47* ／「利益」の定義　*50* ／求めているのは定義なのか？　*57* ／差額概念　*61* ／会計写像説　*64*

第2部
簿記と複式簿記を考える

第4章　簿記と会計　……………………………………………… 71
無意味？　71／リトルトンの所説　72／簿記と会計の異同——記録と報告　76／簿記と会計の異同——技術と理論　77／会計とは関係のない簿記　79／簿記と会計の異同——技術と理論（続）　80／「簿記」の定義　83／「まったく無意味」　85

第5章　単式簿記と複式簿記　……………………………………… 87
第1節　複式簿記から単式簿記へ　87
簿記と複式簿記　87／［単式簿記 → 複式簿記］というシェーマとその否定　88／単記式簿記と単式簿記　90／リトルトンの「簿記」　92／［低質のもの → 低質のもの・高質のもの］の否定　93／「複式簿記」の登場とその意味　95／［不完全な簿記 → 完全な簿記 → 完全な簿記・簡便な簿記］　98／先行研究　100／単記式簿記と単式簿記（続）　101／「簿記」の定義　102

第2節　渡邉説の意味　102
渡邉説に対する反応　102／従来の通説と軌を一にした記述　105／従来の「単式簿記」概念　107／渡邉説の意味　109／簡便な簿記と複式簿記　112／利益計算と複式簿記　114／名目勘定の意味　115／利益計算と複式簿記（続）　118

補　遺　120
単式簿記に関する通説　120／単式簿記に関する渡邉説　121／通説と渡邉説の整理　124／複式記入と二面性　126

第3部
会計学の在り方を考える

第6章 会計学の生成 …………………………………… 131
会計プロフェッションの祖国イギリスの会計学 131／会計学の生成 132／会計士会計学とアメリカの会計プロフェッション 134／ピクスリー 139／ディクシー 145

第7章 会計の理論と制度と実践 …………………………………… 149
一貫性の意義 149／会計学研究の変遷 150／会計基準設定の変遷 156／ベスト・プラクティス 157／会計の機能と制度と理論 165

第8章 会計学の基礎の不易性 …………………………………… 167
基礎の不易性 167／『基礎』 168／公準論の萌芽 170／公準論の成立 173／公準論の一般化 178／所与の公準論 181

第9章 情報会計と国際会計の盛衰 …………………………………… 187
第1節 情報会計論の行方 187
武田隆二 187／ASOBAT 189／情報会計（論）の登場 195／測定論 199／情報会計論の行方 203

第2節 国際会計論の行く末 204
「国際」は必要か？ 204／「国際会計論」の生成 205／国際会計論の古今 209／比較会計史 214／国際会計論の終焉？ 216／国際会計基準の確立 218／国際会計の行く末 219

第4部
会計の歴史研究を考える

第10章 会計史の成立 ……………………………………… 225
第1節 わが国における会計史 225
会計史の成立 225／会計通史の登場 227／会計史学史の成立 230／体系的な通史とは？ 239

第2節 会計通史の展開 242
ブラウン 242／ウルフとリトルトン 245／学会 250／チャットフィールドとテン・ハーベ 254／会計史の教科書 258／やはり、歴史に学ぶ、なのか？ 262／一般的な市民権？ 264

第11章 会計士史の展開 …………………………………… 265
専門中の専門？ 265／会計士論にかかわる文献 265／プロフェッション論と会計プロフェッション論 269／会計プロフェッション史史初期 272／会計プロフェッション史史——20世紀後半以降 274／歴史の意義 289

文献リスト 291
索　　引 305
跋——三教授の思い出 311
著者紹介 317

引用について

　原文における（　）書きや太文字表記や圏点やルビの類いは、原則として、これを省略した。したがって、引用文におけるこの類いのものは、特に断りがない限り、筆者（友岡）による。
　また、引用に際して、促音や拗音の類いが小文字表記されていない場合は小文字表記に改め、漢数字は多くの場合、算用数字に改めるなどの加筆を施している。

第1部
会計とは何かを考える

第1章
会計の要件

もはや会計ではない？

　あれよあれよという間に会計が大きな様変わりをみた。近年における会計の変化はまさに、ドラスティックな大変化、といえるだろう。ただしまた、この変化は会計の歴史においてターニング・ポイントとなるようなものかどうか。むろん、これは後世の歴史自身が判断することであって、渦中のわれわれには分からない。

　そうしたなか、会計学者のなかには昨今の状況を憂える者も少なくない。憂いの一つは、近い将来、会計は会計でなくなってしまう、といったものである。すなわち、利益から企業価値へ、利益の計算から企業価値の測定へ、といった昨今の動きについて、企業価値の測定へとシフトした会計はもはや会計ではない、などともされる。

　［利益 → 企業価値］の移行はまた、簿記を不要とし、ひいては会計を不要とする、といった次のような主張もみられる。

　「新しい会計観によれば、会計が利害関係者に提供する情報の中身が当期純利益から包括利益に、時として企業価値へとシフトしてきた。もし会計の目的が企業価値を提供するのであれば、株価総額やフリー・キャッシュ・フローを基準にした計算構造のもとでは、もはや800年近くも会計の計算構造を支えてきた複式簿記は、不要になってしまう。なぜなら、企業価値計算には、必ずしも、継続的な記録が

前提にされるわけではないからである。企業価値計算は、会計の枠組みを超えたいわばファイナンスの研究領域の問題である」[1]。

［簿記（複式簿記）＝会計の要件］とすれば、簿記の要らない企業価値計算（測定）は会計ではない、ということになろうが、ただし、［簿記（複式簿記）＝会計の要件］には賛否があろうし、これを否定する場合には、簿記の要らない会計が残る、ということになろう[2]。

さて、［簿記（複式簿記）＝会計の要件］なのだろうか。

定義と要件と複式簿記

ところで、定義と要件はどういう関係にあるのだろうか。

まずもって、定義とは何か、といえば、辞書的には「定義」は例えば「或る概念の本質的な属性を挙げることによって、他の概念と区別することができるようにその意味を限定すること」などといったように定義されようが、そうした「定義」の構成要素が要件なのか。定義の構成要素はすべて要件なのか。定義の構成要素だけが要件なのか。

要件とは何か。要件と特徴の違いは何か。

---

[1] 渡邉泉「現代会計の落し穴」『会計史学会年報』第27号、2009年、2頁。
[2] また、逆にいえば、（簿記の要らなくなった会計は依然として会計なのかどうか、という問題とは関係なく）要らなくなった簿記は簿記の本来の目的・機能に帰る、ということになるかもしれない。

　　これまで長年にわたって簿記は会計（財務諸表の作成）に用いられてきたが、簿記の本来の目的・機能は財産の管理である（友岡賛『会計の時代だ――会計と会計士との歴史』2006年、23～26頁、友岡賛『会計学はこう考える』2009年、67～69頁）。

　　会計において要らなくなった簿記は財産の管理に戻る（特化する）。

　　なおまた、これまで論じてきた会計は、むろん、財務会計だが、ここで「会計」に代えて「財務会計」ないし「管理会計」を用いれば、「会計において要らなくなった簿記は財産の管理に戻る（特化する）」は「財務会計において要らなくなった簿記は管理会計に戻る（特化する）」とも換言できよう。

「要件」とは「それがなければ○○ではない」といったものであって、また、そうした要件を充たしたものが有する「他との比較において特に目立った点」が「特徴」である。

　このように、要件と特徴はおよそ同じではないが、しかしながら、例えば「基本的な特徴」とか、「本質的な特徴」とかいった些か微妙な言い様を用いることにより、「要件ないし基本的な特徴」とか、「要件ないし本質的な特徴」とかいった曖昧な言い様をする向きも決して少なくない。

　また、「特徴」に似通ったものに「特質」があるが、辞書的には「特質」は「そのものだけにしかない性質」といったように固有性を含意しているために「要件」に近似し、例えば次のように「基本的特質」と「不可欠」と「かけがえのないもの」をもって同義に用いる向きもある。

　「企業会計にとり複式簿記が不可欠であり、その機構に規定されて、計算対象の構成もまた、二面的にならざるを得ないのである」[3]。
　「複式簿記という構造から産出されたものが、会計情報に他ならないのである」[4]。
　「「会計とは何か」にかかわる側面を、ここでは会計の基本的特質とよんでおこう。……二面的勘定分類つまり二面性公準は、会計の基本的特質を規定している」[5]。
　「二面的勘定分類つまり二面性概念こそが、会計をして会計たらしめている、会計にとりかけがえのないものである」[6]。

　このように、この向きは二面性ないし複式簿記をもって会計の要件（ないし要件に近いもの）としており、また、「会計」を主語とする「会計とは……」

3　笠井昭次『会計の論理』2000年、12頁。
4　同上、801頁。
5　同上、801頁（圏点は原文）。
6　同上、842頁。

といった類いの命題を定義と捉えると、この向きの「会計」の定義は次のように限定の度を増している。

> 「企業会計というのは、企業の経済活動を表現するための機構なのである」[7]。
>
> ↓
>
> 「企業会計は……企業の経済活動に関する言語つまり表現手段に他ならない」[8]。
>
> ↓
>
> 「会計とは、二面性という窓口によって、経済事象を整理する言語なのである」[9]。

問題は、どこまで限定すれば定義たりうるのか、ということである。どこまで限定すれば先述の「定義」の定義に適うのか。すなわち、どこまで限定すれば、会計「の本質的な属性を挙げることによって、他の概念と区別することができるようにその意味を限定」したことになるのか。

他方、「要件」は、先述のように、「それがなければ○○ではない」といったものなら、「不可欠」と同義といえようが、例えば次のような述べ方はトートロジーのような気がしなくもない。

> 「今日、会計理論の対象とされているのが、依然として、損益計算書・貸借対照表等であることを指摘しなければならない。そこでは、相変わらず、複式簿記を不可欠の記録・計算機構として予定しなければならないのである。いかに複式簿記機構を軽視さらには無視しようと、複式簿記機構なくして、損益計算書・貸借対照表等の作成は不可

---

7 同上、3頁。
8 同上、9頁。
9 同上、12頁。

能だからである」。

　はたして本当に「複式簿記機構なくして、損益計算書・貸借対照表等の作成は不可能」なのだろうか、ということも気になるが、それはまた、「損益計算書・貸借対照表等」の定義ないし要件次第だろうし、下掲の引用にいわれるような「複式簿記から導出される損益計算書・貸借対照表等」の作成には複式簿記が不可欠、というのであれば、それはトートロジーにほかならない。

> 「意思決定への役立ちという情報一般の規定で、複式簿記から導出される損益計算書・貸借対照表等の会計情報を語り尽くすことは、およそ不可能であると言わざるを得ない。こうした会計情報の固有性を理解しようとするかぎり、複式簿記の論理を捨象することは、できないはずなのである」。

　この引用にいう「固有性」を複式簿記ないし二面性と解すれば、固有性を理解するためには当該固有性をみることが不可欠、ということになり、これは自明のような気がしなくもなく、また、次の引用における論理も些か腑に落ちない。

> 「本書が想定している会計のアウトプットは、あくまで、複式簿記機構から産出されたものとしての損益計算書・貸借対照表等である。そうした前提にたつかぎり、複式簿記機構を通して見える世界が、会計

10　同上、17頁。
11　同上、18頁。
12　この向きがあくまでも「複式簿記から導出される損益計算書・貸借対照表等」をもってする現行の会計を対象としていることは、むろん、承知しているが、「大事だから大事だ」といったようなトートロジー的な命題には違和感を覚える。

的世界に他ならない。換言すれば、会計的世界とは、複式簿記における二面性に規定された世界なのである[13]」。

「こうした意味での複式簿記の二面性とは……会計と言われるものをスクリーニングする濾過器……といった意義を担っていると言ってよいであろう[14]」。

「会計」の定義

テキストの類いにおける「会計」の定義のサーベイは既にかつて行ったことがあるため[15]、それと被るものはここでは割愛される。しかしながら、やはり定義の類いは例示されていた方が論を進めやすいため、ふと思い付いて、試しに自著における定義を並べてみることにした。

「ここでは、「会計」という行為を、財産運用の受託者から財産運用の委託者への説明、と定義する[16]」(1995年)。

「とどのつまり、会計とは、「財産の管理行為の受託者が自分のおこなった管理行為の顚末をその委託者にたいして説明すること」なのである[17]」(1996年)。

「とどのつまり、会計とは、「財産の管理という行為の受託者が自分のおこなった財産の管理の顚末をその委託者にたいして説明すること」なのである[18]」(1998年)。

---

13 同上、19頁。
14 同上、19頁。
15 友岡賛『会計学原理』2012年、12～20頁。
16 友岡賛『近代会計制度の成立』1995年、1頁。
17 友岡賛『歴史にふれる会計学』1996年、19頁。
18 友岡賛『株式会社とは何か』1998年、53頁。

「会計とは、企業の経済活動を認識し、測定し、その情報を伝達する行為である」[19]（1998 年）。

「とどのつまり、会計とは「財産の管理という行為の受託者が自分のおこなった財産の管理の顛末をその委託者にたいして説明すること」なのである」[20]（2006 年）。

「つまり、会計とは、おカネを増やすことをたのまれた人が、どのようにおカネを増やしているかを、たのんだ人に説明すること、なのです」[21]（2007 年）。

「会計とは企業の経営活動を認識し、測定し、もって作成された情報を伝達する行為である」[22]（2007 年）。

「会計とは企業における経済事象を認識し、測定し、もって作成された情報を伝達する行為である」[23]（2009 年）。

「会計とは、経済主体における経済事象・経済状態を認識し、測定し、もって作成された情報を伝達する行為、である」[24]（2012 年）。

先述のように、「或る概念の本質的な属性を挙げることによって、他の概

---

[19] 友岡賛「第 1 章　会計とはなんだろう」友岡賛（編）『会計学の基礎』1998 年、2 頁。
[20] 友岡『会計の時代だ』13 頁。
[21] 友岡賛『「会計」ってなに？── 12 歳からはじめる賢い大人になるためのビジネス・レッスン』2007 年、14 頁。
[22] 友岡賛「第 1 章　会計の意義」友岡賛（編）『会計学』2007 年、2 頁。
[23] 友岡『会計学はこう考える』16 頁。
[24] 友岡『会計学原理』48 頁。

念と区別することができるようにその意味を限定すること」をもって定義とするならば、上掲の筆者の定義は定義たりうるのか。そしてまた、筆者の考える会計の要件は何か。

　上掲の筆者の九つの定義は二大別されようが、いずれも、会計「の本質的な属性を挙げ」ているつもりではあるものの、要件を網羅しているわけではない。ただし、既述のように、定義は要件を網羅すべきものかどうかも定かではない。

　それはさておき、いまになって要件を追加する機会が与えられるとするならば、例えば次のように改めてみたい。

　　　　会計とは、財産管理行為の受託者が自分の行った財産管理の顛末を貨幣数値をもってその委託者に説明する行為、である。

　　　　会計とは、経済主体における経済事象・経済状態を貨幣数値をもって認識・測定し、かくて作成された情報を伝達する行為、である。[25]

　すなわち、筆者は複式簿記を会計の要件とはしないが、貨幣数値はこれを要件とする。しかし、やはり定義は要件を網羅すべきか、といえば、そうではないかもしれない。「会計とは、財産管理行為の受託者が自分の行った財産管理の顛末を貨幣数値をもってその委託者に説明する行為、である」とか、「会計とは、経済主体における経済事象・経済状態を貨幣数値をもって認識・測定し、かくて作成された情報を伝達する行為、である」とかいったように定義づけの上、貨幣的測定の公準を置けばよいのかもしれない。[26]

---

[25] この件（くだり）は「経済事象・経済状態を認識し、貨幣数値をもって測定し」とするか、それとも「経済事象・経済状態を貨幣数値をもって認識・測定し」とするかをかなり迷う。認識と測定の関係をどのように捉えるか、これが問題だからである。この問題については、同上、45〜48頁、を参照。

[26] ちなみに、同上、12〜20頁、においては「会計」について12の定義がサーベイされているが、そのなかで「貨幣」という語が含まれている定義は四つ。

しかし、公準と要件はどう違うのか。

会計公準論は第8章にて取り上げられるが、その公準論にあって最も一般的ないし代表的なものとして挙げられる企業実体の公準、貨幣的測定の公準、および継続企業ないし会計期間の公準のうち、企業実体の公準と継続企業ないし会計期間の公準については会計の要件という感じがしない。「感じがしない」などといったおよそ論理的ではない述べ方をあえてしたが、「会計においては企業というものをその所有者とは切り離して考える[27]」という企業実体の公準と「会計においては継続的な存在としての企業を念頭に置く[28]」という継続企業の公準ないし「会計は期間ごとにおこなわれる[29]」という会計期間の公準は、いずれも、「それがなければ会計ではない」という感じがしない。他方、「会計における測定は貨幣数値をもっておこなわれる[30]」という貨幣的測定の公準は要件のような感じがする。

なおまた、この貨幣的測定の公準ないし要件をもってする場合、会計情報は次頁の図のように捉えられることとなり[31]、かつて筆者はこうした捉え方について「ときに「会計（情報）の拡大」などと称して、非貨幣数値情報、さらには非数量情報をも会計情報に含めようとする主張もみられるが、こうした主張は、その是非はさておき、「会計」という概念自体を不要とすることにも繋がりかねない[32]」と述べているが、そこにしかるべき論拠があるわけではない（これと同様、複式簿記を会計の要件とはしないことについても、そこにしかるべき論拠があるわけではない）。

---

27 友岡『会計学原理』103頁。
28 同上、105頁。
29 同上、105頁。
30 同上、104頁。
31 ただし、管理会計の場合には非貨幣数値の物量情報も少なくない、ともいわれるが、他方、その場合にも結局は単価が乗じられて貨幣数値となる、ともいわれる。
32 同上、104～105頁（（　）書きは原文）。

```
            ┌ 定性的な情報（非数量情報）
   情報 ─┤                      ┌ 非貨幣数値情報
            └ 定量的な情報（数量情報）┤
                                   └ 貨幣数値情報——会計情報
```

　ちなみに、例えば近年における統合報告書発行企業の増加原因については「まずは、企業経営の変化が挙げられる。財務情報で表示される財務的・物的資本に対して、人的・知的・社会関係資本といった無形の資本の企業価値に占める割合が高まってきた、という変化である[33]」とされ、「財務情報のマーケットバリューに対する説明力が大きく低下する反面、非財務情報の有用性が高まっている[34]」とされ、また、二つ目の原因としては「財務情報の説明力低下と情報ニーズの多様化が挙げられる。企業に求められる情報が財務に限定されず様々になり、数多くの報告書が発行され……情報があふれ、多すぎ、各報告書で重複する箇所も多く、ムダも生じている[35]」ということが挙げられ、すなわち、「財務情報」はこれを「会計情報」とほぼ同義と捉えると、会計情報の「説明力」が低下をみている、要は役立ちが減少をみているということだろうが、これを補うべく、叙上のように、徒に会計の範囲を拡げて「会計」という概念自体を無意味なものとするか、あるいは、先述のように、[利益 → 企業価値]の移行をもって「もはや会計ではない」と断ずることにより、役立たずとなった狭義の会計に固執するか。[36]

　閑話休題。いずれにしても、前述の立場からすると、会計は「貨幣数値をもって」説明したり、「貨幣数値をもって」認識・測定したりする行為ということになろうが、例えば言語論的には「「会計」は「貨幣」を対象言語とするメタ言語である[37]」とされ、下掲の引用のように述べられる。貨幣は会計

　33　岡本大輔「企業経営における統合報告と統合報告書」『三田商学研究』第58巻第2号、2015年、22頁。
　34　同上、23頁。
　35　同上、23頁。

の手段か、それとも対象か。

　「〈会計〉が「企業の言語」であるとすれば、〈貨幣〉は「経済の言語」である。会計の基礎的前提（公準）として、しばしば「貨幣的評価」が指摘されている。会計における諸勘定（項目）は、単なる物量ではなく、貨幣金額で評価（測定）されてこそ「会計」になる、との意味である。これに明らかなように、会計と貨幣には、密接な関係がある。ただ、会計も貨幣も共に言語であるとしても、両者は言語の位階に差異がある。言語における両者の位階を識別すれば、貨幣は「対象言語」、会計はその「メタ言語」ということになる」[38]。

ただし、手段にも二通りの意味があろう。一つは、会計行為の要素としての手段、すなわち、会計行為のなかにあり、その一部を構成するものとしての手段であり、いま一つは、会計行為によって用いられる手段、すなわち、

36　もっとも会計学者は、会計学者だから、「会計」を定義し、定義するからこそ、定義にそぐわないものを「会計ではない」とし、定義にそぐわなくなったものを「もはや会計ではない」などとするが、しかし、それが会計かどうか、を問題にするのは会計学者だけで、他の人々にとっては、行われているそれが会計かどうか、などといったことはどうでもよいことである。

　山桝忠恕いわく、「情報の利用者の側からすれば、なんらかの情報が会計情報であろうとなかろうと、そのようなことは一向に問うところではないのかもしれない」（山桝忠恕「「会計」の定義に関する吟味＜序説＞」『三田商学研究』第25巻第3号、1982年、9頁）。

　さらにまた、様変わりしてしまった会計について、会計学者が「もはや会計ではない」といってみたとて、それを会計に戻せるわけもなく、「もはや会計ではない」ということによって、会計学者は対象（会計）を失い、すなわちメシのタネを失う。

　「会計ではない」などというのも会計学者だけなら、そういうことをいって困るのも会計学者だけ、ということである。

37　全在紋『会計の力』2015年、129頁。
38　同上、128〜129頁（（　）書きは原文）。

会計行為のそとにある手段である。前者の場合、それは会計の要件ということになり、後者の場合、それは要件ではない。

あるいはまた、筆者は、いずれにしても、「複式簿記をもって」とはせず、例えば「会計とは、財産管理行為の受託者が自分の行った財産管理の顛末を複式簿記をもって作成された情報によってその委託者に説明する行為、である」とか、「会計とは、経済主体における経済事象・経済状態を認識・測定し、複式簿記をもって作成された情報を伝達する行為、である」とかいった定義づけをすることはないが、後者の場合、すなわち、会計行為によって用いられる手段の場合、会計は複式簿記という手段を用いることもあれば、単式簿記という手段を用いることもあれば、あるいは簿記以外の手段を用いることもあろうし、したがって、それらは要件ではない。[39]

くどいようだが、いま一度、限定の度を増してゆく形でもって既出の定義を並べてみると下掲のようになろうが、いずれの定義を採るべきかについては「I think」というよりほかなく、それ以上、決定的なことはおよそいえない。貨幣数値や複式簿記を要件とするか否か、についても、あるいは、要件はこれを定義に盛り込むべきか否か、についても決定的なことはおよそいえない。

　　会計とは、財産管理行為の受託者が自分の行った財産管理の顛末をその委託者に説明する行為、である。
　　　　　　　↓
　　会計とは、財産管理行為の受託者が自分の行った財産管理の顛末を<u>貨幣数値</u>をもってその委託者に説明する行為、である。
　　　　　　　↓
　　会計とは、財産管理行為の受託者が自分の行った財産管理の顛末を<u>複式簿記</u>をもって作成された<u>貨幣数値</u>情報によってその委託者に説明

---

[39] ここにおける記述は、会計から簿記をみた場合、についてのものだが、逆の場合、すなわち、簿記から会計をみた場合、については第4章を参照。

する行為、である。

　　会計とは、経済主体における経済事象・経済状態を認識・測定し、かくて作成された情報を伝達する行為、である。
　　　　　　　　　　　　↓
　　会計とは、経済主体における経済事象・経済状態を貨幣数値をもって認識・測定し、かくて作成された情報を伝達する行為、である。
　　　　　　　　　　　　↓
　　会計とは、経済主体における経済事象・経済状態を貨幣数値をもって認識・測定し、複式簿記によって作成された情報を伝達する行為、である。

会計の目的・機能と手段

　いや、やはり貨幣数値も要件ではないのかもしれない。前出の「感じがしない」に加えて「かもしれない」などといった述べ方をこれまたあえてしたが、定義は目的や機能を述べるに止めた方がよいような気もしてきた。
　ここにいう目的や機能とは、要するに、何をしたいのか、ということである。何をしたいのかといえば、例えば、財産管理の顛末に関する説明が行われるようにしたい、ということであったり、あるいはまた、経済主体における経済事象・経済状態に関する情報の伝達が行われるようにしたい、ということであり、こうしたことを叶える手段が公準なのかもしれない。
　すなわち、財産管理の顛末に関する説明は貨幣数値をもってこそ（ちゃんと）行われる、ということであり、あるいはまた、経済主体における経済事象・経済状態に関する情報の伝達は貨幣数値をもってこそ（ちゃんと）行われる、ということである。
　手段は要件ではないのかもしれない。
　そもそも公準とは何か。企業実体の公準や継続企業ないし会計期間の公準も手段なのか。

第8章にてサーベイされるように、会計公準論において「公準」は「コンベンション」、「基礎的コンベンション」、「基礎的な概念ないし仮定」、「原則」、「仮定」、「前提」、「基礎概念」、「基礎的公準」、「環境条件」、「体系的概念」、「公理」、「会計基準」、「基礎的前提」、「基礎的基準」等に類する概念として用いられてはいるものの、しかし、これらには語義上の異同も認められ、必ずしも一様には捉えられないが、本章の目的は「公準」概念論の展開にはなく、一般に挙げられる具体的な公準を通じてその性格を思量するに止めたい。[40]

　例えば、これまで特に断りなく用いてきた「継続企業ないし会計期間の公準」という言い様については「「会計期間」という概念は、継続企業という概念から必然的に導き出されるものであるといえる[41]」とされ、また、「継続企業の公準は、企業会計における期間別計算の根拠になる公準であり、またこのことから、この公準の代りに会計期間の公準という基礎概念が用いられることもある[42]」とされ、そうした継続企業の公準は「「企業活動が将来にわたって継続する」という前提条件[43]」とされ、あるいは「企業実体がその経済活動を将来にわたって継続するとみる企業会計上の基礎概念[44]」とされ、あるいは「企業の経済活動は半永久的に継続して営まれるという前提[45]」とされ、あるいはまた、「会計の計算は期間を区切って行う」ということを形式的意味、「企業は倒産しない」ということを実質的意味と捉え、「企業活動が無限に継続しているため、「会計の計算は期間を区切って行う」とする命題[46]」と

40　これについては、新井清光『会計公準論（増補版）』1978 年、55〜65 頁、をみよ。
41　同上、199 頁。
42　新井清光（川村義則補訂）『現代会計学（第 9 版）』2008 年、31 頁。
43　同上、28 頁。
44　同上、30 頁。
45　広瀬義州『財務会計（第 13 版）』2015 年、24 頁。
46　桜井久勝『財務会計（第 16 版）』2015 年、56 頁。
47　同上、57 頁。

する向きもあるが、ただし、筆者は継続企業をもって「終わりというものが予定されていない企業[48]」と捉え、「期間計算は継続企業において全部の利益を知りたいときにおこなわれる[49]」としている。

　先述のように、貨幣的測定の公準については、財産管理の顛末に関する説明は貨幣数値をもってこそ（ちゃんと）行われる、ということだが、継続企業の公準の場合、財産管理の顛末に関する説明は継続企業を念頭に置くことをもってこそ（ちゃんと）行われる、とすることには些か違和感がなくもない。

　ただしまた、財産管理の顛末に関する説明は期間ごとに行うことをもってこそ（ちゃんと）行われる、とすることには首肯しうるかもしれない。上に引いた「期間計算は継続企業において全部の利益を知りたいときにおこなわれる」は「期間計算は継続企業においてちゃんと利益を知らせたいときにおこなわれる」と換言することができ、第3章に述べられるように、近年は異論もあるものの、まずは利益をもって会計の要とするならば、財産管理の顛末に関する説明は期間ごとに行うことをもってこそ（ちゃんと）行われる、とすることもできようか。

会計学のレーゾン・デートル

　「それがなければ○○ではない」というものが要件だった。要は譲れないものが要件である。譲れないものは何か。譲れないものはあるのか。

　「或る概念の本質的な属性を挙げることによって、他の概念と区別することができるようにその意味を限定すること」が定義だった。

　アメリカ会計学会（American Accounting Association）の『基礎的会計理論に関するステートメント』（*A Statement of Basic Accounting Theory*）（*ASOBAT*）の主張を取り上げ、「ASOBAT的な立場を前提にするときには……会計とMIS（Management Information System（経営情報システム））とが

---

[48] 友岡『会計の時代だ』66頁。
[49] 同上、82頁。

ほぼ重なり合ってしまうことになろう[50]」とする山桝忠恕は「情報の利用者の側からすれば、なんらかの情報が会計情報であろうとなかろうと、そのようなことは一向に問うところではないのかもしれない。また、測定者ないし提供者の側にとっても、利用者に対して彼らの意思決定に有用な情報を総合的に提供できるような情報システムの構築（前出の昨今の統合報告書がこれに該当しようか）は、確かに意味もあるし果たし甲斐があることでもあろう[51]」としつつも、次のように続けている。

> 「しかしながら、会計を一個のディシプリンの認識対象に据え、またこれに、独自の社会的用具としての存在意義を果たさせようとするのであれば、ASOBATにみられるような会計拡張の方向を、あながち好ましいとばかり言ってはおられないのではなかろうか[52]」。

会計学という学問領域（ディシプリン）があるからには、ということだろうか。

> 「会計には、本来それに固有のプリンシプルや方法というものがありうるはずである[53]」。

「はず」とはどういうことか。「独自の……を果たさせようとするのであれば」「それに固有の……」とするのはトートロジーではないか。

「会計学という学問領域があるからには」とするのは会計学者の単なる矜持とも思われたが、しかし、存在するものには必ず意味がある[54]。

会計学の存在にも意味がある。

第7章に述べられるように「会計のことは会計（学）に聞け」ともいわれ

---

50 山桝「「会計」の定義に関する吟味＜序説＞」9頁。
51 同上、9頁。
52 同上、9頁。
53 同上、9頁。

るが、「会計のことはすべて会計（学）に聞け」とは限らない。
　会計学のレーゾン・デートルは何か。会計（学）の譲れないものは何か。
　「会計」について定義めいたものはおよそ示していない或るテキストが、しかし、最後にすっきりと言い切っている。

　　「会計は成績である。会計は配分である。会計はルールである」[55]。

54　注記36をみよ。
　　この「矜持」は、むろん、ネガティブな意味をもって用いられている。「保身」と言い換えることもできようが、注記36に述べられたように「メシのタネを失う」ことになってしまっては元も子もなく、保身にはならない。
　　ちなみに、監査に関する期待ギャップの議論にも似通った話がある。
　　例えば、当該企業の経営が今後も大丈夫かどうか、ということについても監査人が判断してくれるものと誤解をしている世間に対して「それは監査人の役割ではありませんよ」といったように啓蒙することは有意義だろうが、しかし、それを知った世間が「そんなこともしてくれないなんて、監査人というものは大して役に立たないんだ」と考え、監査人を用いようとしなくなってしまっては元も子もない。そこで慌てて「継続企業監査もやります」。
　　ただし、むろん、継続企業監査については、会計の前提たる継続企業の公準の確認、という意味において、これもまた監査人の役割、と解釈することもできる。
55　川本淳「おわりに」川本淳、野口昌良、勝尾裕子、山田純平、荒田映子『はじめて出会う会計学（新版）』2015年、310頁。

第2章
会計責任の意義

「会計責任」の意義

まずはテキストの類いにおける「会計責任」に関する記述をサーベイしてみよう。[1]

飯野利夫は会計の役割の変遷について次のように述べ、その上でもって①経営者のための会計、②株主のための会計、③債権者のための会計、および④政府や社会の人々のための会計を挙げている。[2]

> 「会計は、初めは財産の所有者からその管理運用を委託された者が、自己の会計責任を明らかにするために、委託者へ報告するためのものと考えられていた。……ついで地中海貿易の時代に入ると……組合の形態を採るものが次第に多くなってきた。……組合会計においては、会計は上にのべた会計責任を明確にすることに加えていま1つ重要な役割を果すことが要請されるようになる。すなわち分配されるべき利益額または負担されるべき損失額の計算である。……株式会社が出現すると、企業の利害関係者の集団が増大し、それにつれて、会計の役割は飛躍的にその範囲を拡げるようになった」[3]。

---

1 特に深い意味はないが、配列は初版の刊行順。
2 飯野利夫『財務会計論』1978年、4~5頁。
3 同上、4頁。

後述されるように、例えば、受託責任を果しているかどうかを明らかにするために会計責任を果たす、といったことなら首肯することができるが、「会計責任を明らかにする」とはどういうことか。

　新井清光は会計の役割として①経済活動の合理化手段としての役割、②受託責任の解明手段としての役割、および③財の分配手段としての役割を挙げ、②の受託責任の解明手段としての役割について次のように述べている。

> 「会計という言葉は、英語で"accounting"という。これは本来"account for"つまり「説明する」とか「報告する」という意味をもっている。つまり会計は、もともと、財の管理・運用を委ねられた者がこれを委ねた者に対して、その管理・運用についての報告を行い、その受託責任または会計責任を明らかにするための手段として発達してきたのである」。

　ここでも「会計責任を明らかにする」とされており、しかも、「受託責任または会計責任」として、「受託責任」と「会計責任」が同様の概念であるかのように扱われている。いや、「しかも」というべきではなく、会計責任が受託責任と同様に捉えられているからこそ「会計責任を明らかにする」とされるのだろう。それにしても「会計責任を明らかにする」とはどういうことか。

　伊藤邦雄は企業会計の機能として①責任解明メカニズム、②利益分配メカニズム、および③資源配分メカニズムを挙げ、①の責任解明メカニズムについて次のように述べている。

> 「一般に資源の運用を委ねられた者は、その資源をどう運用し、どれ

4　新井清光（川村義則補訂）『現代会計学（第9版）』2008年、4〜6頁。
5　同上、5頁。
6　伊藤邦雄『新・現代会計入門』2014年、46頁。

だけの成果をあげたかについて説明する義務を負う。これを「説明責任」あるいは「会計責任」という。もともと「会計」(accounting) という言葉は、「説明する」(account for) という言葉に由来するといわれる。つまり、一定の資源の運用・管理を委託された者は、その委託者に対して自分のとった行動の結果を示し、そうなった原因を説明し、それが承認されて初めて、その責任を解除されるのである」[7]。

桜井久勝は財務会計の機能として①利害調整機能（私的利害の調整機能）および②情報提供機能（証券市場への情報提供機能）を挙げ[8]、①の私的利害の調整機能について次のように述べている。

「株主と経営者は、資金の委託者と受託者の関係にある。……この関係において、経営者は受託者であるから、株主から委託された資金を誠実に管理するだけでなく、株主の最大利益に合致するよう自己の全能力を投入して経営活動を行うべき責任を負うことになる。この責任は一般に受託責任とよばれている」[9]。
「しかし経営者が受託責任を常に誠実に遂行するとは限らないことから、株主との間で利害が対立する可能性がある。……対立の解消を促進するためには、何らかの人為的なメカニズムが必要になる。そのようなメカニズムの1つとして生まれてきたのが、経営者から株主への会計報告である。……経営者は株主からの信頼を得て自己の地位を確保するため、自己が株主の利益に合致するよう誠実に行動したことを伝達する手段として、受託資金の管理・運用の状況とその結果としての経営成績を自発的に報告する動機を有する。他方、株主は経営者による資金管理の誠実性と事業遂行能力に注目しており、その判断のた

---

7 同上、46頁（（ ）書きは原文）。
8 桜井久勝『財務会計講義（第13版）』2012年、6～11頁。
9 同上、7頁。

めの基礎として、会計報告を要求することになる。……経営者が株主に対してこのような会計報告を行うべき責任を会計責任という」[10]。

　何よりも「経営者は……自己の地位を確保するため……自発的に報告する動機を有する」という件(くだり)が注目される。「利害関係者を納得させるという観点から、会計の目的について論じている」[11]と目される筆者（友岡）もつとに「受託者たる経営者は委託者たる株主を納得させなければならない……納得させ……地位を維持する」[12]と主張し、したがってまた、「そもそも会計というものは経営者のためにこそある」[13]と主張しているが、しかし、上の桜井著からの引用は「他方、株主は……会計報告を要求することになる。……経営者が株主に対してこのような会計報告を行うべき責任を会計責任という」と続けており、「自発的」と「要求」と「行うべき責任」の関係がよく分からない。その点、「筆者の……立場からすると、会計を論ずる際にこうした「責任」という概念が用いられることはない」[14]。

　広瀬義州は財務会計の機能として①利害調整機能ないし契約支援機能および②情報提供機能ないし意思決定支援機能を挙げている[15]が、これらとはおよそ無関係な文脈において（取得原価主義会計の論拠に関する記述において）次のように述べている[16]。

10　同上、7〜8頁。
11　川本淳（勝尾裕子改訂）「第1章　会計の目的」川本淳、野口昌良、勝尾裕子、山田純平、荒田映子『はじめて出会う会計学（新版）』2015年、12頁。
12　友岡賛『近代会計制度の成立』1995年、7頁。
　　友岡賛『歴史にふれる会計学』1996年、21〜22頁。
13　友岡賛『株式会社とは何か』1998年、56頁。
　　友岡賛『会計の時代だ――会計と会計士との歴史』2006年、16頁。
14　友岡賛『会計学原理』2012年、70頁。
15　広瀬義州『財務会計（第13版）』2015年、12頁。
16　いわく、「取得原価主義会計は処分可能利益の算定、財務諸表監査における信頼性の確保および受託責任遂行状況の報告のいずれにも適合している」（同上、124〜125頁）。

「"accounting"（会計）という用語の語源は、"account for" であるといわれているように、もともと「説明する」または「弁明する」という意味をもっており、今日、"accountability" という用語は、説明責任の意味で広く用いられている。このことから明らかなように、会計は財産を受託された者がこれを委託した者に対して財務諸表等の会計数値を用いてその責任を明らかにする役割をもっているといえる。この説明責任の同義として、また場合によっては説明責任を包摂する広い意味で、受託責任（stewardship）という用語が用いられる[18]」。

この広瀬著は旧版[19]には、飯野著や新井著と同様、「会計は会計責任を明らかにする役割をもっている」という件がみられた[20]が、ここでは改められている。ただしまた、「説明責任の同義として、また場合によっては説明責任を包摂する」ものとして受託責任が捉えられており、この「同義」は新井の捉え方に似通っている。

笠井昭次は企業会計の職能として①報告職能および②管理職能を挙げ[21]、この両者について次のように述べている。

「資金提供者は、その効率的な運用を期待して、資金を株式会社（経営者）に委託するわけであるが、その資金がどのように運用されたのかについての情報を必要とする。……ここに、株式会社（経営者）は、資金の運用状況を資金提供者に明らかにしてその委託に応えたかどうか、という点に関する報告義務を負うことになるが、これは、一般に会計責任と言われている。……このように、企業会計における記録機

---

17 正しくは「委託」の誤り。
18 同上、123頁（（ ）書きは原文）。
19 第1版（1998年）から第9版（2009年）まで。
20 友岡『会計学原理』57頁。
21 笠井昭次『現代会計論』2005年、19～20頁。

構は、資金提供者に対する報告という職能を荷なっており、そのことによって、第一義的には、資金提供者の利害を保護するという社会的役割を果たしているのである」[22]。

「経営者は……管理という義務を負うことになる。なぜなら、経営者が資金提供者に対して会計責任を負っているいじょう、受託の趣旨に沿って資金が実際に運用されるように、従業員の経済活動を管理しなければならない……こうした管理職能が十全に働くためにも、整備された記録機構が不可欠になる。……資金提供者に対する会計責任が、受託の趣旨に適った資金の効率的な運用にかかわる責任であるかぎり、報告義務とこの管理義務とは裏腹の関係にあると言ってよいであろう。すなわち、報告義務の履行はおのずから管理義務を要請し、この管理義務の達成によって、報告義務が十全に履行される、という筋合いにあるのである」[23]。

後述されるように、こうした、会計責任が受託責任を求め、受託責任を果たすことによって会計責任が果たされる、といった捉え方はかなりユニークなものといえよう。

藤井秀樹は財務会計の機能として①説明機能、②利害調整機能、および③情報提供機能を挙げ[24]、①の説明機能について次のように述べている。

「資金運用者は、提供された資金を適切に管理運用する責任を、資金提供者に対して負っています。資金運用者のこの責任を、受託責任といいます。他方、資金提供者は、資金運用者に対して、受託責任の履行状況についての説明を求めます。……資金運用者が受託責任の履行状況を資金提供者に対して説明する責任を、説明責任といいます。説

---

[22] 同上、17〜18頁（（ ）書きは原文）。
[23] 同上、18〜19頁。
[24] 藤井秀樹『入門財務会計』2015年、15〜20頁。

明責任を会計情報に依拠して履行する場合、説明責任は会計責任と呼ばれることもあります。資金運用者の説明責任は原理的には、受託責任の履行状況に関する説明が資金提供者によって承認されることで解除されます」[25]。

是非はさておき、ここでは「説明責任」と「会計責任」が明快に仕分けられていることが注目されよう。なお、「受託責任の履行状況に関する説明が……承認される」とはどういうことか。むろん、その説明が正当なものであると認められる、ということとは思うが、もしかしたら、受託責任の履行状況が正当なものであると認められる、ということなのか。後者であれば、笠井のそれと同様の捉え方ながら、しかし、笠井のように明示的ではない。

受託責任と会計責任

受託責任と会計責任（と財産管理責任[26]）の関係については次の三通りの捉え方が考えられよう[27]。

　　①受託責任 ＝ 財産管理責任 ＋ 会計責任
　　　すなわち、会計責任は受託責任に含まれる。
　　②受託責任 ＝ 財産管理責任

25　同上、15〜16頁。
26　前項の引用においては「財産」ないし「資源」ないし「資金」の「管理・運用」ないし「運用」とされているが、筆者のいう「財産の管理」とは、財産を維持して、その利用を図る行為、のことである。すなわち、この「管理」は保存と運用からなっている。「保存」とは、ものの元の状態を保って失わないこと、そして、「運用」とは、ものの機能をうまく働かせて用いることである。前項の引用のように、「財産の管理・運用」などといった述べ方が少なくないが、けだし、「管理」という概念には、用いる（利用、運用）、という意味が含まれている。
27　広瀬の「説明責任の同義として……受託責任という用語が用いられる」、すなわち［会計責任 ＝ 受託責任］という理解はさておく。

すなわち、会計責任は受託責任とは別にある。
　③会計責任は財産管理責任を含む。

「受託責任」を、受託者としてしなければならないこと、といったような意味に捉えた場合には①の理解になるかもしれないが、「受託責任」を、受託したことをする責任[28]、として捉えるならば、受託したのは財産管理だから、受託責任はあくまでも、財産管理をする責任[29]、であって、ここに「会計責任」は含まれず、別言すれば、受託者には、受託責任のほかに会計責任がある、という②の理解になる。

　前出の伊藤の「資源の運用・管理を委託された者は、その委託者に対して自分のとった行動の結果を示し、そうなった原因を説明し、それが承認されて初めて、その責任を解除される」という述べ方は、些か不明確ながらも、まずは①として捉えられ、広瀬の「場合によっては説明責任を包摂する広い意味で、受託責任という用語が用いられる」はこれも①に該当し、他方、冒頭の辺りで示された「受託責任を果たしているかどうかを明らかにするために会計責任を果たす」といった述べ方は②に該当し、既述のように、藤井の明快な理解も②に該当する。

　また、いま一つの③の理解は笠井のそれであって、或る行為について説明しなければならない立場にある（説明責任がある）ということはその行為について責任があるということを含意し、すなわち、財産管理について説明しなければならない立場にある（説明責任がある）ということは財産管理について責任があるということを含意し、すなわち、会計しなければならない立場にある（会計責任がある）ということは財産管理について責任があるとい

28　なお、この場合の責任は、受託したことを（単に）する（だけの）責任、ではなく、受託したことをちゃんとする責任、ではないかとも思われるが、この「ちゃんと」はやはり不要かもしれない。そもそも受託したのは、単なる財産管理ではなく、ちゃんとした財産管理であるはずだからである。

29　注記28に述べられたように、厳密には、ちゃんとした財産管理をする責任、とすべきかもしれない。

うことを含意する、ということである。

　そもそも「accountability」には、説明責任、という意味だけでなく、責任（liability ないし responsibility）、という意味もあり、このことからも、或る行為について説明する責任があるということは取りも直さずその行為について責任があるということである、として捉えられるかもしれない。

　他方、「accountability」には、説明可能性、という意味もある。すなわち、「accountable」という形容詞には、説明すべき、という意味と、説明できる、という意味がある。もしかしたら、受託したことを（ちゃんと）したからこそ、説明できる、という筋合いにあるのかもしれない。そのように解した場合には③と同様、accountability（説明可能性）は財産管理責任を含む、ということになろう。

　なおまた、「accountability」には、責任、という意味も、説明責任、という意味もあり、また、会計ないし会計学の文脈では、会計責任、という意味もあるが、このことが［「責任」＝「説明責任」＝「会計責任」］を意味しないことはいうまでもなく、まずは［「責任」⊃「説明責任」⊃「会計責任」］として捉えられよう。

会計の機能

　前出の飯野は「会計は、初めは……」として会計の起点を会計責任に置き、また、「会計の役割は飛躍的にその範囲を拡げるようになった」として、前述のように、次の四つの会計を挙げているが、①は管理会計を意味し、②と③が財務会計を構成し、④は税務会計等がこれに含まれる。

　　①経営者のための会計
　　②株主のための会計
　　③債権者のための会計

30　注記28をみよ。

④政府や社会の人々のための会計

　次いで新井は下記の三つの会計の役割を挙げているが、この捉え方は財務会計と管理会計という会計の一般的な分類とは次元を異にしている。すなわち、「会計は、各経済主体の合理的な管理・運営のために、さらには株主・債権者など企業の利害関係者による効率的な投資や融資などのために、それぞれ必要な会計情報（しばしば意思決定情報と呼ばれる）を提供する役割をもっている[31]」とされる①は財務会計と管理会計に跨がり、また、②については、企業の財務会計に止まることなく、「国・地方自治体でも、政府等が、財産の委託者である国民や住民に対して、その受託責任を明らかにするために定期的に決算報告書を作成して、議会に提出することが要求されている[32]」としているが、しかし、これは、税収を得るための会計、すなわち、資金調達のための会計、であって、これも財務会計にほかならない。

　　①経済活動の合理化手段としての役割
　　②受託責任の解明手段としての役割
　　③財の分配手段としての役割

　伊藤は、前述のように、企業会計の機能として下記の三つを挙げており、①については「こうした機能を重視した会計を「受託責任会計（stewardship accounting）」と呼ぶこともある[33]」とし、②については「このような分配可能利益の決定による裁定機能を重視した会計を「利害調整会計（equity accounting）」と呼ぶこともある[34]」とし、また、③については「資源配分メカニズムを重視した会計を「意思決定会計（operational accounting または decision-making

---

31　新井（川村補訂）『現代会計学（第9版）』4頁（（　）書きは原文）。
32　同上、5頁。
33　伊藤『新・現代会計入門』47頁（（　）書きは原文）。
34　同上、49頁（（　）書きは原文）。

accounting)」と呼ぶこともある[35]」としている。

　①責任解明メカニズム
　②利益分配メカニズム
　③資源配分メカニズム

　桜井は、前述のように、対象範囲を財務会計に限った上でもって下記の二機能を挙げ、①については「財務会計は、経営者・株主・債権者の間の私的利害を調整する機能を果たしている[36]」とし、②については「財務諸表の公表は、経営者・株主・債権者の間の私的な利害調整を超えて、現在では証券市場を円滑に機能させて資金の効率的な配分を促進するという、公的な役割をも果たしている[37]」としている。

　①利害調整機能（私的利害の調整機能）
　②情報提供機能（証券市場への情報提供機能）

　笠井は、前述のように、企業会計について下記の二職能を挙げ、既に引いた「報告義務の履行はおのずから管理義務を要請し、この管理義務の達成によって、報告義務が十全に履行される、という筋合いにあるのである」を「そして、そのいずれの職能も、企業会計という記録機構を不可欠としている。かくして、記録機構としての企業会計には、（資金提供者に対する）報告義務と（従業員に対する）管理義務というふたつの職能が期待されるのである[38]」と続けている[39]。

35　同上、49頁（（　）書きは原文）。
36　桜井『財務会計講義（第13版）』9頁。
37　同上、11頁。
38　笠井『現代会計論』19頁（（　）書きは原文）。

①報告職能
②管理職能

　藤井は桜井と同様、対象範囲を財務会計に限り[40]、その上でもって下記の三機能を挙げているが、①について「会計の本源的な機能は説明機能である」[41]としつつも、「近年の情報提供機能の目覚ましい整備拡充にともない、会計の本源的な機能であるはずの説明機能は、制度上の位置づけを相対的に低下させる傾向にあり」[42]とし、また、③について「その理論的支柱になっているのが、意思決定有用性アプローチと呼ばれる会計理論で」[43]あるとしている。

①説明機能
②利害調整機能
③情報提供機能

　けだし、会計責任論と会計機能論は相即不離の関係にあるため、冒頭においてサーベイされた種々の会計責任の捉え方をいま少し深く理解すべく、各論者による会計の機能の捉え方もここにサーベイすることとした[44]。なお、会

39　なお、笠井は、別著においては、企業会計の社会的役割として①記録の報告職能および②記録の管理職能を挙げている（笠井昭次『会計の論理』2000年、21～25頁）が、ただし、本章に用いられたテキストにあっては、企業会計はこの「ふたつの職能を果たし……そのことによって、会計責任の履行という社会的役割を遂行している」（笠井『現代会計論』19頁）としている。

40　「以下この章では、これらの資金提供者（投資者、株主、債権者）の情報利用と経済行動に的を絞って、会計の機能を考えていく」（藤井『入門財務会計』14頁）。

41　同上、16頁。

42　同上、17頁。

43　同上、19頁。

44　ただし、広瀬は、前述のように、会計の機能とはおよそ無関係な文脈において会計責任（説明責任）を扱っていることから、これを除く。

計の機能については実に多くの論点があるが、本章にあっては割愛し、まずは別稿に譲る。[45]

財務会計と管理会計

既に紹介されたように「経営者は……管理という義務を負うことになる。なぜなら、経営者が資金提供者に対して会計責任を負っているいじょう、受託の趣旨（つまり、資金の効率的運用）に沿って資金が実際に運用されるように、従業員の経済活動を管理しなければならないからである。……これまで、いわゆる財務会計においては、もっぱら資金提供者に対する報告職能が重視され、管理職能はまったく閑却されてきた。しかし……」とする笠井は、別著において、「従来、財務会計と管理会計とはまったく別個に論じられ、財務会計において管理職能が取り上げられたり、会計責任と管理職能との関係が論じられることは、ほとんどなかったと言ってよいであろうが、管理職能は、企業会計の機能にとりきわめて重要であると……考え」[46]、下掲の図のような関係を示している。[47]

周知のように、会計は一般に財務会計と管理会計に大別され、まずは文字通りに解すれば、［財務会計 = 財務のための会計］、［管理会計 = 管理のための会計］ということになろうが、このそれぞれと会計責任や財産管理責任の関係については次のような理解もありえよう。

---

45 「会計の目的・機能を考える」と題する友岡『会計学原理』第Ⅱ章。
46 笠井『会計の論理』26 頁。
47 同上、26 頁。

○会計責任は財務会計の責任である。
　○管理会計の責任は財産管理責任のなかにある。

　財務会計は、いま述べられたように、財務のための会計、であって、これは「資金調達（財務）のための説明（会計）」や「資金提供者に対する説明」などと換言することができ、他方、会計責任は財産管理行為の受託者（資金調達者）に課せられた説明責任であるため、会計責任は財務会計の責任、ということになる。

　敷衍すれば、このような理解において、「会計責任は管理会計の責任を含まず」、管理会計は管理のツール、といったような意味において、「管理会計の責任は財産管理責任のなかにある」。管理会計は財産管理責任を果たすために行われる、ということである。

　こうした理解からすると、前出の笠井の「会計責任を負っているいじょう……管理しなければならない」や「報告義務の履行はおのずから管理義務を要請し、この管理義務の達成によって報告義務が十全に履行される」といった捉え方はこれを受容することはできない。筆者とすれば、管理と報告はまったく次元を異にしており、すなわち、報告義務の履行と管理義務の達成・未達成はおよそ無関係で、要は、管理がちゃんとしていなくても、報告さえちゃんとしていれば、報告義務は履行されたことになる、はずだからである。

48　財務会計を「文字通りに解すれば、……財務のための会計」ではなく、財務に関する会計、ではないか、ともされるかもしれない。すなわち、資金調達（財務）のための説明、ではなく、資金繰り（財務）に関する説明、ではないか、ということだが、これはどちらでも同じともいえよう。
　　資金調達のために資金繰り（資金の調達・運用）に関して説明する、すなわち、資金を出してもらうために資金の状態に関して説明する、ということである。

49　このようなことを考えていると、管理会計は会計なのか、とかいった問題にも言及したくなるが、まずはさておく。

しかるに、むろん、叙上のことは、あくまでも、立場の異同にしか過ぎず、いずれが正しいというものではない。

例えば「アカウンタビリティは、責任（responsibility）概念とリンクしており、それは①行動する責任、②報告書を作成する責任、そして③これらの報告書が、関係者間で利用可能で、入手可能で、比較可能で、そして理解可能とする責任を含んでいる」とする向きもあり、ここでこの論者が依拠している「Gray et al. では、アカウンタビリティを「ある者が責任を負っている活動の計算書を提供、または説明を行う義務」と定義して」おり、この「Gray et al.」は次のようにこの定義を解説している。

　　「アカウンタビリティは、二つの責任または義務を含んでいる。すなわち特定の活動を引き受けるための責任およびそれらの活動に関する説明を提供する責任である。最も簡単なケースとして、株主と企業の例を挙げると、企業の取締役は株主によって彼らに委託された資源を管理する責任があり、そしてまたこの管理に関する説明書を提出する責任があるのである」。

これは笠井説と同じか。

受託責任と会計責任（続）

受託責任を（ちゃんと）果たさない限り、会計責任を果たしたことにはならない、といった笠井の捉え方は説得的であり、ちなみにまた、冒頭の項に述べられたように、藤井の「受託責任の履行状況に関する説明が……承認さ

50　大森明「水会計の展開と日本の水資源管理政策」『會計』第188巻第6号、2015年、73頁（（　）書きは原文）。
51　同上、82頁。
52　R. グレイ、D. オーエン、C. アダムス／山上達人（監訳）、水野一郎、向山敦夫、國部克彦、冨増和彦（訳）『会計とアカウンタビリティ——企業社会環境報告の変化と挑戦』2003年、55頁。

れる」を、受託責任の履行状況が正当なものであると認められる、と解した場合にも、受託責任を（ちゃんと）果たさない限り、「承認される」ことはなく、すなわち、会計責任を果たしたことにはならない、ということになる。

しかるに、会計責任はこれを（ちゃんと）果たしても、ときに経営者は馘になるのではなかろうか。

あえて「馘」といった述べ方をしたが、すなわち、委託・受託関係の解消のことである。委託・受託関係の解消は、例えば株式会社についていえば、株主が株式を売却するか、株主総会において経営者を馘にするか、あるいは経営者が辞職するか、である。

会計責任はこれが（ちゃんと）果たされても、株主は株式を手放し、あるいは経営者を解任するかもしれない。

業績が悪くても、すなわち、受託責任が果たされていなくとも、その事実を（ちゃんと）説明すれば、会計責任は（ちゃんと）果たされ、株主は会計を承認することとなろうが、その上でもって、委託・受託関係はこれを解消するかもしれない。

会計に問題がない限り、決算が承認されないことはおよそなく、しかし、決算は承認されても、経営に問題があれば、委託・受託関係は解消されるかもしれない。

叙上のように考える限り、会計責任は、あくまでも、会計についてのみの責任、として捉えられよう。

第3章
利益の意義

利益の重要性

次のようにもいわれる。

> 「現代経済社会において会計は、企業の利益を計算するという仕事を担っている。この仕事は、現在のところ、会計以外にうまくできる仕組みはない。利益の計算は会計の専売特許といえるであろう」[1]。

「利益の計算は会計の専売特許」ということは、むろん、利益の計算は会計の重要課題、ということを必ずしも意味しないが、少なくともかつては「会計の最も重要な目的は「利益測定」であり、会計の計算構造それ自体も「利益測定」の構造そのものであり、これが他の専門領域にはない会計固有の特質であるということについては、異論の余地のないところである」[2]と断ずるような向きも少なくなかったし、昨今、意思決定有用性アプローチの下、「会計の伝達プロセスが重視されるからと言って、会計の認識・測定プロセスが等閑視されるわけではない」[3,4,5]として次のように述べる向きもある。

> 「会計上の測定は、「会計システムの中心的な機能」と言え……とりわ

---

1 田中弘『新財務諸表論（第2版）』2006年、25頁。
2 上野清貴『会計利益測定の理論』1991年、(1)頁。
3 草野真樹『利益会計論——公正価値評価と業績報告』2005年、8頁。

けその重要な機能は、利益測定であると言えるであろう。なぜならば、複式簿記の発展は、債権・債務の備忘録またはトラブルが生じた時の文章証拠から期間損益計算システムへ進化するプロセスとして捉えることができ、さらに利益情報は、今日、「会計情報の中心的な項目である」からである。まさに「企業利益の測定は、財務会計の中心である」と言えるわけである」[6]。

しかしながら、他方、昨今はまた、利益の重要性が低下をみ、例えば企業価値が利益に取って代わろうとしているともされ、例えば次のようにもいわれる。

「このような（利害調整機能という）伝統的な利益の機能に対して、ここ数十年のあいだに急速に勢力を増してきている考え方が、情報提供機能である。……しかし、複雑化した今日の企業を、利益というわずか1行の数字によって映し出すことは到底不可能である。そのため、利害調整という役割が重視されていた時代に比べ、利益の地位は相対的に低下してきているともいわれる」[7]。

---

4 ただし、伝達プロセスの重視と意思決定有用性アプローチの関係については「会計の伝達プロセスが重視されるのは、意思決定有用性アプローチ固有の特徴ではない。なぜならば、簿記・会計の歴史を考えた場合に、19世紀に入り普及した株主への財務諸表の定期的開示が「複式簿記を会計に発展させた」重要な1つの契機と考えられるからである。つまり、会計史の視点から簿記と会計の違いを考えてみると、簿記は、取引事象の記録の側面を重視するのに対して、会計は、企業活動の結果を伝達する側面を重視すると言えるのである」（同上、8頁）とされている。

5 しかし、いかに伝達プロセスが重視されようとも、伝達される情報自体がどうでもよいはずもなく、「認識・測定プロセスが等閑視されるわけではない」は当たり前のことではなかろうか。

6 草野『利益会計論』8～9頁。

7 伊藤邦雄『新・現代会計入門』2014年、56頁。

「かつて会計の重心といわれた利益の概念も、その後は情報の１つとされて相対的なウェイトを下げ、次第に資産や負債のようなストックの評価から導かれる、いわばバランスシートの副産物という位置づけになっていった」。

「すべての会計上の思考は利益に通じる」ともいわれるが、これは「「すべての会計上の思考は利益に通じる」ともいわれた」と改めるべきか。

しかしながら、そもそも貸借対照表が企業の価値を示すわけではなく、「企業の価値を恒久利益の予測値が決め、その恒久利益が現在までの利益を基に予測されるというわけで……企業会計は、そうした予想形成に役立つ利益情報を作り出して広く投資家に開示することを求められているので」あり、「バランスシートが利益の測定に制約されずに独立の観点から作られていると、包括利益にはキャッシュフローを伴わない資産の評価益が含まれる可能性もあり……そのため、投資情報としての利益の測定では、バランスシートから直接導かれる包括利益のうち、キャッシュフローとして実現していない要素を取り除いた、恒久利益の予測に役立つ成果（純利益）に関心が向けられてき」たとされる。

やはり「すべての会計上の思考は利益に通じる」は不易のことか。

---

8 斎藤静樹「なぜ、いま利益の概念が問われるのか」『企業会計』第 67 巻第 9 号、2015 年、16 頁。

9 山桝忠恕「「資本維持」考」企業利益研究委員会（編）『会計上の利益概念』1968 年、239 頁。

10 「この情報（財務諸表の情報）に基づいて将来を予測するのは、あくまでもそれを利用する側の仕事です。バランスシートが企業価値を反映するといった話が出回ったこともありますが、経営者が自ら評価した会社の価値を投資家に伝えるなどというのは、仮にあったとしても会計情報の役目ではありません」（斎藤静樹『企業会計入門——考えて学ぶ』2014 年、32 頁）。

11 同上、26 頁。

12 同上、28 頁（（ ）書きは原文）。

「利益」の定義

ところで、利益とは何か。

まずは会計の辞典の類いを参照してみれば、例えばエリック L. コーラー（Eric L. Kohler）の *A Dictionary for Accountants* は「profit」については「関連する原価を上回る収益、手取額、または販売価格の超過額をいう一般的用語」と述べ、他方、「income」については「前期に存在した純資産の合計を増加させ、あらゆる種類の商品または用役の販売および賃貸から、またすべての外部源泉からの贈与や偶然の授りものの受領から生じた、一会計期間に稼得した earned、あるいは発生した accrue 現金または現金等価物」と説明しており、また、わが国の会計学業界の二大大辞典においては「企業会計において広く利益とは、獲得されたプラスの成果を意味する。……企業の個別的な取引から生ずる利益……を集計し 1 期間に生じた企業全体の利益を計算することは、企業会計の最も重要な目的の一つであるが、通常は 1 会計期間のすべての収益から費用を差し引いて行われる」とされ、あるいは「会計において、利益はある期間における企業資本の増加分である。この利益は二つの方法で算定することができる。一つは……財産法もしくは資産負債アプローチに基づく利益とよばれている。他は……損益法ないし収益費用アプローチに基づく利益とよばれている。前者の利益は……結果計算的利益であり、後者の利益は……原因計算的利益である」とされている。

ただし、会計の辞典の類いのなかには「利益」という項目が設けられていないものも散見され、このこと自体、留意すべきことかもしれない。すなわち、「営業利益」や「当期純利益」等はあっても「利益」はないということだが、しからば、ことによると「利益」は強ち会計のテクニカル・タームで

---

13 コーラー／染谷恭次郎（訳）『会計学辞典』1973 年、391 頁。
14 同上、255 頁。
15 安藤英義、新田忠誓、伊藤邦雄、廣本敏郎（編集代表）『会計学大辞典（第 5 版）』2007 年、1328 頁。
16 神戸大学会計学研究室（編）『会計学辞典（第 6 版）』2007 年、1176 頁。
17 大辞典に非ざる場合の紙幅の制約が理由かもしれないが。

はないのではないか。[18]

　というわけで、とりあえずは一般の辞典の類いをみてみると、次のような「利益」の語義をみることができるが、これらをどう解すべきか。

「①金銭上のもうけ。……②得になること。ためになること」[19]。

「①もうけ。得。収入（収益に非ず）から費用を引いた残り。利潤。……②役に立つこと。ためになること」[20]。

「①事業などをして得るもうけ。利潤。……②得になること。益になること」[21]。

「①もうけたもの。とく。利分。得分。りやく。……②ためになること。益になること。……③企業の経済活動によって会計上生じた、元入れおよび増資以外による資本の増加分」[22]。

「①利すること。利得。得分。もうけ。とく。②ためになること。益になること」[23]。

18　ちなみに、筆者は「発生」についても同様のことを考えている。すなわち、「「実現」とは何ぞや」はこれが頻繁に云々されるのに対して、「「発生」とは何ぞや」が云々されることはあまりない、ということに鑑み、「発生」は普通の言葉であって、これに会計固有の意味はないのではないかと思案している（友岡賛『会計学原理』2012年、125頁）。
19　金田一春彦、池田弥三郎（編）『学研国語大辞典（第2版）』1988年、2052頁。
20　松村明（編）『大辞林（第3版）』2006年、2656頁。
21　松村明（監修）／小学館大辞泉編集部（編）『大辞泉（第2版）』2012年、3790頁。
22　日本国語大辞典第2版編集委員会、小学館国語辞典編集部（編）『日本国語大辞典（第2版）』第13巻』2002年、828頁。
23　新村出（編）『広辞苑（第6版）』2008年、2939頁。

次にテキストの類いをサーベイしてみると、（意外なことに、というべきか、はたまた、叙上のようなことからすれば、予想どおり、というべきか）「利益」の定義は、むしろ、これを明示していないものの方が多いような気もするが、それはとりあえずさておき、下掲の二つの引用における定義がまずは代表的なものといえよう。

> 「およそ企業は資本を運用して、その増殖分としての利益を獲得することを究極的な目的としている。そのため、企業会計は、このような企業資本の運用（企業の経済活動）から生じた利益を計算すること、すなわち損益計算を中心的な課題とすることになる。このように企業会計の中心課題が損益計算にあるということは、企業の本質から導き出されると同時に、今日の企業をとりまく各種利害関係者の関心にも適合するものである」[24]。

> 「収益とは営業活動によって生み出された成果であり、費用とは収益を生み出すための努力である。したがって利益とは努力と成果の差額である」[25]。

ちなみに、後者においては「収益とは……成果であり」とされており、先に引いた大辞典における「利益とは、獲得されたプラスの成果を意味する」との異同、要するに、成果はグロスか、ネットか、という点が気になるが、それもとりあえずさておき、すなわち、利益はまずは「資本の増殖分」、あるいは「差額」として捉えられよう。

ただし、この前者の定義については、会計上は無内容、と断ずる向きもあり、そうした向きの或るテキストは「利益は資本の増殖分であり、資本があってはじめて利益を生ずる」[26]とか、「企業の経済活動は企業資本の運動を

---

[24] 森川八洲男『財務会計論』1988年、87頁（（　）書きは原文）。
[25] 広瀬義州『財務会計（第9版）』2009年、27頁。

構成するから、利害関係者の中心的な関心は、企業資本運動の顛末およびその目標達成度をあらわす増殖高、すなわち利益におかれる」とかいった述べ方をした上でもって「利益は、抽象的には、資本の増殖高として観念することができる」としつつも、「しかしながら、具体的な計算表示技術である会計の場にあっては、そのような利益概念は無内容にひとしい」と続け、そのような利益概念は「計算方式、認識基準、および測定基準を、なにに求めるか」「によってその内容が異なる」として「利益概念の相対的性格」を指摘している。

また、後者の「差額」概念については「収益力測定すなわち損益計算」として利益計算を捉えた上でもって次のように述べるテキストもある。

> 「損益計算は企業の活動目標である利益、すなわち、企業の収益力を明らかにするものであるから、会計上の諸計算のなかでもとくに重視されている」。
> 「会計上、利益とは収益と費用との差額として計算された差額概念であり、利益が単独に決定されることはありえない」。
> 「利益は一般概念としては、一定の活動に伴って獲得された収益より、その獲得のために費やされた費用を差し引いて求められる計算差額として把握することができる」。

---

26 山桝忠恕、嶌村剛雄『体系財務諸表論　理論篇（改訂版）』1978 年、116 頁。
27 同上、159 頁。
28 同上、159 頁。
29 同上、159 頁。
30 同上、160 頁。
31 同上、160 頁。
32 同上、159 頁。
33 若杉明『会計学原理（改訂増補版）』2000 年、143 頁。
34 同上、143 頁。
35 同上、144 頁。
36 同上、145 頁。

54　第1部　会計とは何かを考える

　さらにまた、如上の利益は効率性を表わし、すなわち、業績表示利益であると捉える次のような説明もある。

　　「このような（資源配分機能という）社会的機能を与えられるとするならば、会計は、その社会的機能を達成するために、企業の社会的な意味での価値を創出する過程とその結果とを明らかにすることを目的として設定しなければならないことになる。……この目的を達成するための損益計算は、業績表示利益の計算といわれる[37]」。
　　「(叙上の業績表示利益は)本来的には、企業の努力とその努力の結果としての成果を対照して計算した利益であり、企業の努力と成果の関係を表す利益、努力に対する成果の効率性を表示する利益であるとされる[38,39]」。
　　「収益及び費用は、適正な期間損益計算を行うということだけで一義的に決められるものではない。したがって、期間損益計算を目的として行うということは、実は、特定化された利益概念の下でその利益を計算するということでなければならない。すなわち、収益・費用概念は利益概念の下位概念であり、利益概念に合致するように収益・費用概念が規定されるのである[40]」。

　類似の概念との異同については「会計利益の概念上の特質を明らかにするために、その基礎をなす経済学上の所得概念と利潤概念の内容を[41]」確認の上、

　37　井上良二『最新財務会計論』1993年、90〜91頁。
　38　同上、91頁。
　39　ただし、「この企業の努力と成果との関係が資本の利用効率と解される場合には、この利益と資本との関係、すなわち資本利益率が重要視される」（同上、91頁）。
　40　同上、105頁。
　41　中村宣一郎、高尾裕二、伊豫田隆俊、田村威文『イントロダクション財務会計（3訂版）』2002年、62頁。

次のように説明するテキストもある。

> 「会計利益は、1期間の収益たる収入額から財・サービスへの資本の投下額すなわち原価の期間配分額たる費用を控除して求められ、投下資本の期間的回収余剰額として表され……したがって会計利益は、支出にかかる費用のみを収益たる収入から控除し、投下資本の機会費用たる資本コストはこれを費用としてではなく利益の構成要素として取り扱う点で、利潤よりも広義……将来収入の割引現在価値ではなくあくまでも投下資本を維持したうえで求められる剰余であり、実現利潤を含む点で所得よりも範囲が広い」[42]。

なお、これはテキストではないが、先の辞典からの引用における「二つの方法」、すなわち「資産負債アプローチに基づく利益」と「収益費用アプローチに基づく利益」については、両者を次のように分析の上、「首尾一貫性と操作性を備えた資産・負債中心的利益観」[43]に軍配を挙げるものもある。

> 「資産・負債中心利益観では、諸要素の中心概念は資産であり、これを基礎として、利益や他の利益規定要素を定義している。すなわち、負債は負の資産項目であり、利益は純資産の増加額であり、収益は資産の増加であり、費用は資産の減少である。そして、資産それ自体は、企業にキャッシュ・インフローをもたらすと期待される将来の経済的便益であると規定されている。これによって、資産・負債中心利益観における諸定義は、論理の一貫性と操作性を備えているということができる」[44]。
>
> 「これに対して、収益・費用中心的利益観では、諸要素の重要な概念

---

42 同上、66〜67頁。
43 上野清貴『会計利益測定の構造』1993年、8頁。
44 同上、7頁。

は収益と費用であるが、それらを統一的に定義する一貫した概念が示されていないことに気づく。というのは、それらの定義は1つの中心的な概念によって行われてはおらず、列挙形式で行われているからである。……さらに、収益・費用中心的利益観では、収益を財の販売および役務の提供から生じるアウトプットないしは成果であるとし、費用を収益から控除しうる費消原価たるインプットないしは努力であるとするので、ここでの収益と費用は、原理的に操作性の観点から疑問視されざるをえない。というのは、「成果」および「努力」という概念は、抽象的な概念であり、現実世界との対応関係を見出しにくいために、会計的測定が困難となる概念であるからである」[45]。

　ちなみに、収益費用アプローチにおける概念の抽象性については、例えば「資産や負債の認識・測定から収益や費用を導くほうがその逆よりも合理的」[46]とする資産負債アプローチの論拠は「定義を含む概念間の関係について、より具体的な側から抽象的なものを決めるべきだという、当然ではあるが重要な問題にふれている」[47]としてこれを評価し、収益費用アプローチは「収益と費用を期間配分して利益の指標を導く結果……識別可能で価値を評価できる資源や権利・義務のなかに、会計の技術的な仕組みが作り出した実在性の疑わしい要素を混入させるものであり、より抽象的な概念によって具体的な概念を定義する、いわば本末転倒した操作の結果にほかならない」[48]とする向きが明快で、ただし、これには「資産や負債の時価ないし公正価値が企業の価値を決めると考え、それらストックの認識と評価に会計情報を依拠させようとする過程で、利益の情報までもその副産物にしようとするアプローチへとエスカレートしていった」[49]「硬直的な資産・負債アプローチ」[50]に対する批判

---

[45] 同上、7～8頁。
[46] 斎藤「なぜ、いま利益の概念が問われるのか」18頁。
[47] 同上、18頁。
[48] 同上、18頁。

が続く。

求めているのは定義なのか？

　ところで、本章が求めているのは利益の定義なのだろうか。

　そもそも定義とは何か。

　「定義」については例えば永野則雄の所説が注目されようが、この永野は、資産の定義を例に挙げ、「求めるべき定義はコトバとしての「資産」についてであって、モノとしての〈資産〉ではない[51]」として、まずは「定義の定義[52]」を俎上に載せている。

　「モノの本質を述べることが定義であると誤解されることは珍しいことではない[53]」とする永野は、そうした誤解の問題点を的確に指摘している前出のコーラーの *A Dictionary for Accountants* の「definition　定義」の項をも引用しつつ[55]、すなわち、モノの定義は「言語についての誤解」、すなわち「誤った言語観[57]」にもとづいているとして「定義はコトバの定義であって、モノの定義ではない[58,59]」と述べ、「解釈体系である言語の体系は、現実に存在するモノのそれぞれに貼りつけた名称の目録ではない。手持ちのコトバから世界を解釈し、それに応じてモノを作り上げていく。手持ちのコトバの相

49　同上、19頁。
50　斎藤『企業会計入門』247頁。
51　永野則雄『財務会計の基礎概念——会計における認識と測定』1992年、49頁。
52　同上、49頁。
53　同上、52頁。
54　コーラー／染谷（訳）『会計学辞典』164頁。
55　ただし、永野は1983年刊の原書（*Kohler's Dictionary for Accountants*）の第6版を用いている。
56　コーラー／染谷（訳）『会計学辞典』164頁。
57　永野『財務会計の基礎概念』54頁。
58　同上、66頁。
59　辞典と事典の異同が念頭に浮かぶ。しからば、事典とは何か。

互関係からモノの意味が生まれてくるのであり、一つのコトバに対応してモノの意味があるわけではない。こうした言語観が近代言語学の祖であるソシュールの主張の一つである」[60]として「言語についての誤解」を正し、その上で「会計という言語体系から一つの例をあげよう」[61]として、利益と同じく差額概念の剰余金を次のように俎上に載せている。

> 「剰余金は差額概念であるから、他のコトバを定義し測定した結果としてしか得られない。つまり「剰余金」は他のコトバとの関係で意味をもつものである。つまり、剰余金というモノが「剰余金」というコトバとは独立に存在しており、「剰余金」はそのモノに対応する名称というわけではない。周知のように、「剰余金」は企業会計原則では「資本金」と対比されてはじめて意味をもつのであり、計算書類規則では「資本金」と「法定準備金」の両者と対比されてはじめて意味をもつのである。つまり、企業会計原則と計算書類規則とでは資本の部に関しては言語体系が異なっているのである。そうした異なる言語体系を前提にして「剰余金」というコトバが意味をもつのであり、剰余金というモノがあって「剰余金」というコトバの意味が規定されるわけではない」[62]。

しからば、「利益は差額概念であるから、他のコトバを定義し測定した結果としてしか得られない。つまり「利益」は他のコトバとの関係で意味をもつものである。つまり、利益というモノが「利益」というコトバとは独立に存在しており、「利益」はそのモノに対応する名称というわけではない。……利益というモノがあって「利益」というコトバの意味が規定されるわけではない」ということか。

60　永野『財務会計の基礎概念』54〜55頁。
61　同上、55頁。
62　同上、55頁。

ところで、モノの定義ではない、ということの説明にモノが存在しない差額概念を用いることは一見、最も適切のようだが、他方、何か違うような気がしないでもない。モノがあるものとモノがないものはこれらを同様に扱うべきか、という疑問だが、この点については会計写像説との関係において後述される。

ちなみにまた、先に引いた「利益とは努力と成果の差額である」は［収益－費用＝利益］という意味の「差額」だったが、他方、「差額」は資本取引・損益取引区別の原則における資本と利益の区別にかかわるものとしてこれを捉えることもでき、例えば井上良二によれば、そこには「純資産が資本と利益とに直和分割されるという[63]」状況が認められ、この状況は「つまり、純資産は、資本でなければ利益であり、利益でなければ資本であり、それ以外のものはなにものも存在しないということで……利益あるいは資本のいずれか一方を決定すれば、自ずと他方が決定されるという関係にあることになる[64]」とする井上は資本取引・損益取引区別の原則における資本概念と利益概念について次の三つの捉え方があることを指摘している[65]。

①醵出資本をもって資本とし、留保利益および期間利益を利益とする捉え方
②醵出資本および留保利益（期首の純資産）をもって資本とし、業績表示利益としての期間利益を利益とする捉え方
③醵出資本および留保利益（期首の純資産）をもって資本とし、分配可能利益の増加分としての期間利益を利益とする捉え方

閑話休題。また、永野は「モノの定義を避けるべきであるとする論拠の2番めは、それが価値判断を隠したまま規範的な決定に導くおそれがあるとい[66]

63　井上良二『財務会計論』1995年、160頁。
64　同上、160頁。
65　同上、164頁。

う点である[67]」として「このような例は、FASB の財務会計ステートメントにもみることができる[68]」と続け、次のように述べている。

> 「(FASB は) 資産負債観と収益費用観とのいずれを採択しているかを明示していない。これは FASB が……いずれの会計観を選択するかという規範的な決定を避けているからであると思われる。しかしながら、規範的な決定を表向きは避けていながらも、ステートメントには資産負債観が色濃く現われており、またいわゆる実現主義から発生主義へ移行しているようにみられるのである。これは、収益と費用の対象となるモノを定義することが難しく、収益費用観での収益や費用の定義も資産と負債の定義に依存せざるをえないからであろう。例えば利益の「本質」を定義しようとすれば、究極的には、純財産や現金といったモノの増加としてしか規定できないからである。ステートメントが概念的な研究でありながら資産負債観や発生主義を志向する面があるのは、モノの本質を規定するという実質定義を採用していることにも原因があるとみられる[69]」。

もしかしたら、本章においてわれわれが求めているのは定義ではないのかもしれない。

知りたいのは次のいずれか。

①利益とは何か(永野のいう〈利益〉というモノの本質)
②会計における利益とは何か

---

66 一つ目の論拠は、そうした定義は「誤った言語観」にもとづいている、という点。
67 永野『財務会計の基礎概念』56 頁。
68 同上、56 頁。
69 同上、56〜57 頁。

③利益の定義（永野のいう「利益」というコトバの意味）

あるいは②は結局、会計という言語体系における「利益」を問うていることになるため、③と同じことか。

ところでまた、会計における〈利益〉というもの（モノ）は存在しないのか。すなわち、会計は言語体系としてしか捉えられないのか。[70]

差額概念

前項の問題はあえてこれを有耶無耶にしたまま、いま少しとつおいつ思案する。

さて、既述のように「利益は資本の増殖分であり、資本があってはじめて利益を生ずる」とされ、また、いわゆる資本維持論的な言い回しをすれば、維持して余りある部分が利益、といったことになろうが、やはり資本があって利益があるのか。資本が先にあるのか。

前出の「すべての会計上の思考は利益に通じる」という言説は資本維持の問題を俎上に載せた論攷から引かれているが、この論攷は「維持される筋合にある資本の内容」[71]についてまずは次のように述べている。

「俗に言う資本不可侵の要請とは果たしてなにを意味しているかについて考えてみるに……つまり、投下資本の額とこれに照応する回収資本の額との比較を試みることにより、後者の前者を上回る部分を利益の額として観念するという考え方」であり、［回収資本－投下資本＝利益］「という等式こそが、われわれに利益の実現を肯定させるわけである[72]」。これは［収益－費用＝利益］「という場合のそれ（狭義[73]

---

70 「会計を言語とみることは、すでに学界の「通念」にもなっているといえよう」（同上、i頁）。
71 山桝「「資本維持」考」228頁。
72 同上、229頁。

の利益の額)とは異なり、これに利得の額と損失の額とを加減したもの(広義の利益の額)にほかならない。……問題は、広義の利益の額の判定にあたっておのずから必要にならざるを得ない資本の額と利得の額との識別にある。……それが資本自体の付加分を意味するか、それとも利得を意味するかの判定……にさいしてこそ、かの資本不可侵の要請の具体的な発動が如実にうかがわれるわけであり、しかもその場合、この要請の含意は、要するに、回収を見た総資本の額から広義の利益の額を除いた部分が、投下資本の額に合致するように、会計上の処理を行なうべきであるという点にあるものと、解釈することができよう[74]」。

しかしながら、この論攷は「もともと資本維持を主題に筆を執ったはずであったのに、そのこととの関連において貨幣価値や価格の変動に心を奪われるのあまり、いつしか主題が利益概念の純粋化という問題に転化してしまったかにも見える[75]」として「われわれは、いまさらのように、「すべての会計上の思考は利益に通じる」との感を深くするとともに、資本維持の問題にしても、けっきょくは精密な利益の額の算出という問題と無縁でないばかりか、もともとこれと不可分の関係にあることを、しみじみと思い知らされている次第である[76]」と結ばれており、しかも、上掲の引用における「回収を見た総資本の額から広義の利益の額を除いた部分が、投下資本の額に合致するように」という言い回しはこれを［回収資本 − 利益 ＝ 投下資本］と捉えることができようが、これは［回収資本 − 投下資本 ＝ 利益］と同義か。

また、「利益は資本の増殖分であり、資本があってはじめて利益を生ずる」ということには異論がなかろうが、しかしながら、この言説は必ずしも

---

73 同上、229頁。
74 同上、229〜231頁(( )書きは原文)。
75 同上、238〜239頁。
76 同上、239頁。

会計上の言説とは限らず、いわば経済事象の言説かもしれず、すなわち、「資本」も「利益」も会計上の概念（テクニカル・ターム）とは限らず、例えば「会計上、資本の額があってはじめて利益の額がある」と同義とは限らず、すなわち「維持すべき資本の額があってはじめて利益の額が算定される」とは限らず、もしかしたら、「しかるべき利益の額があって維持すべき資本の額が定まる」ということもあるかもしれない。

ところで、叙上のことは、いずれにしても（いずれが先であっても）、一方が定まれば残りが他方、といった意味において、やはり差の概念にかかわる。

「利益」は差額概念といわれるが、そもそも差額とは何か。

これまでの引用のなかに［○○ − ○○ ＝ 利益］に該当するものを探してみると、まずは次のようなものを拾い出すことができる。

　　○収益 − 費用 ＝ 利益
　　○期末純資産 − 期首純資産 ＝ 利益
　　○純資産 − 資本 ＝ 利益
　　○回収資本 − 投下資本 ＝ 利益

［収益 − 費用 ＝ 利益］は（これを期間計算において示す場合には［当期収益 − 当期費用 ＝ 当期利益］となろうが）いまさらいうまでもなく、一般に「損益法ないしは収益費用アプローチに基づく利益とよばれている」ものだが、「収益・費用中心利益観」における定義によれば［努力（収益）− 成果（費用）＝ 利益］となるこの等式は、しかし、「資産・負債中心利益観」における定義によれば［資産の増加（収益）− 資産の減少（費用）＝ 利益］となろう。

次の［期末純資産 − 期首純資産 ＝ 利益］はこれもまたいうまでもなく、一般に「財産法もしくは資産負債アプローチに基づく利益とよばれている」ものだが、ちなみに、純資産はそれ自体が差額であって、資産の増加（収益）が純資産の増加をもたらし、資産の減少（費用）が純資産の減少をもた

らす。

　また、［純資産 − 資本 = 利益］は「純資産が資本と利益とに直和分割されるという」状況にかかわり、これは前出の井上の分類における①の捉え方（醸出資本をもって資本とし、留保利益および期間利益を利益とする）によれば、［純資産 − 醸出資本（資本）= 利益］ということになろうが、他方、②ないし③の捉え方（醸出資本および留保利益（期首の純資産）をもって資本とし、業績表示利益ないし分配可能利益としての期間利益を利益とする）によれば、［期末純資産（純資産）− 期首純資産（資本）= 利益］となるのか、あるいは、これは［増殖後の資本（純資産）− 元の資本（資本）= 利益］であって、むしろ、資本の増殖は［資産の増加（収益）− 資産の減少（費用）= 利益］ということなのか。

　最後の［回収資本 − 投下資本 = 利益］は「投下資本の期間的回収余剰額」ということであって、資本の増殖と同義のことか。

会計写像説

　しばしば「会計は写像行為」といわれ、すなわち、例えば、経済的現実という本体（principal）を写像してもたらされた写体（surrogate）が財務諸表上の情報、といったように捉えられることが少なくないが、他方、利益については、叙上のような差額性をもって「経済的現実という本体」たりうるかどうかが疑問視されることもこれまた少なくないかもしれない。例えば「利益測定にさいしてその測定（写像）されるべき対象である経営活動および事象……」[77]といった（些か微妙な）言い回しを用いる向きはさらに下記のように述べているが、［会計測定 = 利益測定］とも取れる言い回しであることや（「利益測定」という表現こそは用いつつも）測定（写像）対象の本体の側については「利益」という概念をおよそ用いていないことが注目される。

　77　中野勲『会計利益測定論』1971年、3頁。

「われわれは会計測定において、測定(写像)されるべき対象を「本体」と呼び、その本体を測定した結果たる・その本体の・数的表現を「写体」という。写体としては「資本」という名称は、確かにもっぱら貸借対照表貸方側項目のみに与えられている……が、われわれは、会計測定の「本体」が「資本」とその「循環」および投下資本を回収・維持したのちの「増殖」の発生からなると考える」[78]。

「利益を測定するということは、測定(写像)対象としての経営活動を資本の維持と増殖の過程……であると仮定し、測定すべき「本体」をそのように理解した上で、その本体の諸関係を数字的表現、特に金額であらわされた「写体」により写しだすことである」[79]。

　会計写像説についても永野が引かれるが、「〈現実〉が所与のものではなく人間によって作られたものであるという構成主義が筆者(永野)の採用する立場である」[80]という永野はこの自身の立場を「構成主義といっても、人間が構成してできた〈経済的現実〉を会計が認識するというものではない。……〈経済的現実〉を認識しつつそれを構成するという、〈現実〉の構成と認識とが同時に進行するのである。さらにいえば、〈現実〉の認識と構成とともに会計の言語体系による表現が同時に進行するのである。それゆえ、ここでの〈経済的現実〉も会計表現によって表わされた〈現実〉であり、〈会計的現実〉と称するものになっているのである」[81]と敷衍し、その上で「「表現」ということは、一般には、事実なり事象なりが存在しており、それを忠実に再現することであると考えられやすい」[82]が、「会計における表現は対象の写像ではなく、対象についての像を構築するという意味で〈築像〉とでもいうべ

---

[78] 同上、9頁。
[79] 同上、20頁。
[80] 永野『財務会計の基礎概念』11頁。
[81] 同上、11頁。
[82] 同上、39頁。

きものである[83]」として次のようにまとめている。

> 「会計における認識・測定は、会計の外に〈客観的〉に存在するモノを写像する過程ではなく、会計表現の遂行と同時進行的に像が構築されるという意味での〈築像〉の過程である[84]」。

　もっとも、如上の「写像に非ず」は会計築像説の提唱であって、これは差額性を有する利益に限ったことではなく、何も利益を特別視しているわけではないことは言を俟たない。
　他方、筆者（友岡）は、別著にて既述のように、まずは写像説を前提としつつ、利益は、本体がないことをもって、これを特別視し、すなわち「利益[85]は実態のなかにはない、利益には実態というものはない……実態とは、実際のありさま、実際の状態（本体）、のことだから、利益には、実際の利益、というものはない、ということである。実際の利益、というものがまずあって、それを写し取った、会計上の利益（写体）、がある、ということではなく、利益は会計のなかにしかない、利益には、会計上の利益、しかない、ということなのである[86]」としているが、この点、「会計システムから生まれてくるものは本質的にはすべて写体である[87]」とする井尻雄士は「利益は本体であり利益額はそれを表現する写体である[88]」と明快に述べ、利益と利益額の異同について次のように説明している。

> 「たとえば１月１日にある土地を所有しており、１年間の活動の結果

83　同上、40〜41頁。
84　同上、43頁。
85　友岡『会計学原理』。
86　同上、93頁。
87　井尻雄士『会計測定の基礎──数学的・経済学的・行動学的探究』1968年、5頁。
88　同上、98頁。

12月31日にはその土地に加えてある建物を所有している場合、その建物が年間の利益である。この建物を数字でどう表わすかは利益の定義とは別個に存在する評価の問題である。……Hicksは所得（あるいは利益）を価値と定義しているが、そのもとになっているものは明らかに数量化に依存しないものである。上記の例では、建物を処分してもなおかつ年度末に年度初めと同じだけの財産を維持しており、同じだけ裕福であるということができる。したがって評価のいかんにかかわらず建物そのものが利益なのである」[89]。

しかしながら、筆者はまた、「もしかしたら、そもそも財務諸表は実態を知るために読むものではないのかもしれない。……もしかしたら、実態が問題なのではない、実態にもとづいて行動を選択するのではない、のかもしれない。財務諸表に示された写体は、実態（本体）を写し取ったもの、として意味があるのではない、のかもしれない。それによって実態を知ることができる財務諸表に意味があるのではない、のかもしれない。財務諸表に示されたものこそに意味がある、財務諸表に示されたものそれ自体に意味がある、のかもしれない」[90]ともしており、これが築像説と同様のものかどうかは判然としないが、いずれにしても、この筆者の言説は、井尻によれば、次のように否定される。

「会計システムから生まれてくるものは本質的にはすべて写体であるということを強調しておこう。すなわちそれらが有用なのはそれらが主体の経済事象という本体を表現しているからだという点である。……もし会計システムのアウトプットがそれ自身有用であるならば、会計理論はいまとまったく異なったものとなっていたはずである」[91]。

---

89 同上、98〜99頁（（ ）書きは原文）。
90 友岡『会計学原理』95頁（（ ）書きは原文）。
91 井尻『会計測定の基礎』5頁。

先に引用した一般の辞典における「企業の経済活動によって会計上生じた……資本の増加分」という件(くだり)が気に懸かる。「会計上生じた」とはどういうことか。

　「会計を地図にたとえて、その特徴を説明しようとする」[92]会計地図論を引き合いに出す永野によれば、「財務諸表という地図の上にある利益に対して、それに対応する現実があるかどうか、またその現実がどういう性格のものであるかは論者によってさまざまである」[93]。

92　永野『財務会計の基礎概念』6頁。
93　同上、8頁。

第 2 部
簿記と複式簿記を考える

第4章
簿記と会計

無意味?

のっけから本章の論点それ自体に否定的な見解を紹介するのもどうかとは思うが、ウィリアム・アンドリュー・ペートン (William Andrew Paton) は次のように述べている。

> 「特定の事業に影響を及ぼすすべての観察可能な出来事について体系的な記録が行われなければならない。事業上の事象について日記が付けられ、そのデータが分類・記録されなければならない。会計のこの部分は一般に「簿記」と呼ばれ、むろん、それは事業の取引を分析し、記録するという日常的なプロセスである。概して簿記と会計を明確に区別しようとすることはまったく無意味である。もしも簿記を可能な限り広義に捉えるならば、これらの語はほぼ同義となる。しかしながら、一般的な用法の場合、「会計」という語の方がこの領域全体の名称としては相応しく、また、「簿記」はその重要不可欠な部分として捉えられる」[1]。

まずは「まったく無意味」と断じている[2]。

---

1 William Andrew Paton, *Accounting Theory: With Special Reference to the Corporate Enterprise*, 1922, pp. 4-5.

リトルトンの所説

ペートンといえば、リトルトンである。

A. C. リトルトン（A. C. Littleton）の *Accounting Evolution to 1900* は 'Part I The Evolution of Double-Entry Bookkeeping' と 'Part II The Expansion of Bookkeeping into Accountancy' の 2 部からなっているが、その訳書は「前篇　複式簿記の生成と発展」と「後篇　簿記より会計学への発展」としており、けだし、これはリトルトンが「'Accountancy' は会計の知的分野を意味し、'Accounting' は、この知的分野における秩序的活動を意味する」としていることによっている。

さて、まず「前篇　複式簿記の生成と発展」は次のように述べている。

> 「パツィオロの簿記書を注意してよむと、簿記の基本構造は、そのころと今日とで、ほとんどちがわないことを知って一驚をきっするのである」。

> 「たしかに、或る種の簿記実務はパツィオロ時代から今日まで 400 年以上も変ることなく続いている。だが Crivelli の飜訳書を通じてパツィオロの著書にふかく思いをめぐらしてみると、彼の著書にもっとも缺けている点は、おそらくは現代的の「理論」に関する記述であろう。当時の簿記は事実上記録手続に終始していた。なぜこうするのかという理由を骨をおって説明しなければならない必要もなかったし、勘定

2　なお、会計が簿記よりも広く捉えられ、簿記が会計の構成要素として捉えられており、ただし、これは論理的には（後述されるような）会計とは関係のない簿記の存在を否定するものではないが、しかし、少なくともここでのペートンにはそうした考えはない。

3　A. C. Littleton, *Accounting Evolution to 1900*, 2nd ed., 1966, p. 163.

4　リトルトン／片野一郎（訳）、清水宗一（助訳）『会計発達史（増補版）』1978 年、253 頁。

5　同上、255 頁。

6　同上、118 頁。

の分類を理論的に構成する必要もなかったのである」[7]。

「パツィオロの著書でまったくみられないものに財務表の問題がある。彼が財務表にふれていない理由は容易に理解し得られる。当時の資本主は、自分の営業上の諸問題にみずから直接に交渉をもっていたから、元帳の損益勘定をときどき計算するだけで充分用がたりたのである。このことは、「定期決算」や収益・費用の期間配分を今日ほど重視しなかったことを意味するものである」[8]。

「定期決算とか損益配分とかの問題に関心をむけるようになったとき、ここに当然「理論問題」がおこってきたのであった」[9]。

「さらにまた、株式会社企業の発達が会計理論の発展にいくたの重要な刺戟をあたえた。近世の会社企業における所有の分散と責任の有限とは、むかしの人のみたこともないほど、会計のになう機能を重くするにいたった。たとえば、株式会社における資本配当禁止の問題は、期間利潤の決定にからんでいくたの重要な会計理論を生ぜしめたのである」[10]。

「新しい時代は新しい事態を発生させ、これにともなって簿記にも若干の変化が生ずるのをまぬがれなかったのである。われわれは現代の会計が15世紀の簿記といかに異なっているかを述べることもできよう。現代の会計分野が、むかしにくらべて、いかに広いかを述べることもできよう。また、会計における諸定義や諸概念が、いかに洗練されたかを述べることもできよう。だが、一団の理論をのぞけば、基本構造に対しわれわれが新たに附加したものとてはほとんど無いといっても過言ではない。この事実は一般に充分に理解されていない点である。監査技術、原価計算技術、予算技術以外には実際的方面に現代が

---

7 同上、128頁。
8 同上、129頁。
9 同上、129頁。
10 同上、129～130頁。

貢献し得たところは比較的すくないといえよう。しかも、これらのものは現代のなした貢献として最上最大のものであるが、その全部を以てしても真の貢献としてはむかしの第一段階に比肩し得ないのである」。[11]

複式簿記という記録システムそれ自体の構造はすこぶる完成度が高く、したがって、何百年の時が経とうとも改変や進化の必要がなかったが、複式簿記の成立時にはなく、のちに生成をみたものに理論と財務表があり、この両者は、財務表の登場が理論を必要とした、という関係にある、ということであり、ただしまた、複式簿記成立の意義は擢んでて大きい、ということである。

次に「後篇　簿記より会計学への発展」は次のように述べている。

「簿記は19世紀に入るとさらに一段と発展すべき環境におかれるにいたった。産業革命にひき続いて私的企業の目ざましい勃興をみるにいたった19世紀は、実に商業的にも工業的にも金融的にも、また、法律的にも大躍進の時代であった。簿記をとりまく各種の外部的与件は、これまで単なる組織的記録方法としてとどまっていた簿記を発展せしめて、企業経営上の管理手段たらしめる力をもっていた。いいかえれば、19世紀にいたって簿記は会計accountingに発展したのである」[12]。
「簿記から会計への発展について株式会社が大きな影響をあたえたことは見のがし得ない事実である。……株式会社は継続企業であり、したがって、株式によるその投下資金は一回の配当によって全損益が分配されるところの投機ventureではなくて、定期に果実が得られるところの長期投資investmentであるという事実こそが、簿記に決定的な影響をおよぼした所以であったのである。株式会社が定期的果実

11　同上、131頁。
12　同上、255頁。

を分配することを目標として存立するものであるとすれば、会社の資本 capital であるものと収益 income であるものとをつねにはっきり区別しなければならない。資本と収益との区別を表示し得る能力は、複式簿記のもつ一の技術的特質であり、しかして定期的利益を正確に計算することは会計の一の重要な職能である。それゆえに、株式会社が資本と収益とを区別することの重要性を強めたかぎりにおいて、それはまた、簿記から会計への発展をそれだけ刺戟したのであった」[13]。
「会計を簿記からはっきり区別すべき一つの規範は会計監査である」[14]。
「原価計算は複式商業簿記が数百年の歴史をもつのにくらべれば、それほど古いものではなく、その起源はごく最近のことに属する。的確にいえば、それは19世紀の産物であり、20世紀に入ってから急速な伸展をとげてきたのである」[15]。
「原価計算は、或る意味において、従来の簿記にまったく新しい要素をみちびき入れたものといえる。15世紀において複式記入の方法による簿記が形成されたことと、20世紀において予算が創始されたこととの中間に現われたきわめて重要な一つの特色は、財貨の取得価額を基準とする価格の形成ということが簿記に導入されたことであった。それ以前においては、生産原価の形成を簿記にむすびつけるという要求はまったく起らなかった」[16]。

株式会社を含む19世紀の状況が会計をもたらした、ということである。

「光ははじめ15世紀に、次いで19世紀に射したのである。15世紀の商業と貿易の急速な発達にせまられて、人は帳簿記入を複式簿記に発

---

[13] 同上、308〜309頁。
[14] 同上、371頁。
[15] 同上、437頁。
[16] 同上、437頁。

展せしめた。時うつって 19 世紀にいたるや当時の商業と工業の飛躍的な前進にせまられて、人は複式簿記を会計に発展せしめたのであった」[17]。

簿記と会計の異同——記録と報告

　簿記と会計の異同ないし簿記と会計の関係についてはつとに色々なことがいわれており、その一つに「決算の前までが簿記で、決算以降が会計」といったものが挙げられる。

　簿記論や会計学の入門的なテキストには「簿記一巡の手続き」などというタイトルの下掲の図のような図が載っているが、これを参照しつつ如上の関係を考えれば、企業等における経済事象を「取引」という概念をもって捉え、これを仕訳帳に記録し、元帳に転記するという日々の手続きが簿記で、期末の財務諸表の作成に至る決算手続き以降が会計、ということとなろう（「簿記一巡の手続き」というタイトルからすれば最初から最後まで簿記ではないか、という揚げ足取り的な話はさておく）。

簿記一巡の手続き

取引 ―(仕訳)→ 仕訳帳 ―(転記)→ 元帳 ―(決算手続き)→ 財務諸表

　例えばエリック L. コーラー（Eric L. Kohler）の *A Dictionary for Accountants* は「bookkeeping　簿記」について「(a) 企業を秩序正しく管理しうる手段を提供し、かつ (b) 企業の財政状態と経営成績を記録し報告するための基礎を確立するために、予め考えた計画にしたがって、取引を分析・分類・記録するプロセス」[18]とし、他方、「accounting　会計」については「取引 transaction を記録し報告すること」[19]としている。

　また、例えば「両者の言葉の相違から、最も単純に整理して説明するとす

17　同上、498～499 頁。
18　コーラー／染谷恭次郎（訳）『会計学辞典』1973 年、70 頁。

れば、簿記（bookkeeping）とは、「帳簿（book）に［取引を］記録する（keep）行為（ing）」であり、会計（accounting）とは、「［1 年間で得た利益を株主に］説明する（account）行為（ing）」ということになる。……ごく単純にいえば、簿記の中心は、記録であり、会計の中心は、伝達である[20]」とされ、あるいは「報告機能を含めるかどうかが、ある意味では、簿記と会計とを分ける分水嶺になるのかも知れない。なぜなら、会計は、まさしく利害関係者に企業の財政状態や経営成績を説明ないしは報告する行為であるからである[21]」とされるように、簿記という行為はこれがまずは「記録」行為として捉えられるのに対し、会計という行為は「説明」行為ないし「報告」行為ないし「伝達」行為として捉えられようが[22]、「説明」ないし「報告」ないし「伝達」は財務諸表をもって行われ、また、既に指摘したように、リトルトンは、先の引用文において、「パツィオロ時代」にはみられず、現代にはみられるものとして「理論」と「財務表」を挙げている。

簿記と会計の異同――技術と理論

　他方、ときに「簿記は技術で、会計は理論」などともいわれ、しかし、簿記も会計も行為であることからすれば、これについては違和感を覚えようし、また、「簿記は技術」はまだしも、「会計は理論」にはまずは次元の違いの感を禁じえない。しかしながら、リトルトンは、これも先の引用文において、「財務表の問題」、すなわち「定期決算とか損益配分とかの問題」が「理論問題」をもたらした、としており、つまるところ、［簿記 → 会計］は財務諸表の登場を意味し、財務諸表は理論を必要とした、ということだろうし、また、リトルトンが「簿記より会計（Accounting）への発展」ではなくして

19　同上、8 頁。
20　渡邉泉『会計の歴史探訪――過去から未来へのメッセージ』2014 年、185 頁（（　）書きと［　］書きは原文）。
21　同上、188 頁。
22　ただし、「報告」を簿記に含める定義（後出）もある。

「簿記より会計学（Accountancy）への発展」としていることにもそうした含意が看取される。

　ただしまた、直上では、会計は行為であって、したがって、「会計は理論」にはまずは次元の違いの感を禁じえない、とはしたものの、考えてみれば、行為というものは、多くの場合、知識や思考をもって行われており、このことに鑑みれば、体系的知識（理論）やこれを求める営み（学問）はこれらを当該行為（例えば会計という行為）に包摂されたものとして捉えることもでき、そうした場合には例えば会計と会計理論ないし会計学の峻別に拘泥することは必要でなくなるかもしれない。

　そうした峻別には拘泥していないようにみえるものとしては、例えば武田隆二の次のような記述を挙げることができる。

　　「簿記と会計とは、どのような点で区別される学科であるのか」[23]。
　　「歴史的に考察すると、帳簿記入の対象は金銭の貸借関係の記録に始まっている。金銭の出納とか、債権・債務の発生・消滅の記録が、帳簿記入の主たる対象であった時代においては、貨幣の動きと債権・債務の変動をいかに明瞭かつ確実に把握するかということが関心の中心となっていた。いいかえるならば、記帳技術もしくは記録形式の研究に第一義的課題があったとみてよかろう。ということは、会計の歴史は簿記史として始まったのである」[24]。
　　「しかし、その後、企業規模が拡大し、企業活動が多方面にわたるようになると、帳簿記入の対象も著しくその範囲を拡大した。債券・債務や貨幣以外に商品や建物の記録をも含むようになると、ここに新しい問題領域がつけ加わった。それは評価の問題である。……いずれの価格で……評価したらよいのかとか……どれだけの減価が生じたのか、という問題に対しては、記帳技術の学として成立した簿記の知識では

23　武田隆二『簿記Ⅰ──簿記の基礎』1978年、4頁。
24　同上、5頁。

答えられなくなった。ここに新たな領域として、評価論が成立する。かくて、近代会計学の歴史は、評価論に始まったといってもさしつかえない。……発生史的にみて、簿記は記帳技術論として、また、会計は評価論として、それぞれの1ページが開かれたものであった」。

また、武田は次のようにまとめている。

「簿記は、簿記システムを通じ、利害関係者が必要とする会計情報を財務諸表として作成するための技術である。これに対し、会計は企業内に生起した経済事象を簿記システムにインプットすべきかどうか、あるいは、インプットするとしてそれを貨幣金額でいかに評価するか等を決定する行為を対象とする。それゆえ、簿記学は記帳技術論であるのに対し、会計学はその認識対象の内容の大きさを決定する評価論としての性格を持っている」。

しかしながら、「簿記は……するための技術である」と「会計は……する行為を対象とする」の間のちぐはぐさはやはり気になる。

会計とは関係のない簿記[27]

ところで、如上の議論においては前出の図ないし「簿記一巡の手続き」というそのタイトルに問題がなくもない。

叙上のように、簿記はまずは「記録」であり、いま少し限定すれば、「財産に関する記録」である。また、会計的な言い様をすれば、簿記が記録するのは「取引」であり、ここにいう「取引」とは資産、負債、ないし資本の増加ないし減少をもたらす事象のことであり、簡単にいってしまえば、財産の

---

25 同上、5頁。
26 武田隆二『簿記一般教程（改訂版）』1983年、5頁。
27 注記2をみよ。

増減をもたらす事象のことである。

　というわけで、簿記は取引を記録、すなわち財産の増減をもたらす事象を記録するが、そうした簿記のそもそもの目的は「財産の管理」にある、として捉えることもできよう。すなわち、財産を管理するために、財産の増減をもたらす事象を記録する、ということである。

　そうした捉え方をした場合には、簿記は何も財務諸表の作成のためにあるというわけではない、ということにもなろうが、しかしまた、他方、簿記が財務諸表の作成に用いられている、ということは事実である。

　したがって、通常、会計学や簿記論のテキストの類いでは、簿記は、会計のためのもの、として捉えられ、別言すれば、簿記は、財務諸表の作成プロセス、として位置づけられ、さらに別言すれば、宛も、財務諸表の作成こそが簿記の目的、といったように捉えられており、前出の図はそうした捉え方を表しているといえようが、ただし、「簿記一巡の手続き」というタイトルには問題がなくもなく、「財務諸表の作成プロセス」とか、「財務諸表の作成手続き」とかいったタイトルこそが相応しい。

　簿記は確かに会計（財務諸表の作成）に用いられているが、あくまでも、用いられている、にしか過ぎず、別言すれば、簿記というものは会計のために行われるようになったわけではない。

　前述のように、簿記を「財産に関する記録」とするならば、そうした「記録」は何も会計を前提にしなくとも行われ、また、これも前述のように、簿記のそもそもの目的は財産の管理にあるとした場合、すなわち、財産を管理するためにそれに関して記録する、とした場合、そうした「記録」は会計の必要がないような状況、すなわち、財務諸表をもってする「説明」の必要がないような状況、すなわち、例えば資本と経営の分離が生じていないような状況においても行われることとなる。

簿記と会計の異同――技術と理論（続）

　閑話休題。「「会計 ＝ 理論面、簿記 ＝ 技術面」とか、「会計 ＝ 内容、簿

記＝形式」とかといった表現で、会計と簿記との関係が語られることがある。しかし、こうした抽象的な表現によって、簿記（論）と会計（学）との実相がどの程度明らかになったのであろうか」[28]ともされるが、そうした表現の代表としてしばしば引かれるのが岩田巌による次のような主張である。

　「会計が実質的な内容を有する記録計算であるに対して、簿記はむしろ無内容に近い形式的な記述の仕方にすぎない。会計は簿記の内容であり、簿記は会計の形式である」[29]。

　これについては「そうした表現は例えば岩田理論においても用いられているが、そこで現実に意味されていることは、現に存在する複式簿記機構によって会計本来の構造を見誤ってはならない、ということにすぎないようである。……つまり、計算の本質的仕組みをまず想定し、それにそぐう複式簿記の機構を構築するべきであり、その逆であってはならないというのが、岩田理論における「会計＝内容面、簿記＝形式面」という表現の含意であると思われる」[30]ともされているが、他方、岩田は次のように続けている。

　「歴史的にみれば、両者は密接にむすびついて発生し、たがいに相関連しつつ発達してきたのである。あたかも影の形にそうように、会計のあるところには簿記があり、簿記があるところには会計があって、簿記をはなれて会計を考えることはできないといっても差支えない。企業会計と複式簿記の関係においてはとくにそうである。……だが、それにもかかわらず、会計の記録計算手続と簿記の記録形式とは、少なくとも観念的には区別すべきであって混同してはならない」[31]。

---

[28]　笠井昭次「会計（学）と簿記（学）との関係を巡って」『三田商学研究』第36巻第5号、1993年、59頁。
[29]　岩田巌『利潤計算原理』1956年、22頁。
[30]　笠井「会計（学）と簿記（学）との関係を巡って」59〜60頁。

「会計という手続は、別に特定の記録形式をそのうちに包摂するものでもなければ、指定するものでもない。その結果計算と原因記録を行うのに、簿記の勘定形式を用いなければならない理由はない。……通常は簿記の勘定形式を用いるのが一般の慣習であるが、これは単に記録を整理し、計算を正確ならしめるに便宜であり、効果があるからにすぎない」[32]。

これは要するに、会計に簿記は必須ではない、ということであって、また、ここには、既に言及された「会計とは関係のない簿記」の存在も含意されているのかもしれないが、けだし、こうした捉え方は少数派というべきであって、むしろ、次のような捉え方が一般的だろう。

　「「会計」の根源を、歴史的観点から、「財の記録とそれに基づく管理」と見なせば、「簿記」とは「会計に固有の記録・計算のためのツール」と定めることができるであろう」[33]。

要は、簿記は会計に固有、ということにほかならないが、なおまた、ここでは（「根源」という微妙な表現が「定義」を意味するものかどうかは定かでないが）会計の定義（らしきもの）に「管理」を含めている点に違和感がある。

　閑話休題。「「会計＝理論面、簿記＝技術面」とか、「会計＝内容、簿記＝形式」とかといった表現」に話を戻せば、簿記論の大家として知られる沼田嘉穂の次のような指摘が興味深い。

　「見方によっては簿記は記帳する取引金額が定められてからの処理で

31　岩田『利潤計算原理』22～23頁。
32　同上、23頁。
33　中野常男「「会計」の起源と複式簿記の誕生」中野常男、清水泰洋（編著）『近代会計史入門』2014年、3頁。

あり、記帳金額の決定の根拠並びにその計算自体は会計学または商業数学の範囲であり、簿記自身の任務ではない、という考え方が成り立つ」[34]。

また、如上の沼田説に依拠した次のような捉え方も注目されよう。

「発生主義の原則や実現主義の原則にもとづいて経済状態の変動を認識し、ついで、その形態や性質に応じてこれを分類するとともに貨幣を測度として数量化する。この三つの段階を前段階として、簿記の領域が展開される、とみることができる」[35]。

これは、認識および測定の2段階を経て「内容」が定まるが、簿記はそれに関知することなく、これを司る「理論」は会計（学）の範疇にある、ということだろうが、前出の武田のちぐはぐな記述も要はそういうことなのだろうか。

「簿記」の定義

順序が逆かもしれないが、ここで簿記の定義を、例えば英米日のテキストの類いについて概観してみよう。

「簿記は、いつでもその性質や影響をはっきり確かめることができるように、或る主体の商取引を適当な方式で記録する技術（art of recording）である」[36]。

「簿記は、そのために用意された帳簿に、商取引を体系的に記録する

---

[34] 沼田嘉穂『簿記論攷』1961年、11頁。
[35] 森藤一男「複式簿記の構造と職能——会計と簿記の区別を中心として」『産業経理』第39巻第6号、1979年、83頁（（ ）書きは原文）。

ことである。適切な簿記は事業に関して必要な財務情報を直ちに経営者に提供するが、そうした簿記は適切な組織的方法（good system）と有能な簿記係によってもたらされる」[37]。

「「簿記」には沢山の定義があるが、しかし、とても広く多様な意味を有するこの用語の正しい意味を僅かな言葉で説明することは難しい」[38]。「今日の英語辞典は「簿記」を「金銭取引や商取引を規則的で組織的に（in a regular and systematic manner）記録する技術（art of recording）」と定義しているが、しかし、実務家はこの用語を、単に組織的方法による取引の記録としてではなく、もっと多くの意味を有するものとして理解している。すなわち、この用語には、そうした記録は継続的に行われるべきことが含意され、また、取引の詳細は、所定の期間に行われた（a）個々の取引、（b）同種の諸取引、および（c）すべての取引の貨幣的な側面が最小限の支障や遅滞をもって確かめられるように、整理されるべきことが含意されている」[39]。

「簿記は「商取引の貨幣的な側面を体系的に継続的に記録する技術（art of permanently recording）である」」[40]。

「簿記とは……特定の経済主体の営む経済活動を貨幣価値により記録・計算し、その結果を整理・要約して関係者に報告する技術である

36　L. Cuthbert Cropper, *Elementary Book-keeping: A Text-book for Beginners*, 1913, p. 1.
37　James A. Lyons and Oliver S. Smith, *Bookkeeping and Accounting*, c1922, p. 5.
38　B. G. Vickery, *Principles and Practice of Book-keeping and Accounts*, 6th ed., c1930, p. 1.
39　*Ibid*., pp. 1-2.
40　R. Glynne Williams, *Elementary Book-keeping*, 2nd ed., c1930, p. 2.

ということができる」[41]。

「簿記とは、「特定の経済主体の経済活動を主として貨幣額によって、記録・計算し、一定期間ごとに整理・要約する技術である。」と定義される」[42]。

「簿記とは……企業における現金・財貨・債権・債務の増減・変化とその原因を、一定の方式をもって記録・計算・整理する方法である」[43]。

「簿記というのは、ある主体の経済的な活動のすべてを客観的な証拠に基づき、秩序正しく貨幣数値を用いて記録し、それらの活動の成果と現状を明らかにするための計算と記録の知的な技術である」[44]。

「簿記とは、経済主体の経済活動を、一定の形式を備えた会計帳簿に、固有の方式で記録・計算する手続の体系である」[45]。

「まったく無意味」

以上のうち、特に注目されるのは「記録・計算し、その結果を整理・要約して関係者に報告する技術である」とする森川八洲男の定義であり、また、「もし、簿記を、企業間の商取引を記録し、その記録にもとづいて一年間の期間利益を計算し、その結果を記帳係や代理人が事業主にあるいは事業主が出資者や債権者に報告するプロセスであると規定するならば、それは複式簿記以外の何物でもない」[46]としつつ、自らこの定義を支持する渡邉泉の立場も

---

41 森川八洲男『精説簿記論〔Ⅰ〕』1984年、3頁。
　　注記22をみよ。
42 榊原英夫『簿記と会計』1990年、3頁。
43 染谷恭次郎『最新精説簿記（改訂版）』1992年、2頁。
44 瀧田輝己『簿記学』2002年、3頁。
45 照屋行雄『現代簿記の原理』2014年、5頁。

これと同様といえよう。

　ただし、これらは「もしも簿記を可能な限り広義に捉えるならば、これらの語はほぼ同義となる」とするペートンをして「まったく無意味」と断じさせるものにほかならない。

　46　渡邉泉「単式簿記と複式簿記の関係——複式簿記は単式簿記から進化したのか」『會計』第182巻第5号、2012年、121頁。
　47　第5章。

第5章
単式簿記と複式簿記

第1節　複式簿記から単式簿記へ

簿記と複式簿記

　会計史の泰斗、渡邉泉の著書や論攷は、遍くとまではいえないものの、その大半に目を通してきているが、いつだったか、大学院の授業において2005年刊の『損益計算の進化』を輪読の教材に用いた際、その序章「複式簿記の生成と会計学」に関する学生の報告を聞きながら、少なからぬ違和感を覚えたことがあった。

　その違和感はまずは「簿記」と「複式簿記」が同義に用いられていることによるものだったが、そうした用語法に積極的な意図があるかどうかも同書の記述からは定かではなく、ただし、「第2章　パチョーリにおける損益計算システムの再吟味」に「歴史は、単純なものから複雑なものを生み出すことは少なく、総じて複雑なものをより単純化させる方向で進化していく。単式簿記から複式簿記に発展したのではなく、複式簿記が単式簿記を生じさせたのである」[1,2]との段落があった。しかしながら、この「単式簿記から複式簿記に発展したのではなく、複式簿記が単式簿記を生じさせたのである」について、それ以上の説明はなく、その際にはそのままに終わった。

　しかるに、2012年の論攷「単式簿記と複式簿記の関係」は「複式簿記は単式簿記から進化したのか」というサブタイトルからして実に明快だった。[3]

要は［単式簿記 → 複式簿記］ではなく［複式簿記 → 複式簿記・単式簿記］ということだった。

［単式簿記 → 複式簿記］というシェーマとその否定

単式簿記と複式簿記の関係について、叙上のように、「単式簿記から複式簿記に発展したのではなく、複式簿記が単式簿記を生じさせたのである」とし、あるいは「決して、単式簿記から複式簿記へと進化したわけではなく、複式簿記から単式簿記が考案されたのである」とする渡邉は、すなわち、

1　渡邉泉『損益計算の進化』2005 年、29 頁。
2　そもそも「単純なものから複雑なものを生み出すことは少なく」といえばそうかもしれないが、「不完全なものから完全なものへと進化することが多く」といえば［単式簿記 → 複式簿記］でよいのではないのか、という素朴な疑問もないではない。
3　渡邉泉「単式簿記と複式簿記の関係——複式簿記は単式簿記から進化したのか」『會計』第 182 巻第 5 号、2012 年。
4　本章におけるような議論の場合、下手な深入りによる不毛な議論はこれを避けなければならない。

　そもそも「簿記」や「単式簿記」や「複式簿記」の定義自体が所与ではなく、論者によって区々であるため、ともすると、およそ無意味な議論に陥る虞がある。意味を同じくしない各論者の「簿記」や「単式簿記」や「複式簿記」を一緒くたにしての議論はおよそ不毛である。

　他方、例えば或る論者の「簿記」と他の論者の「簿記」について、いずれの定義が適当かを云々する、ということも考えられようが、これもまた、多くの場合、実りある議論とはならず、単なる言葉遊びに終始しかねない。

　例えば、叙上のように、渡邉は「簿記」と「複式簿記」を同義に用いており、したがってまた、渡邉には「複式簿記以前の簿記」というものはないが、他方、後述のように、渡邉に味方する小栗は「複式簿記以前の簿記について定まった名称はない」として「複式簿記以前の簿記」の存在を認めている。「複式簿記以前の簿記のようなもの」を渡邉は「簿記」と認めないが、それを「簿記」の範疇に入れるべきかどうかの議論も、けだし、これに多くの実りを期待することはできない。

　それにしても、「複式簿記以前の簿記のようなもの」を渡邉は何と呼ぶのだろうか。
5　渡邉泉『会計の歴史探訪——過去から未来へのメッセージ』2014 年、164 頁。

「歴史的には、取引の記録手段としての簿記は、必然的に、複式簿記として誕生した」と捉え、「簿記は、複式簿記として成立し、18世紀後半のイギリスで、その略式法ないし簡便法として単式簿記が出現することになる」と説明しているが、このように「単式簿記から複式簿記に発展したのではなく」とし、あるいは「決して、単式簿記から複式簿記へと進化したわけではなく」とする前提には、けだし、［単式簿記 → 複式簿記］といった捉え方が通説的に存在するとの認識がある。

　事実、例えばジョゼフ H. フラマン（Joseph-H. Vlaemminck）は「いつから複式簿記を明確に維持した記録システムが見出され、そして、いつまで簿記が単式簿記を記帳していたと考えられるかを、正確に述べるのは非常に困難である。事実、発展した単式簿記及び不完全になされた複式簿記は、余りに類似しているので、ある場合にそれを判定するのか非常に困難である」とはしつつも、「覚書から単式簿記、及び複式簿記への中世簿記の発展」と述べて［覚書 → 単式簿記 → 複式簿記］というシェーマを示しており、また、O. テン・ハーベ（O. ten Have）はときに「今日では簿記と、そののちの複式簿記システムとがゆっくりではあるが進化してきたことは一般に認められていることである」といった言い回しはしつつも、「複式記入システムを用いてきた中世イタリアのマーチャント・バンカーズが工的事業ではむしろ初歩的単式記入法を続けていたことは注目すべきである」などとしている。

6　同上、164頁。
7　同上、161頁。
8　［単式簿記 → 複式簿記］というシェーマが通説的なものかどうかについては異論があるかもしれないが、渡邉は「複式簿記が単式簿記から進化したという一般的な解釈」（渡邉「単式簿記と複式簿記の関係」122頁）と述べている。
9　J. H. フラマン／山本紀生（著訳）『簿記の生成と現代化』2009年、98頁。
10　同上、45頁。
11　O. テン・ハーヴェ／三代川正秀（訳）『新訳 会計史』2001年、13頁。
12　同上、21頁。

単記式簿記と単式簿記

「複式簿記以前の簿記について定まった名称はない」[13]として渡邉に味方する小栗崇資は次のように述べている。

> 「複式簿記以前の簿記について定まった名称はないが、馬場・内川はそれを「単記式」と呼んでいることから（馬場克三・内川菊義『基本簿記概論』……）、筆者もこれを「単記式簿記」と呼びたい。ここで「単簿記」ではなく「単記式簿記」と呼ぶのは、簿記の方法として「単式簿記」が確立したのは「複式簿記」成立後であるとする見解があることを踏まえている。「単式簿記から複式簿記に発展したのではなく、複式簿記が単式簿記を生じさせたのである」（渡邉泉『損益計算の進化』……）。損益計算が可能となったのは複式簿記の成立以降であり、単式簿記は複式簿記を簡略にするために開発されたという見解である。本書では、方法として確立した「単式簿記」と区別して、方法的に未確定で自然発生的な簿記を「単記式簿記」と呼ぶこととしたい[14]。

> 「単記式簿記とは財産管理を目的とするもので、古くは王室の倉庫会計として発展してきた。後に営業活動を営む商人や両替商が帳簿の記入を行うようになるが、複式簿記生成以前の段階では、金品や在庫品その他の財産の有高の管理に終始するものであった。そうした帳簿はやはり財産管理を目的とする単記式簿記の性格をもつものであったといえる。単記式簿記における財産管理計算で行われるのは物量計算である。そこではもちろん財産の個別性（現金と商品が異なるということ）が大きな前提となり、個々の財産ごとに物量や数量で記録・計算されるのである。それゆえにこの段階では財産はばらばらな存在であ

---

13 小栗崇資「簿記・会計史の理論的相対化」竹田範義、相川奈美（編著）『会計のリラティヴィゼーション』2014年、26頁。

14 同上、26頁（（　）書きは原文）。

り、財産管理における財産は単なる雑然とした集合体にしかすぎ」ず、そこ「では、全体で合計いくらということは財産管理としては意味がなく、現金や商品、備品の個々の有高や物量が問題となる。単記式簿記のこのような財産管理計算においては利益計算は行われえない。歴史的に見て、複式簿記生成以前の単記式簿記においては利益が計算される仕組みは形成されておらず、それを表わす証拠（帳簿）も発見されていない」。

「何らかの利益計算や分配計算は原始・古代から存在したということもできる。剰余を何らかの方法で把握し分配することは、生産力が高まれば高まるほど人間社会にとって必要となることはいうまでもない。しかしそれを一定の方法で意識的に帳簿で表わすということは複式簿記成立までなかったと考えられる。……したがって損益計算の能力をもった単式簿記が複式簿記の前に歴史的に存在したと考えることはできないのである」。

ただし、小栗が拠り所とする馬場克三と内川菊義は次のように述べている。

「複式記入のはじまりをどこに求めるにせよ、理論的に明確なことは、およそ価値計算は本質的に複式記入をともなわざるをえないということである。もともと、数量計算から価値計算への発展は……けっして単なる計算単位の変更を意味するものではなかった。数量計算は、たとえ貨幣価値を計算単位として併用し、左右対称的な勘定式記録計算方法を用いていても、単にそれだけのことであるならば、それは本質的には単記式である。それは倉庫会計であり、その記録計算の対象は個々の財産の単なる出入計算にとどまり、財産全体の有機的な関連に

15　小栗崇資『株式会社会計の基本構造』2014 年、31 頁（（　）書きは原文）。
16　同上、32 頁（（　）書きは原文）。
17　同上、32〜33 頁。

までは及ぶものではない。貨幣を支出して香料を買入れたという場合、貨幣は貨幣で記録され、香料は香料で記録されるだけのことであって、それぞれの財産は記録上、まったく孤立していることになる。しかるに、価値計算は全財産を有機的な一体として把握するものであるから、その記録計算は本質的に二重計算、複式記入とならざるをえない」[18]。

すなわち、けだし、ここにおける「単記式」という語には「非複式」以上の特別の意味は看取されず、「単式」に代えて「単記式」を用いるといった意図を看取することはできない。

リトルトンの「簿記」

また、渡邉は「かつて、リトルトンは、「『簿記』なる用語は一般に『複式簿記』にかえて用いられており、必ずしも、それは複式と単式との二つ［の］簿記概念を包括するものではない」と述べているが、歴史的には、取引の記録手段としての簿記は、必然的に、複式簿記として誕生した。決して、単式簿記から複式簿記へと進化したわけではなく、複式簿記から単式簿記が考案されたのである。単式簿記という新たな簿記システムが生み出されるその瞬間には、簿記という用語に、複式と単式の新旧二つの概念が包括されていたのかも知れない」[19]とし、あるいは「A. C. リトルトンは、「『簿記』なる用語は一般に『複式簿記』にかえて用いられており、かならずしも、それは複式と単式との二つ［の］簿記概念を包括するものではない」と述べ、われわれが簿記の歴史というときには、複式簿記の歴史を指していることを示唆している」[20]としている。

しかしながら、ここで渡邉が拠り所とする A. C. リトルトン（A. C. Littleton）は次のように述べている。

---

18 馬場克三、内川菊義『基本 簿記概論』1960年、15頁。
19 渡邉『会計の歴史探訪』164頁（［　］書きは原文）。
20 同上、155頁（［　］書きは原文）。

「複式簿記の特質を考察する場合の第一の考え方は、複式簿記なる名称自体がその根本的特質を表わしているとする見方である。すなわち、複式簿記は記録の二重性を意味するものだとするのである。しかし、これは皮相な見方ではあるまいか。今日では、「簿記」なる用語は一般に「複式簿記」にかえて用いられており、かならずしも、それは複式と単式との二つ簿記概念を包含するものではない。「簿記」は記録 recordings、計算 reckoning、勘定記入 account-keeping の三つをになう一般的用語である」[21]。

すなわち、けだし、「今日では」[「簿記」≒「複式簿記」]としていることからすれば、その趣意に、簿記は複式簿記として生まれた、といったことはない。

［低質のもの → 低質のもの・高質のもの］の否定

叙上の渡邉や小栗の主張は［複式簿記 → 複式簿記・単式簿記］といったシェーマを意味し、あるいは、小栗の用語法によれば、［単記式簿記 → 複式簿記 → 複式簿記・単式簿記］といったシェーマを意味しており、また、渡邉は「歴史は、単純なものから複雑なものを生み出すことは少なく、総じて複雑なものをより単純化させる方向で進化していく。単式簿記から複式簿記に発展したのではなく、複式簿記が単式簿記を生じさせたのである」[22]とする一方、「もし、単式簿記から複式簿記が揚棄されたのであれば、複式簿記の成立と共に、単式簿記は、その役割を終えて消滅しているはずである」[23]としているが、これは［単純なもの → 複雑なもの］を否定するとともに、［低質のもの → 低質のもの・高質のもの］を否定しているとして捉えられ

---

21 リトルトン／片野一郎（訳）、清水宗一（助訳）『会計発達史（増補版）』1978 年、38 頁。
22 渡邉『損益計算の進化』29 頁。
23 渡邉『会計の歴史探訪』161 頁。

よう。

　すなわち、低質のものが「その役割を終えて消滅しているはず」ならば、［低質のもの → 低質のもの・高質のもの］は否定され、［低質のもの → 高質のもの］となるはず、ということだろうが、はたしてそうか。

　けだし、低質のものと高質のものの併存は決してありえないことではなく、幼稚な簿記と洗練された簿記の併存は決してありえないことではない。たとえ幼稚な簿記を用いている商人が洗練された簿記の存在を知り、その卓越性を知ったとしても、例えば事業規模の小ささや事業形態の単純さなどによって、従来の幼稚な簿記で事が足りており、すなわち、洗練された簿記を用いる必要がないのであれば、従来の幼稚な簿記が用い続けられることとなろう。例えばエリック L. コーラー（Eric L. Kohler）の *A Dictionary for Accountants* も「単式簿記」について「現金とか人名勘定の記録だけしか行なわない簿記のシステム：単式簿記は常に不完全な複式記入 double-entry であって、状況に応じていろいろ異なる。……取引があまり多くなく、また、受取債権、支払債務および現金以外の資産がわずかである場合には、綿密に記帳すれば、単式簿記による記録で十分であろう[24]」としており、すなわち、それで「十分」であれば、複式簿記の登場後も、単式簿記は用い続けられ、他方、それでは「十分」でない大規模な事業等においては複式簿記が採用され、かくして両者は併存する。

　ところで、一般に用いられる「単式簿記」および「複式簿記」については「「単式簿記」という呼称は、通常、「複式簿記」との対比、対照でもってもちいられるが、この「単式簿記」については、複式簿記以外の不完全な簿記、非体系的な簿記の総称、などと説明され[25]」、また、「単式簿記をもって、不完全な簿記、ないし、非体系的な簿記、とする説明にはしたがって、複式簿記を、完全な簿記、ないし、体系的な簿記、とすることが含意されている[26]」と

24　コーラー／染谷恭次郎（訳）『会計学辞典』1973年、442頁。
25　友岡賛『会計の時代だ――会計と会計士との歴史』2006年、36頁。
26　友岡賛『会計学はこう考える』2009年、70頁。

もされるが、こうした捉え方においては、[不完全な簿記 → 不完全な簿記・完全な簿記] ないし [非体系的な簿記 → 非体系的な簿記・体系的な簿記] の是非、すなわち、不完全な簿記と完全な簿記の併存ないし非体系的な簿記と体系的な簿記の併存の有無が問題となろう。

また、例えば沼田嘉穂は「複式簿記が勘定科目による貸借記入を以てする簿記であるならば、それ以外の帳簿記入は悉く複式簿記以外の簿記であるということができる。複式簿記以外の簿記を複式に対する用語として単式簿記 (Single-entry Book-keeping) という。複式簿記が科学的簿記法であるならば、単式簿記は常識的簿記 (Book-keeping on Common Sense) ということができる。再言すれば、複式簿記の原則に基かない簿記は悉く単式簿記である。単式簿記には原則がないから、単式簿記の定義を与えることは不可能である[27]」とし、あるいは「広義における簿記とは、経済主体の経済活動を継続的に貨幣金額によって記録することをいう。このような記録はそれが簡単な場合には常識によっても可能である。簿記が常識の範囲を出ない場合、これを単式簿記という。……単式簿記とは複式簿記以外の簿記をいう[28]」としており、この場合には、[常識的簿記 → 常識的簿記・科学的簿記] の是非、すなわち、常識的簿記と科学的簿記の併存の有無が問題となろう。

「複式簿記」の登場とその意味

「簿記」を形容する「複式」という語、あるいは「複式簿記」という呼称や概念はこれと vs. の関係にある呼称や概念があってこそ用いられるが、この「複式簿記」の登場はいつ頃のことか。

まずは B. コトルリの名が挙がる。すなわち、「世界最初の複式簿記文献は、1458 年 8 月 25 日に、ラグーサ出身のベネデット・コトルリ (raguseo Benedetto Cotrugli) によって執筆された「商業技術の本」(Libro dell' arte di mercatura)」である。しかし、コトルリは、この原稿をすぐには出版する

---

27 沼田嘉穂『簿記論攷』1961 年、4 頁 (( ) 書きは原文)。
28 沼田嘉穂『簿記教科書 (3訂新版)』1988 年、6 頁。

ことができなかった。なぜなら、当時はまだ印刷術がなかったからである」[29]とされる1573年刊行のコトルリの書については、その特徴の一つに「複式簿記（dupple partite）という言葉を使っている」[30]ことが挙げられ、また、「パチョーリは、「ヴェネツィア式簿記」を採用したと自ら述べている……。パチョーリは、ヴェネツィア式（mode de vienenzia）といっているが、複式簿記（libro doppio, partita doppia, scritta doppia）とは記述していないのである。パチョーリが、なぜ複式簿記という言葉を使わなかったのか、その理由は不明である。この複式簿記という用語を最初に使用した著者も、ベネデット・コトルリである」[31]とされる。さらにまた、1603年にミデルブルグにて刊行された『簿記指針』（Den Stijl van Boeck-houden）を嚆矢とするジャン・クーテレールス（Jean Courtereels）の簿記書は「当時慣用された「イタリア式簿記」の代わりに「複式簿記」"Tenue des livres à doubles comptes"なる名称を用いている」[32]とされる。

「複式」には（「単式」だろうが「単記式」だろうが）これとvs.の関係にある「シングル（ダブル）」が前提されているといえようか。

既述のように、渡邉は「決して、単式簿記から複式簿記へと進化したわけではなく、複式簿記から単式簿記が考案されたのである。単式簿記という新たな簿記システムが生み出されるその瞬間には、簿記という用語に、複式と単式の新旧二つの概念が包括されていたのかも知れない」[34]としているが、これについては「歴史は『新先旧後』が条理である」[35]という説明を加えており、

29　片岡泰彦「複式簿記の生成・発展と「パチョーリ簿記論」への展開」千葉準一、中野常男（責任編集）『体系現代会計学［第9巻］　会計と会計学の歴史』2012年、42頁（（　）書きは原文）。

30　同上、45頁（（　）書きは原文）。

31　片岡泰彦『複式簿記発達史論』2007年、139頁（（　）書きは原文）。

32　小島男佐夫『会計史入門』1987年、138頁。

33　同上、139頁。

34　渡邉『会計の歴史探訪』164頁。

35　同上、179頁。

この「新先旧後」については次のように述べている。

> 「それが意味するところは、歴史的事象は、時代的に後から新たに登場してきたものが昔からある古い呼称を継承し、代わってもともとあった旧いものが後になって新しい名前で呼ばれるというのである。例えば、次のような事例があげられる。テレビが発明された当初、われわれは、白黒テレビを「テレビ」と呼んでいた。後にカラーテレビが発明されると、今日では「テレビ」といえば言うまでもなくカラーテレビを指す。いわば、テレビという名前を新しく発明されたカラーテレビが白黒テレビから取ってしまったことになる。そのため旧来テレビと呼んでいた物に新しい別の呼び方が必要となり、白黒テレビという名前が新たに付けられるというのである」[36]。

しかしながら、[複式簿記 → 複式簿記・単式簿記]といったシェーマを考える渡邉にとってこの「新先旧後」はどういう意味をもつのだろうか。

例えば[単式簿記 → 複式簿記]といったシェーマについてであれば、以前は単式簿記を「簿記」と呼んでいたものが、複式簿記の登場と一般化によって、「簿記」は複式簿記を意味するようになり、かつて「簿記」と呼んでいた単式簿記に「単式簿記」という名が与えられる、といった「新先旧後」を認めることもできようが、[複式簿記 → 複式簿記・単式簿記]における「新先旧後」の意味は判然としない。

また、「新先旧後」とは些か意味を異にするが、vs. の関係にある二物の登場とそれらの名称の関係については次のような説明もありえよう。

> 「一般的な例を挙げてこれを説明すれば、カラー写真の登場によって、それと従来の写真を区別するために、それまでは単に「写真」と呼ば

---

36 同上、179頁。

れていた白黒写真を「白黒写真」と呼ぶようになった、といったようなことであり、また、会計学において同様の例を挙げれば、会計の新しい考え方について「動態論」という名称ないし概念が採用され、それと従来の考え方を対比・対照するために、それまでは特に呼び名もなかった従来の考え方を「静態論」と称するようになった、といったことである」[37]。

これは、例えば［単式簿記 → 複式簿記］といったシェーマについてであれば、以前は単式簿記を単に「簿記」と呼んでいたものが、複式簿記の登場によって、それと従来の簿記を区別するために、それまでは単に「簿記」と呼ばれていた単式簿記を「単式簿記」と呼ぶようになった、ということである。

いずれにしても、コトルリやクーテレールスの書における「複式簿記」という呼称や概念の採用は、これと vs. の関係にある「シングル」の認識が存在したことを窺わせる。すなわち、それ以外のもの（従来のもの）を「シングル」とする認識がなければ、それを「複式(ダブル)」と称するようにはならない、ということである。

[不完全な簿記 → 完全な簿記 → 完全な簿記・簡便な簿記]

渡邉は次のように述べている。

「13世紀の初めに複式簿記は、商業資本の勃興と共に、企業簿記として誕生した。時移り、18世紀後半のイギリスで、複式簿記の簡便法としての略式簿記、すなわち単式簿記が当時の小規模な小売商人やアカデミーやグラマー・スクールの簿記の教師のために考案される。すでに完成していた複式簿記の代替法として、小さな街の商店にも適応

---

37 友岡賛『会計学原理』2012年、39頁。

できる簡便な取引の記録方法、とりわけ債権・債務の残高計算として考案されたのがシングル・エントリー、すなわち単式簿記である。18世紀後半にイギリスで登場する単式簿記は、わが国で一般に理解されている現金の収支記録に限定した財産の管理計算として用いられる記録システムとは大きく異なるものである」[38]。

「簿記は、複式簿記として成立し、18世紀後半のイギリスで、その略式法ないし簡便法として単式簿記が出現することになる。それ故にこそ、今日においても、複式簿記と単式簿記が併存しているのである。もし、単式簿記から複式簿記が揚棄されたのであれば、複式簿記の成立と共に、単式簿記は、その役割を終えて消滅しているはずである」[39]。

「ハットンやモリソンの言う当時一般に単式簿記と呼ばれた簿記法は、わが国で一般的な意味で理解されている単式簿記(厳密には単記式簿記と呼ぶのが適切)とは異なり……単に複式簿記の簡便法を指しているに過ぎない。その意味では不完全複式簿記なのである。したがって……シングル・エントリーを「単式簿記」と訳するよりはむしろ「単純簿記」(シンプル・エントリー)ないしは「簡易簿記」と訳出する方が内容的には適合しているといえよう」[40]。

すなわち、渡邉の主張は [いわゆる単式簿記 → 複式簿記 → 複式簿記・簡便複式簿記] というシェーマであるといえよう。

既述のように渡邉が否定する通説的なシェーマ [単式簿記 → 複式簿記] は実は [単式簿記 → 単式簿記・複式簿記] として示す方が正しく、すなわち、これを [単式簿記① → 単式簿記②・複式簿記] と表記した場合、「単式簿記①」と「単式簿記②」は別物ということである。「いわゆる単式簿記」における「いわゆる」は「一般にいわれる」ということであって、すな

---

[38] 渡邉『会計の歴史探訪』160頁。
[39] 同上、161頁。
[40] 同上、171頁(( )書きは原文)。

わち、「いわゆる単式簿記」は「通説にいわれる単式簿記」といえようが、「通説にいわれる単式簿記」と「簡便複式簿記」は別物ということであり、すなわち、通説のシェーマが［不完全な簿記 → 不完全な簿記・完全な簿記］であるのに対し、渡邉のシェーマは［不完全な簿記 → 完全な簿記 → 完全な簿記・簡便な簿記］ということになろう。

先行研究

　もっとも［複式簿記以前の簿記 ≠ 今日の単式簿記］といった指摘や［複式簿記 → 複式簿記・単式簿記］というシェーマの提示は、無論、渡邉によるものが嚆矢というわけではなく、例えばバジル S. ヤーメイ（Basil S. Yamey）は 1947 年の論攷において次のように述べている。

　　「初期の簿記はその範囲が今日、単式簿記として知られているものと極めて似ている。しかし、そこで行われた記録は決して体系的なものではなく、また、今日における「単式記入」はかなり体系化された記録を意味していることから、恐らく、そこで行われた記録を単式記入と捉えることは適当ではない。実のところ、単式記入システムは複式記入システムから開発されたのだろう」[41]。

　なお、その際、ヤーメイは、例えば「複式簿記は複式の原理を用いない単式簿記にも影響を及ぼして……今日では恰も単式簿記が複式簿記の退化萎縮したものであるかの如く見られる様になった」とするオイゲン・シュマーレンバッハ（Eugen Schmalenbach）の *Dynamische Bilanz* における所説[42]なども引き合いに出し、また、ここでのヤーメイの所説はマイケル・チャットフィールド（Michael Chatfield）の *A History of Accounting Thought* においても紹介されている[43]。

---

41 Basil S. Yamey, Notes on the Origin of Double-Entry Bookkeeping, *The Accounting Review*, Vol. 22, No. 3, 1947, p. 264.

単記式簿記と単式簿記（続）

　結局のところ、複式簿記以前の簿記と単式簿記はどう違うというのだろうか。

　渡邉は、単記式簿記と単式簿記の異同について、次のように述べている。

「単式簿記……は、すべての取引のうち債権と債務に関する取引だけを記録し、元帳に転記するため、元帳で利益を計算することはできない[44]」。

「複式簿記の略式として誕生した単式簿記は、損益計算の簡便法であり、現金収支簿記で代表される単なる財産管理のための単式簿記（単記式簿記）とは、座標を異にしている[45]」。

「複式簿記から誕生した略式簿記としての単式簿記は、損益計算や財産管理を目的とした記帳システムでもない。複式記帳によりながらも、単なる小規模な小売商店主のための債権・債務の管理計算に過ぎないのである[46]」。

42　「独逸に於ては、殊にハンザー同盟都市及南部独逸の商業都市に於ては、伊太利簿記の様式を取り入れるまでに、可なり進んだ技術と完成した術語とを有する商業簿記組織が発生してゐたのであった。乍併 15 世紀になって伊太利に於て新しき複式簿記が発達して南独逸との商業関係から独逸に知られる様になってからは旧式の伝統は破られた。伊太利式簿記法が受入れられて当時の算術の教師たちによって熱心に拡められ、フランス、オランダ、ドイツに於ては卸売商人の固有の形の簿記なりとさへ認められるに至った。複式簿記は複式の原理を用いない単式簿記にも影響を及ぼして、その文辞が夫に移って、今日では恰も単式簿記が複式簿記の退化萎縮したものであるかの如く見られる様になった」（エ・シュマーレンバッハ／土岐政蔵（訳）『動的貸借対照表論　上巻』1938 年、27～28 頁）。
43　チャットフィールド／津田正晃、加藤順介（訳）『会計思想史』1978 年、42 頁。
44　渡邉『会計の歴史探訪』167 頁。
45　同上、178 頁。
46　同上、178 頁。

しかしながら、通説によれば、簿記の勘定は［①人名勘定 → ②物財勘定 → ③名目勘定］の順に生成したとされ、複式記入は名目勘定の生成をもって完成するとされ、また、まずもって行われたのは債権（ないし債権・債務）の管理のための記録（人名勘定の記録）とされ[47]、すなわち、「債権・債務の管理計算」は複式簿記以前にある。

「簿記」の定義

結局のところ、問題は「簿記」の定義にある。

事実、渡邉も「何よりも先ず簿記とは何か、すなわち簿記の定義を明確にする必要がある」[48]との認識の下、「もし、簿記を、企業間の商取引を記録し、その記録にもとづいて一年間の期間利益を計算し、その結果を記帳係や代理人が事業主にあるいは事業主が出資者や債権者に報告するプロセスであると規定するならば、それは複式簿記以外の何物でもない」[49]とし、他方、「しかしながら、簿記を単なる財産管理のための現金収支の増減記録とし、それを単式簿記の萌芽とするならば……」[50]としているが、前者の「簿記」概念を選択することの意味（前者の概念の後者の概念に対する優位性）がいま一つ分からず、そしてまた、前者の「簿記」概念を選択の上、後者の「簿記」概念に依拠する通説について「その解釈の誤りを明らかにして」[51]批判を加えることの是非がこれもいま一つ分からない。[52]

第2節　渡邉説の意味

渡邉説に対する反応

従来の通説的なシェーマを否定する渡邉のこの主張が会計の学界人たちに

47　友岡『会計学原理』233〜237頁。
48　渡邉「単式簿記と複式簿記の関係」121頁。
49　同上、121頁。
50　同上、121〜122頁。

どのように捉えられているのかは定かでないが、なかには前出の小栗のように明示的にこの主張を支持する者がいる一方、(悉皆調査を行ったわけではないが) 論攷等における明示的な支持は小栗のそれのほかには見受けられない。

例えば随所にこの主張が示される 2014 年刊の『会計の歴史探訪』に対する書評についていえば、例えば佐々木重人による書評にはこの論点への言及がまったくなく、角ヶ谷典幸による書評は「本書が解き明かした史実は数知れない。たとえば、一般に単式簿記から複式簿記に発展したと考えられているが、著者（渡邉）は「簿記は、複式簿記として成立し、18世紀後半のイギリスで、その略式法ないし簡便法としての単式簿記が考案されたもので、むしろ時代的には複式簿記が先行している。……」という」とはしているものの、これは要は「渡邉いわく……」を述べているにしか過ぎず、それ以上の記述は見受けられず、すなわち、そこに評者の賛否の言説はない。

ただしまた、渡邉説を意識してのものかどうかは定かでないが、次のような些か微妙な記述は認めることができる。

「会計記録の様式は複式簿記に限られない。複式簿記が伝播する以前には、複式簿記と異なる会計記録が行われ、それには著しい多様性が

51　同上、122 頁。
52　さらにまた、渡邉は「複式簿記（一般には簿記）とは、企業の商取引を記録し、利益を計算し、その結果を利害関係者に報告するプロセスである。英語で Bookkeeping といわれるように、その原点は帳簿への記録行為にあるが、それは、単なる財産保全のための管理行為ではない。簿記の役割にこの財産管理機能があるというのと、簿記の本質が管理計算であるというのは、分けて考えなければならない」（渡邉「単式簿記と複式簿記の関係」125 頁（（　）書きは原文））ともしているが、これは一つの立場にしか過ぎず、例えば、財産管理をもって簿記の本来的機能とし、簿記は報告（会計）のためにあるわけではないとする立場もある（友岡『会計学はこう考える』69～71 頁）。
53　佐々木重人「渡邉泉著『会計の歴史探訪　過去から未来へのメッセージ』」『会計・監査ジャーナル』第 26 巻第 12 号、2014 年。
54　角ヶ谷典幸「渡邉泉著『会計の歴史探訪』」『會計』第 186 巻第 5 号、2014 年、135 頁。

見られるようである。……その一方で、複式簿記がそれぞれの国や地域に伝播した後の歴史は、複式簿記に強く影響されたものであった。複式簿記伝播以前の多様性は、複式簿記の導入によって失われ、複式簿記と異なる記録機構が消滅してしまったと思われるかもしれない。これは、ある側面においては正しく、また、別の側面においては誤っている。まず、出版された簿記教科書の相当部分が複式簿記の解説書であった……その一方で、複式簿記の理解を進めるため、あるいは、複式簿記を学ぶための前提の知識として、より簡明な単式簿記を複式簿記と対比して解説する教科書が18～19世紀に現れるようになった」[55]。

　既述のように、「簿記」と「複式簿記」を同義に用いる渡邉には、したがって、複式簿記以前の簿記、というものがなく、上掲の引用はこれに倣っているようにも捉えられようし、また、ここにおけるシェーマは［複式簿記によらない会計記録 → 複式簿記による会計記録 → 複式簿記による会計記録・単式簿記による会計記録］ということになろう。

　なお、「会計記録」と「複式簿記」の概念的関係も問題となろうが、これについて、例えば「会計記録」研究をもって知名の工藤栄一郎は「そもそも会計とは「記録すなわち情報の貯蔵」であり……」[56]としつつ、また、「会計記録を、人や組織がおこなった経済的活動を記録することと考え」[57]るとともに、例えば「会計記録、ことに、複式簿記によって実践された会計記録は……」[58]とか、あるいは「会計記録の方法である複式記入の技術」[59]とかいった言い回しをしている一方、「簿記を人や組織がおこなう経済活動の記録と考えるなら……そこに経済活動がある限り、何らかの簿記すなわち会計記録が

55　清水泰洋「現代会計へのプロローグ」中野常男、清水泰洋（編著）『近代会計史入門』2014年、278頁。
56　工藤栄一郎『会計記録の基礎』2011年、18頁。
57　工藤栄一郎『会計記録の研究』2015年、51頁。
58　工藤『会計記録の基礎』21頁。
59　工藤『会計記録の研究』115頁。

実践されていると想像することは難くない」ともしている。[60]

従来の通説と軌を一にした記述

他方、［単式簿記 → 複式簿記］というシェーマに依拠した記述には例えば下掲の引用のようなイタリアはプラートの商人フランチェスコ・ディ・マルコ・ダティーニ（1335？〜1410年）について述べたものがある。

> 「Francesco de Marco Datini は、彼の生涯において単式簿記を用いた1地方事業を、完全な複式記入制度を採用する大規模な支店経営へと変革させた。彼は小売商、輸入業者、銀行家、委託代理商、製造業者を同時に兼ねていたので、急速に成長した他の商人たちを破産に追いやった危険に対する回避方法を種々な観点から考察していた。彼は20を超える支店を開設して事業を拡張し、彼の海外支店の管理者に対し簿記による管理体制を確立させ厳しく統制したのである。Datini の元帳は、1366年から1410年までは絶えることなく記録されている。1390年以降は、貸借対照表が加えられ完全に発達した複式記入制度が彼の海外支店とフローレンスの本社で用いられている」[61]。

> 「ヨーロッパでは、中世からルネサンス初期に商人の影響力が増大するにつれて、「計算」というサービスに対する需要が高まり、これを生業とする人々が登場した。フィレンツェ近郊の町プラートで衣服を製造し、よろいや羊毛、小麦、奴隷の売買を手掛けるフランチェスコ・ダティーニもその1人だった。……ダティーニは約50年にわたって帳簿をつけていた。そこには単式簿記から複式簿記への移行がはっきりと見てとれる。現存する帳簿のうち、1367年から1372年のものは複式簿記が使われていないが、1390年以降のものは使われて

60　工藤『会計記録の基礎』33頁。
61　チャットフィールド／津田、加藤（訳）『会計思想史』49頁。

いる。このようにいち早く新しい簿記システムを導入したことから、彼の進取の気性がうかがえる」[62]。

「ダティーニは、複式簿記が事業を正確に把握して運営するための基礎的なツールであることを理解していたが、商売仲間の多くはその必要性を無視していた。たとえばプラートで薬局を経営するベネデット・ディ・タッコが採用していたのは、元帳と補助簿の2冊だけのごく初歩的な会計システムである。……ディ・タッコの会計のやり方は、かなりいい加減だったと言わねばならない。多くの商人が、記憶頼みの単式簿記方式で事業をうまく切り回し、儲けを上げていたことは事実だが、大規模な事業になったら、それではうまくいかない。ダティーニはそのことをよくわきまえていた」[63]。

そうしたダティーニの帳簿については次のように述べられている。

「ダティーニの全商社の500冊にのぼる帳簿をざっと見るだけでも、すでに簿記がかなり浸透していたことが確認できる。14世紀の初めまで、たいていの商人たちは大ざっぱな勘定しかつけていなかった。それらには現金取引の記録もなく、債権の覚書きの域をほとんど出ないものだった。じっさい、プラートでは、ダティーニの頃でさえ簿記はほとんど進歩していなかった。帰国後、彼はストルドに向かって、プラートの人は頭の中の帳簿につけているだけだとこぼしている。「道々20回も勘定を数え直す荷馬車屋みたいに……。それに彼らのやり方といったら！ 6人中4人まで、帳面もインク壺も持っていない。

---

[62] ジェーン・グリーソン・ホワイト／川添節子（訳）『バランスシートで読みとく世界経済史——ヴェニスの商人はいかにして資本主義を発明したのか？』2014年、26～27頁。

[63] ジェイコブ・ソール／村井章子（訳）『帳簿の世界史』2015年、48～49頁。

インクがあればペンがないというぐあいだ」。しかしそのあと彼は正直にこうつけくわえる。「もっともそれだからこそ、ふつうの人が一月で忘れてしまうことを、30年も40年も覚えていられるのだろう！」」[64]。

「しかし、ヴェネツィアとジェノヴァの商社同様、大部分のフィレンツェの商社は、すでに複式簿記を使っていた。これはイタリア商人だけが詳しかったので、〈イタリア方式〉と呼ばれていたが、ダティーニは自分の各会社でもこれを使うことを主張した」[65]。

「彼の帳簿は種々様々である。〈クワデルナッチ・ディ・リコルダンツェ〉（覚書き帳）には、毎日の金の出入りがいろいろな覚書きと一緒に乱雑に記され、その日のニュースの断片も混じっている。〈メモリアーリ〉（記録帳）は仕訳帳で、ここには、〈リコルダンツェ〉の情報が整理して書いてある。最終的には、各社が〈リブリ・グランディ〉（大帳簿）という複式の元帳を持っていた。りっぱなベラム革がふつうの革装で、フランチェスコの商標とアルファベット順の番号が付してある。巻頭にはほとんどかならず、慣例に従って次のような宗教的な決まり文句が載っている。「神と聖母マリアと天国のすべての聖人の御名において」──または「神と利益の名において！」」[66]。

従来の「単式簿記」概念

［単式簿記 → 複式簿記］というシェーマは例えば次のように敷衍されている。

「ローマの会計システムにはいくつかの特徴があり、とりわけ左右相

64　イリス・オリーゴ／篠田綾子（訳）『プラートの商人──中世イタリアの日常生活』1997年、140〜141頁。
65　同上、141頁。
66　同上、141頁（（　）書きは原文）。

称の勘定の存在は、研究者たちをして、原初的な複式簿記システムが用いられていた、ということを憶測させるものであったが、入手しうる資料を詳細に分析し、また、当時は洗練された複式記入方式を開発しなければならないような状況にはなかった、ということを考え合わせると、この憶測は否定されることになる。単式記入による記録は比較的少数の取引の処理には適しており、財を監視し、責任負担・責任解除計算書を作成すべく、取引の記録が行われていた」[67]。

「「責任負担・責任解除会計」は或る範囲の会計システムの総称であって、このシステムは単式記入にもとづいているが、従属者の支配者に対する責任を強調する具体的な呼称として「代理人会計」や「財産管理人会計」があり、また、会計主体に焦点を合わせた名称として「領地会計」や「荘園会計」がある」[68]。

「産業革命期の「新たな企業経営者たちには、大まかにいえば、単式記入（責任負担・責任解除会計を含む）と複式記入という二つの会計システムの選択肢があったが、結局は後者が選択された。一つには管理目的により適していたからであり、いま一つには業績評価と資源配分の意思決定の拠り所として用いられる決算書の作成に都合がよかったからであった。しかしながら、当初、変化の進度は遅く、イングランドにおいては1800年に至るまで単式記入が支配的であった。その後、業績評価への関心が高まるにつれ、移行は加速した」[69]。

このように従来のシェーマを敷衍するJ. R. エドワーズ（J. R. Edwards）は従来の「単式簿記」概念を次のように説明している。

「「単式記入」という呼称は複式記入に非ざるすべての会計システムを

67　J. R. Edwards, *A History of Financial Accounting*, 1989, pp. 28-29.
68　*Ibid.*, p. 33.
69　*Ibid.*, p. 12（（　）書きは原文）.

網羅し、責任負担・責任解除会計もこれに含まれるが、実際には「責任負担・責任解除会計」という称し方は単にこの形式の財産管理人報告書の作成を意図した記録システムについて用いられている。……「単式記入」という呼称は一般に現金出納帳および売掛金と買掛金の備忘録からなる簿記システムに対して用いられている。……単式簿記システムの場合、もし利益計算が行われたとしたら、それは期首と期末における資産と負債の棚卸しにもとづく企業の評価額の比較をもって行われた」[70]。

「この方法（叙上のような財産法）は不完全な、あるいは秩序づけられていない複式記入システムにおいても用いられた」[71]。

要するに［複式簿記以外の簿記 ＝ 単式簿記］ということであって、これが「単式簿記」の定義である限り[72]、従来の［単式簿記 → 複式簿記］というシェーマは否定されるものではない。

渡邉説の意味

要するに、従来の「単式簿記」概念と渡邉の用いる「単式簿記」概念は決して同じものではなく、そうした意味において渡邉の通説批判はナンセンス

---

70 *Ibid.*, pp. 55-56.
71 *Ibid.*, p. 294.
72 ちなみに、2005年に日本会計研究学会のスタディ・グループが同学会の会員を対象に行ったアンケートによれば、「「単式簿記」については、小遣い帳や現金収支のみの記録と見るもの、あるいは、複式簿記との比較によりその不完全性や非体系性を強調することにより単式簿記を記帳技術的に遅れた（または劣った）レベルの簿記と見るもの、さらに、単式簿記を一義的に定義することが困難であることを認識した上で、簿記を表す全体集合の中でまず「複式簿記」にあたるものを定義し、「単式簿記」とはそれ以外の部分集合と定義するものなどが見受けられ、「単式簿記」の定義は「複式簿記」のそれ以上に複雑多岐な内容に及んでいる」（中野常男（編著）『複式簿記の構造と機能──過去・現在・未来』2007年、43頁（（　）書きは原文））。

というよりほかないが、他方また、人々が長年にわたってそうと思い込んできた［単式簿記 → 複式簿記］をもって一見、真っ向から否定したこの渡邉の主張は洵に刺激的というよりほかない。

しかしながら、実際の問題は奈辺にあるのかといえば、それは「単式簿記」の定義ないし呼称といえようし、すなわち［複式簿記以外の簿記 ＝ 単式簿記］とすることの是非、複式簿記以外の簿記をすべて「単式簿記」と称することの是非こそがまずは問われるべきともいえよう。

複式簿記以外の簿記を「非複式簿記」と称することには問題はないが、これを「単式簿記」と称することについてはどうか。

「複式簿記が「閉ざされたシステム」として確立するようになるには、すべての経済的出来事を「複式記入」することがその前提である[73]」といわれ、あるいは「それ（複式簿記）は、企業その他の組織に生起する多様な経済事象のうち記録対象とされるもののすべてについて、貸借の二面的記入、つまり、複式記入が貫徹される簿記と言うことができる[74]」といわれるが、しからば、部分的に複式記入が行われている簿記は何と称されるべきか。そのままに「部分的複式簿記」とか、「未貫徹複式簿記」とか、あるいは「不完全複式簿記」とかいったように称すれば問題はなかろうが、これを「単式簿記」とか、「非複式簿記」とかいったように称することは適当か。

しかしながら、けだし、従来、人々は部分的に複式記入が行われている簿記（部分的にしか複式記入が行われていない簿記）をも「単式簿記」と称してきており、そうした呼称の用法・使い分けは次頁の**表1**のようにまとめられよう。

---

[73] 工藤『会計記録の研究』92頁。
[74] 中野常男「「会計」の起源と複式簿記の誕生」中野常男、清水泰洋（編著）『近代会計史入門』2014年、7頁。

表1

「単式簿記」という呼称		「複式簿記」という呼称
すべて単式記入の簿記	**不完全な複式簿記** 部分的に複式記入 （部分的に単式記入の簿記）	**完全な複式簿記** すべて複式記入の簿記

　また、むろん、理屈上は下掲の**表2**に示されるような捉え方もありえようが、しかし、［単式簿記 → 複式簿記］こそが進化であり、したがって、**表1に示される用法に含意される［不完全な複式簿記 → 完全な複式簿記］という進化はあっても、他方、［不完全な単式簿記 → 完全な単式簿記］という進化はおよそありえない。**

表2

「単式簿記」という呼称		「複式簿記」という呼称
完全な単式簿記 すべて単式記入の簿記	**不完全な単式簿記** 部分的に単式記入の簿記 （部分的に複式記入の簿記）	すべて複式記入の簿記

　さらにまた、これも理屈上は下掲の**表3**に示されるような捉え方もありえようが、しかし、複式記入が「貫徹」されていない簿記は「複式簿記」とは称されない。

表3

「単式簿記」という呼称	「複式簿記」という呼称	
すべて単式記入の簿記	**不完全な複式簿記** 部分的に複式記入の簿記 （部分的に単式記入の簿記）	**完全な複式簿記** すべて複式記入の簿記

　かくして、いずれにしても、その是非はさておき、**表1**に示される「単式簿記」こそが従来の「単式簿記」であって、これは渡邉のいう「単式簿記」とはおよそ同じものではなく、そうした意味において、既述のように、渡邉の通説批判はナンセンスというよりほかない。渡邉は、なぜか、如上の「単式簿記」概念の違いを指摘することなく、あるいは従来の「単式簿記」

を批判することなく、唯々［単式簿記 → 複式簿記］を批判しているのであって、そうした渡邉の用語法は下掲の表4に示されるとおりである。

表4

「　？　」	「複式簿記」という呼称	「単式簿記」という呼称
簿記に非ず	完全な簿記	簡便な簿記

忖度すれば、「簿記とは、企業の1年間の取引を記録し、その記録にもとづいて企業利益を計算することが主たる役割である」とする渡邉からすれば、エドワーズがいうように「期首と期末における資産と負債の棚卸しにもとづく企業の評価額の比較をもって」しなければ利益を計算することができない従来の「単式簿記」の類いは、簿記に非ず、ということだろうか。

簡便な簿記と複式簿記

簡便な簿記について例えば中野常男は次のように述べている。

> 「17世紀中葉、具体的には1664年から複式簿記がイギリス東インド会社の会計実務に導入されるようになるが、大多数の商人にとっては、複雑な記帳システムである複式簿記をあえて採り入れる程の情報要求は存在しなかったと考えられる」。

75　ただし、渡邉には次のような説明はある。「ハットンやモリソンの言う当時一般に単式簿記と呼ばれた簿記法は、わが国で一般的な意味で理解されている単式簿記（厳密には単記式簿記と呼ぶのが適切）とは異なり……単に複式簿記の簡便法を指しているに過ぎない。その意味では不完全複式簿記なのである。したがって……シングル・エントリーを「単式簿記」と訳するよりはむしろ「単純簿記」（シンプル・エントリー）ないし「簡易簿記」と訳出する方が内容的には適合しているといえよう」（渡邉『会計の歴史探訪』171頁（（　）書きは原文））。

76　同上、185頁。

77　中野常男「15〜19世紀イギリスの簿記事情」中野常男、清水泰洋（編著）『近代会計史入門』2014年、104頁。

「すなわち、複式簿記の現実的利用は、19世紀に至るまで、比較的大規模な海外貿易に携わるような大商人などに限られており、大多数の商人は現金と信用取引の記録・管理を中心とした簡便な簿記（便宜上「単式簿記」と呼びうるもの）を用いていたと言われる」[78]。

「18世紀のイギリス、特に信用取引の記録が簿記の第一義的課題とされることの多い経済社会にあっては、複雑な複式簿記よりは簡便な簿記（便宜上「単式簿記」と呼ぶ）の方がかえって有用であった」[79]。

「便宜上」はこれをいかに捉えるべきか。
また、ここで中野が依拠しているヤーメイの論攷は次のように述べている。

「テキストはその頁の大半がより複雑な複式記入方式に割かれるようになっていたにもかかわらず、大多数の企業においては19世紀に入ってからもかなりの間、単純な記録（便宜上（conventionally）「単式簿記」と呼びうるもの）が用いられていた。チャールズ・ハットンは1811年に「ビジネスに携わろうとする者はそのほとんどがこの種（単式記入）の簿記を学ぶ必要がある。というのは、ほとんどの企業においてそれが用いられているからである」と述べ、さらに「商人たちがいつも口にする不満」は、複式記入方式の訓練を受けた人々であっても「初めて仕事に就いた際には、恰もいかなる方法も学んだことがないかのように、帳簿の処理についてほとんど何も知らない」ということについてである、と述べている。……システムとしての複式簿記は、単式記入をもってして提供しうるような収支、取引の詳細、および債務に関する単純な情報に比して、遥かに多くのものをもたらし……当該企業の損益の算定、使用資本の算定、および財務状態の報告を可能にする諸取引の体系的な分析を内包している」[80]。

78 　同上、104頁（（　）書きは原文）。
79 　中野（編著）『複式簿記の構造と機能』200頁（（　）書きは原文）。

「便宜上（conventionally）」はこれをいかに捉えるべきか。

また、「複式簿記は……損益の算定……を可能にする……」はこれをいかに捉えるべきか。

利益計算と複式簿記

先述のように、渡邉は「企業利益を計算すること」をもって簿記、すなわち複式簿記の「主たる役割」としているが、直上に引かれたヤーメイの「損益の算定……を可能にする」という言い回しは些かニュアンスを異にしているような気もする。

また、会計の学界人たちのいわば共通認識に依拠した「複式簿記」の定義[81]に次のようなものがあるが、これはやはり利益計算をもって複式簿記の機能（役割）としていると解すべきか。

> 「「複式簿記」とは、企業簿記を前提とすれば、企業の経済活動のうち記録対象となる事象を「複式記入」という特有の記帳方法により組織的に「記録」する技術であり、このような取引の組織的記録に基づき財産計算と損益計算を実行しうる、もしくは、かかる計算を担う財務諸表を作成しうる情報処理システムということになろう」[82]。

他方、例えば中野はテキストにおいて次のように述べている。

> 「企業が一般に営利を目的として経済活動を営む単位であると定義されるのであれば、会計ないし簿記もまた、企業の経済活動から生じる

80　B. S. Yamey, 'Scientific Bookkeeping and the Rise of Capitalism,' *The Economic History Review*, 2nd Series, Vol. 1, Nos. 2&3, 1949, pp. 105-106（（　）書きは原文）.

81　注記72に述べられた日本会計研究学会におけるアンケートの結果に依拠した定義。

82　中野（編著）『複式簿記の構造と機能』42頁。

利益(または損失)の把握、つまり、損益計算をその目的として措定しなければならない」[83]。

目的と機能(役割)は同じか[84]。

また、中野は如上の言説の前提として、簿記と会計の異同・関係について次のように述べている。

「会計が、帳簿記入の内容的側面(理論)、つまり、企業の経済活動を貨幣金額でどのように評価するか、あるいは、そもそもいかなる企業活動を帳簿記入の対象にするかといった問題を取り扱うのに対して、簿記は、会計の領域で決定された内容を所与とし、これを帳簿記入の面でどのように表現(記録)するかといった形式的側面(技術)を取り扱うものとして区別することができる」[85]。

「しかし、実際には、両者を明確に区別することが困難である場合が多い」[86]。

「取り扱う」とはどういうことか。

「簿記と会計」は第4章が扱ったが、さらに論じなければならなくなった。

名目勘定の意味

83　中野常男『複式簿記会計原理(第2版)』2000年、15頁((　)書きは原文)。
84　注記89をみよ。
85　中野『複式簿記会計原理(第2版)』14頁((　)書きは原文)。

複式簿記の成立プロセスについては一般に前頁の図に示されるような勘定の分類が前提され、歴史的にいえば、これらの勘定は［実在勘定 → 名目勘定］の順に生成し、細かくいえば、［①人名勘定 → ②物財勘定 → ③名目勘定］の順に生成したとされ、例えば次のように説明されている。

> 「複式簿記の生成が債権債務関係を記録したことにその淵源をもつという通説は説得的である。この記録様式の原則が、その対象を拡張しながら発展していくこととなる。記録の対象は債権債務（人名勘定）から物財の出納管理のために現金や商品などの勘定が開設され、簿記の記録計算に財産管理の機能が付与される。さらに、現金やその他の具体的な富を増減させる原因となる各種の収益・費用を記録するための名目勘定が追加されていくようになった」[87]。

この引用では「財産管理の機能」をもって簿記に担わせている点に違和感（「目的と機能（役割）は同じか」ということにかかわる違和感）[88]があるが、それはさておき、かくして「実在勘定と名目勘定という勘定群が創案されることにより、「実在勘定と名目勘定の統合」を機軸とする「１つの閉ざされた体系的な勘定組織」が形成され、取引は、その二面的性格に応じて貸借に分析され完全複記される。ここに複式簿記の誕生を見る」[89]。

名目勘定はその登場をもって「すべて」の取引を複式記入することができるようになり、すなわち複式記入の「貫徹」が果たされることとなるため、これを複式簿記成立のメルクマールとして捉えることができようが、さて、

---

86 同上、12頁。
87 工藤『会計記録の研究』91頁（（　）書きは原文）。
88 私見によれば、簿記という記録行為には記憶という機能と証拠という機能があり、記憶という機能はこれが財産管理のために用いられる、という関係にある（友岡『会計学原理』233〜235頁）。
89 中野常男「会計史と会計人の「コモンセンス」」『税経通信』第69巻第5号、2014年、19頁。

名目勘定とは何か。

　一般に実在勘定は、その名のとおり、実在するものを記録する勘定であって、いま少しもっともらしい言い方をすれば、実在する価値を表わす勘定などとされ、他方、名目勘定は、実在する価値を表わすものではなく、財産の増減をもたらす名目的な原因事項を記録するものであって、要するに、収益・費用の勘定とされているが、はたしてそうか。名目勘定とは何か。

　実在勘定と名目勘定は vs. の関係にあるものとして捉えられているが、実在の vs. は非実在であることから、「名目」は非実在を意味すると捉えられようが、しかし、叙上のように、一般に名目勘定は原因を表わすとされる。しかし、実在の vs. は原因ではなく、また、原因の vs. は結果である。

```
①名目 = 非実在　→　vs. 実在　非実在勘定 vs. 実在勘定

②名目 = 原因　　→　vs. 結果　原因勘定 vs. 結果勘定
```

　上掲の図の①と②はいずれが適当か。

　言葉としては非実在を「名目」と称することにはあまり違和感がなく、したがって①の場合には「名目勘定 vs. 実在勘定」にもあまり違和感がないが、原因を「名目」と称することには抵抗がある。

　ただしまた、ちなみに、実在勘定についていえば、②のように、結果を「実在」と称することには違和感がなく、実在勘定の項目は、財務諸表についていえば、貸借対照表項目であって、貸借対照表は、結果を表わす財務表、といえようし、しからば、いま一つの損益計算書は、原因を表わす財務表、ということになり、すなわち、損益計算書は、これだけの収益があって、これだけの費用があって、という原因を示し、貸借対照表は、その結果、これだけの資産があり、これだけの負債がある、ということを示す、という関係にある。

　他方、叙上のように、名目勘定の項目は、これも財務諸表についていえば、損益計算書項目であって、すなわち収益・費用とされ、このことと、先述の

ように、名目勘定はその登場をもって複式簿記成立のメルクマールとして捉えられる、ということを併せ考えるならば、利益計算と複式簿記の間に強い関係性が認められることは言を俟たないが、しかしながら、それは、渡邉のいうように、複式簿記がその主たる役割として利益計算を担っている、ということを意味するとは限らない。

さらにまた、叙上の違和感はそもそも「名目」という呼称にその事由があるが、これについては次のように説明される。

> 「名目勘定は、今日的には、損益計算、特に収益・費用の勘定記録から誘導される損益法的損益計算の観点から重視される。しかし、それが誕生した当初、否18世紀に至っても、かかる勘定群は……人名勘定と物財勘定だけでは足りない相手方勘定を補い、貸借同一金額による取引の完全な貸借複記を可能とするための擬制勘定または仮想勘定として位置づけられていたにすぎない[90]」。

要するに埋め草ということであって、そのための擬制ないし仮想を「名目」とすることには違和感がなく、「名目」は所詮、名目に過ぎなかった、ということだろう。しかるに、同様に埋め草を必要とする欠落箇所には同様の性格がある、ということがのちに知られ、それが原因という性格だった、ということだろうか。

利益計算と複式簿記（続）

> 「収益・費用の諸勘定の残高を集合するために設けられる損益勘定も、たとえば損益計算に関連づけてその意義が積極的に評価されるというよりは、場合によっては "refuse and dregs（屑と滓）" を収容する勘

---

90 同上、19頁。

定としてのみ位置づけられていたにすぎない」[91]。

しかし、このように「名目」が名目に過ぎず、複式記入の「貫徹」はあっても、いまだ埋め草に原因という性格が認められるには至っていない段階の簿記ないし会計記録はこれをいかに捉えるべきだろうか。

---

91 中野（編著）『複式簿記の構造と機能』16 頁。
　また、Yamey, 'Scientific Bookkeeping and the Rise of Capitalism,' p. 109、をも参照のこと。

補　遺

　本書の脱稿後、渡邉の新著『帳簿が語る歴史の真実』が刊行された。この書に目を通しているうちに少し書き足したくなった。本章のこれまでの記述と重複する部分については宥恕を願いたい。

単式簿記に関する通説
　一般に「単式簿記」という呼称は「複式簿記」という呼称と vs. の関係にあるものとして用いられるが、この「単式簿記」については「複式簿記以外の不完全な簿記を意味する」とか、「非体系的な簿記の総称」などと説明される。
　すなわち、結局のところ、簿記には単式簿記と複式簿記があって、単式簿記は複式簿記以外のものである、といった程度の、およそ定義などとはいえないような定義（？）があるだけであって、別言すれば、まずは複式簿記の定義ありき、ということになるが、しかし、それでは複式簿記とは何か、ということがまたなかなかに難しく、複式簿記の本質論とでもいうべきものには多様な説がある。
　とはいえ、さしあたり確認することができるのは、単式簿記は不完全ないし非体系的な簿記であり、これと vs. の関係にある複式簿記は、したがって、完全ないし体系的な簿記である、ということであって、また、こうした捉え方から導かれる歴史的な移行のプロセスは次のような進化のプロセスとして捉えられる。

単式簿記　　不完全な簿記
　↓　　　　　　↓
複式簿記　　完全な簿記

　例えば橋本寿哉いわく、「単式簿記による単純な記録方法から複式簿記への飛躍は……」[92]。
　なお、こうした通説にあっては、いうまでもなく、簿記の成立と複式簿記の成立は決して同じではないが、どうしてここで［簿記の成立 ≠ 複式簿記の成立］などという自明なことに言及するのかといえば、次に述べられる説においては［簿記の成立 ＝ 複式簿記の成立］となるからである。

単式簿記に関する渡邉説
　渡邉の説における歴史的な移行のプロセスはまずは次のように示すことができる。

複式簿記　　完全な簿記
　↓　　　　　　↓
複式簿記　　完全な簿記
　＋　　　　　　＋
単式簿記　　簡便な簿記

　すなわち、この渡邉説は、単式簿記が進化して複式簿記になった、とする通説とは違い、複式簿記が簡便化されて単式簿記がもたらされた、とし、また、そうした渡邉の記述には「簿記」と「複式簿記」が同義に用いられている場合が散見され、したがって、前述のように、［簿記の成立 ＝ 複式簿記の成立］ということになる。

92　橋本寿哉『中世イタリア複式簿記生成史』2009年、13頁。

事実、渡邉は「簿記は、その誕生当初から、取引を二面的に捉える資本計算（損益計算）の技法として機能していた。逆説的に言えば、取引を二面的に捉える損益計算の技法を簿記と定義づけていることになる」と述べているが、しかしながら、これを裏づけるものを示すことはなく、「定義づけていることになる[93]」といわれても、これを承服することは難しい。

この［簿記の成立 ＝ 複式簿記の成立］に対する疑義はさておき、渡邉説を敷衍すれば、けだし、この説においては、複式簿記（完全な簿記）に非ずんば簿記に非ず、であって、したがって、通説における単式簿記（不完全な簿記）は簿記ではなく、したがって、それが「単式簿記」と称されることはなく、そうした渡邉説における単式簿記は通説におけるそれとは別物ということである。

渡邉いわく、「簿記は、複式簿記として歴史の舞台に登場し、決して単式簿記として誕生したわけではない。結論的には、単式簿記から複式簿記が生み出されたのではなく、後になって複式簿記からその簡便法として単式簿記が考案されたのである[94]」。

なお、そうした渡邉によれば、単式簿記の誕生は次のように18世紀後半のこととされる。

> 「13世紀の初めに複式簿記は、商業資本の勃興と共に、企業簿記として誕生した。時移り、18世紀後半のロンドンで、複式簿記の簡便法としての略式簿記、すなわち単式簿記が当時の小規模な小売商やアカデミーやグラマー・スクールの簿記の教師のために考案される[95]」。

しかし、ちなみに、ドイツにあっては18世紀前半に「単式簿記」という

---

93 渡邉泉『帳簿が語る歴史の真実——通説という名の誤り』2016年、105頁（（ ）書きは原文）。
94 同上、105～106頁。
95 同上、110頁。

語が表題に記された書をみることができる。

　複式簿記の生成の地イタリアとドイツの関係について片岡泰彦と土方久は次のように述べている。

> 「ドイツが、複式簿記生成の地であるイタリアと商業上の交流を始めたのは、13世紀の時代であった。……南ドイツの商人にとって、当時（14～15世紀）のヴェネツィアは、商業修業の地であり、複式簿記の技術を習得する場所でもあった[96]」。
> 「当時のヴェネツィアでは、後世、「会計学の父」と呼ばれるPaciolo（ルカ・パチョーリ）が『スムマ』を1494年に出版したのである。この『スムマ』に収録された「簿記論」は、世界最初の出版された複式簿記文献として有名である。16世紀になると、ドイツでは、このPacioloの「簿記論」の影響を受けない簿記文献と、Pacioloの「簿記論」の影響を受けた簿記文献が出版され始める[97]」。

> 「Pacioloによって出版される印刷本を原型とする「イタリア簿記」がドイツに移入されるのは、Pacioloによって出版されてから約半世紀も後の1549年のことである。Schweicker, Wolffgang（ウォルフガング・シュバイケル）によって出版される印刷本『複式簿記』、まさに標題自体が正鵠を得る印刷本によってである[98]」。

　そして、土方によれば、「ドイツでは、18世紀の前半に……「単式簿記」と「複式簿記」を標題に併記する印刷本が[99]」あったとされる。この「単式

96　片岡泰彦「複式簿記の生成・発展と「パチョーリ簿記論」への展開」65頁。
97　片岡泰彦「ドイツ式簿記とイタリア式簿記」中野常男、清水泰洋（編著）『近代会計史入門』2014年、47頁。
98　土方久『複式簿記会計の歴史と論理――ドイツ簿記の16世紀から複式簿記会計への進化』2008年、12頁。
99　同上、386～387頁。

(einfachen) 簿記[100]」は何か。

通説と渡邉説の整理

さて、ドイツの話はさておき、以上の二説からのいいとこ取りを試みれば、通説の「単式簿記」は、既述のように、「複式簿記以外の不完全な簿記を意味する」とされ、これは「以外」ということから積極的な定義をもたず、そうした意味において、積極的に用いる意義に乏しく、他方、複式簿記に非ずんば簿記に非ず、という立場もまた、既述のように、これを裏付けるものが示されておらず、［簿記 ＝ 複式簿記］とすることには（しからば「複式簿記」の概念は不要ではないか、という）疑義が生じ、結局、次のように整理される。

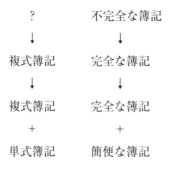

なお、渡邉説においては存在しない［？］には「不完全簿記」といった類いのもの以外には適当な名称がなさそうだが、そもそも、不完全な○○は○○ではない、といった捉え方もできようし、そうした捉え方をした場合、こ

---

100 Institute of Chartered Accountants in England and Wales, *Historical Accounting Literature: A Catalogue of the Collection of Early Works on Book-keeping and Accounting in the Library of the Institute of Chartered Accountants in England and Wales, Together with a Bibliography of Literature on the Subject Published before 1750 and not in the Institute Library*, 1975, p. 26.

の［？］に「簿記」の名を附すことはできないだろう。

　なお、［？］について渡邉は「今日一般に理解されているいわゆる現金収支簿記で代表される単なる現金管理のための記録」[101]とか、「一般的に言われる現金収支を記録した記帳法」[102]といった捉え方をした上でもって次のように述べている。

> 「複式簿記の成立前に単に現金の収支を記録した記録システムは、何と呼び、簿記との関係をどのように理解すれば良いのであろうか。……われわれは……単なる現金の収支記録を簿記とは呼んでいない。敢えて呼ぶとすれば、そのような記録は、簿記ではなく「現金収支記録」である。現金の収支記録は……貨幣の出現と共に誕生したと言っても過言ではない。そのような貨幣ないしは現金の収支記録は、決して、複式簿記でもなければ単式簿記でもない」[103]。

どうして「簿記」と呼ぶことができないのか。また、つとに行われていた金融取引についてなされる債権・債務のみを対象とする備忘的な記録はこれも「簿記」と呼ぶことはできないのか。

　筆者はこうした不完全な簿記を「（不完全な）簿記」と呼ぶ。不完全な○○は○○ではない、といった捉え方によれば、不完全な簿記は簿記ではなく、したがって、［？］については「不完全な複式簿記」という概念をもって、複式簿記としては不完全だが、簿記ではある、というカテゴリーを扱うべきかもしれないが、部分的にすら複式記入が行われていない簿記を考えた場合、それを「不完全な複式簿記」と呼ぶには無理があろう。

　また、渡邉は「単式簿記は複式簿記の略式簿記」[104]としつつ、「ではなぜ、

---

[101] 渡邉『帳簿が語る歴史の真実』123頁。
[102] 同上、125頁。
[103] 同上、125頁。
[104] 同上、111頁。

このような複式による記帳システムが単式と呼ばれたのかについては、理解に苦しむところである」[105]としており、したがって、「単式簿記」という名称が実在することはさておけば、次のような捉え方が適当かもしれない。

というわけで、不完全な簿記が進化して複式簿記という完全な簿記となり、その後、複式簿記が簡便化されて略式複式簿記がもたらされ、これが複式簿記と並存するに至った、ということになる。

複式記入と二面性

話が相前後するような気もしなくもないが、さて、複式簿記とは何か。

複式簿記は英語では「ダブル - エントリー・ブックキーピング（double-entry bookkeeping）」といい、ダブル - エントリーは複式記入、ブックキーピングは簿記だから、文字通りいえば、複式記入による簿記、ということになる。

複式記入とは何か。一言でいえば、取引を二面的に把握した形でもって（帳簿に）書き入れることである。そして、ここにおける取引、すなわち会計における取引とは、簡単にいってしまえば、財産の増減をもたらす事象、のことであって、そうした取引はそもそもそれ自体に二面性があるとされる。

---

[105] 同上、112頁。

取引の二面性は渡邉説においても強調される。

渡邉は「取引の二面性は等価交換の結果」[106]とし、「この二面性にこそ、歴史的には、企業簿記が単式簿記ではなく複式簿記として最初に誕生する根源的で現実的な根拠を求めることができる」[107]として次のように続けている。

> 「交換取引は、売手と買手の同一金額による両面からの記録、すなわち複式によって記録されることになる。後世、この複式による記録をより分かりやすくかつ簡単にするために、略式の記録方法が考案される。これが単式簿記である。したがって、取引を記録するための手段としての簿記は、先ず、複式簿記として成立したといえる」[108]。

［単式簿記 → 複式簿記］という「会計学という研究領域において大手を振って歩いてきた通説の誤り」[109]を正すことに懸命の渡邉は［複式簿記 → 単式簿記］に固執し、たとえ［？（不完全な簿記）→ 複式簿記 → 単式簿記］としても「通説の誤り」を正すことはできるにもかかわらず、複式簿記の前に簿記（不完全な簿記）の存在を認めない。

---

106 同上、106 頁。
107 同上、106 頁。
108 同上、106 頁。
109 同上、ⅱ頁。

第3部
会計学の在り方を考える

第6章
会計学の生成

会計プロフェッションの祖国イギリスの会計学

　ときに「近代会計制度の祖国」と呼ばれるイギリスを「近代会計学の祖国」と呼ぶこともできるかどうかについては意見が分かれるだろう。例えば後出の茂木虎雄の説にいわれるように、資産評価論などといった類いの会計学はドイツに生まれ、イギリスには生まれなかった。

　ただし、いずれにしても、イギリスにはいまだ19世紀のうちに体系的な会計書を何冊もみることができる。まずはフランシス W. ピクスリー (Francis W. Pixley) (1853〜1933年) の書があり、これにローレンス R. ディクシー (Lawrence R. Dicksee) (1864〜1932年) の書が続き、あるいはまた、ジョージ・ライル (George Lisle) (1862ないし1863〜1940年) の書もこの19世紀に上梓されている。実務を体系的にまとめ上げたこれらの書は少なくとも「イギリス会計学の先駆」として捉えることができ、「会計プロフェッションの祖国」イギリスの会計学史はほとんど専ら実務のなかにある。ピクスリーやディクシーの書は監査実務の書だったし、ライルの *Accounting in Theory and Practice* もまた、まずは会計プロフェッション等のための実務書だった。

　如上の状況に鑑み、会計プロフェッションの祖国イギリスの会計学はいわば「会計士会計学」として生まれ、また、とりわけ監査論をもって嚆矢としたともされているが、そうした理解を受け容れるならば、ピクスリーをもって「イギリス会計学の祖」と捉えることもできる。1881年にロンドンで上梓されたピクスリーの *Auditors* はこれが「会計士会計学の嚆矢」とされる

からである。

会計学の生成

会計史の先駆的泰斗、茂木は、簿記技術論から会計学への発展過程について、次のように述べている。

> 「クンストレーレとしての簿記技術論に対して、会計学が問題となった時点はどこか。会計学は貸借対照表評価論として、株式会社形態をとる産業資本のなかである。この成立時点は産業資本主義段階というよりも巨大株式会社の機能する独占資本主義の形成過程であった。……貸借対照表論はドイツにおいて評価論を中心に形成された。しかし、貸借対照表は企業の財産一覧表として期間損益計算と同次元に存在する。この形成時点は 17 世紀初頭のオランダであった。会計学は評価論としてドイツに成立するが、なぜイギリスにおいて形成されなかったか」[1]。

また、成田修身は近代会計学の成立を論じ、イギリス、アメリカ、ドイツにおけるそれを云々しているが、その際、まずはイギリスを取り上げて次のように述べている。

> 「会計学はまずイギリスで生成、発展したものである。会計学、すなわち Accounting または Accountancy と呼ばれる学問は、業務の分野から会計監査論として生成したが、その内容は企業会計に関する理論にほかならない。イギリス会計学の建設に最初の礎石を築いたものとして、フランシス・ウィリアム・ピックスレーとローレンス・ロバート・デイクシーとをあげなければならないだろう。彼らはいずれ

---

1 茂木虎雄『近代会計成立史論』1969 年、336 頁。

も会計士学としての会計学の先駆的代表者といわれる人々で」、彼らの Auditors と Auditing は「いずれもその書名の示すとおり、会計監査に関するものだが、近代会計学生誕の曙光として現われ、その礎石と目されている」。

会計学とは何か。
　冒頭では「資産評価論などといった類いの会計学はドイツに生まれ」としたが、実は茂木は「会計学は評価論としてドイツに成立」としており、これは「評価論として成立」であって「評価論としての会計学はドイツに成立」ではない。他方、成田は「会計士学としての会計学」とはしているものの、そもそも「会計学はまずイギリスで生成、発展」と断定している。
　しかし、やはり会計学とは何か。
　日本語には会計という行為を意味する「会計」があり、また、この行為を対象とする学問を意味する「会計学」があるが、例えば英語にはそうした区別がさほどない。例えば A. C. リトルトン（A. C. Littleton）の *Accounting Evolution to 1900* は「'Accountancy' は会計の知的分野を意味し、'Accounting' は、この知的分野における秩序的活動を意味する」とし、その訳書は「accounting」に「会計」、「accountancy」に「会計学」の訳を当てているが、例えば「経済学」には専ら「economics」が用いられ、「経済」には「economy」が多く用いられるという「economics」と「economy」ほどの使い分けはなく、「accounting」と「accountancy」はそのいずれもが「会計」にも「会計学」にも用いられる。エリック L. コーラー（Eric L. Kohler）の *A Dictionary for Accountants* も「accountancy」について「会計の理論お

2　成田修身『現代会計学の科学的構築――歴史・理論・政策』1990 年、21 頁。
3　同上、22 頁。
4　リトルトン／片野一郎（訳）、清水宗一（助訳）『会計発達史（増補版）』1978 年、255 頁。
5　同上、255 頁。

よび実務：すなわち会計の責任、基準、慣習、および一般的活動」とし、また、「accounting と accountancy はしばしば同義語として用いられる；後者は、文献ではあまり使われていないが、理論と実務の全体を指すことがある：accounting は通常すべてを包括した用語である」としている。

　用語のことはさておくとしても、会計学の生成はこれをどこに求めるべきか。

会計士会計学とアメリカの会計プロフェッション

　会計士会計学といえば、まずは青柳文司の名が想起される。青柳の『会計士会計学』は次のように述べている。

> 「会計士会計学とは、公会計士の立場で考えた会計学である。それは英米における公会計（public accounting）に機縁する言葉であり、私会計（private accounting）に対する。後者はおもに経営者の立場で会計を考え、経営者会計学におもむく」。
> 「財務会計と管理会計は、この二つの会計とかならずしも一致しないが、概して、公会計は財務会計、私会計は管理会計を主眼に考える」。
> 「会計士会計学と題した筆者の意図は、これを経営者会計学と対比させるばかりでなく、学者会計学とも対比させたかったからである。……ねがいは会計士が学者の説に盲従しない自立の学問のみちをきりひらいていただきたいのである。……「先進国では実践が理論を指導し、後進国では理論が実践を指導する。」といわれる。わが国の会計学も先進国となるためには、理論を指導する実践の衝にあたる会計士

6　コーラー／染谷恭次郎（訳）『会計学辞典』1973年、7頁。
7　同上、9頁。
8　青柳文司『会計士会計学――ジョージ・オー・メイの足跡（改訂増補版）』1969年、「はしがき」3頁（（　）書きは原文）。
9　同上、「はしがき」3頁。

が自主性ある学問的態度をはぐくむことこそ先決である」[10]。

「当時の会計士の大半は、まだまだ管理会計にさしたる関心をもたなかった。……一方、学者グループはいちはやく会計の管理面に眼をむけていた。財務会計を説く場合でも、あわせて管理会計に少なからず気をくばっていた。……会計士会計学と学者会計学の相違は、このように財務会計と管理会計のどちらか一方にあたえる比重のちがいにあるとみることもできる。概して、学者会計学は管理会計を糾合した理論であるか、あるいは管理会計にかなりの配慮をもった理論であるか、それとも管理会計に一途に徹した理論である。それに対して、会計士会計学はもっぱら財務会計のみを対象とし、これと管理会計との関連はあまり考えようとしない」[11]。

「理論の内容をみても、学者会計学は管理会計の見方を反映して、いっそう理論は合理的にできている。その合理性がとかく財務会計のもつ社会的制約や不合理な面をおおいかくすきらいさえある。そこへいくと会計士会計学は財務会計をそのものずばりにみつめるので、一つの対象を言葉の真の意味での理論的見方に徹しきれる。反面、この分野の不合理な社会性にわざわいされて、いわゆる理論性のない学問の成果となりがちである。悪くすれば、便宜主義的見解の羅列におわってしまう」[12]。

この青柳の『会計士会計学』はメイ研究の書であり、青柳が心酔するジョージ O. メイ（George O. May）（1875～1961年）は『経験の蒸溜』というサブタイトルをもって知られる *Financial Accounting* の著者としても知名の会計士で、後出のロバート H. モンゴメリー（Robert H. Montgomery）（1872～1953年）と並び称されるアメリカの会計プロフェッションの代表的先駆者であり、[13]

---

10 同上、「はしがき」3～4頁。
11 同上、50～51頁。
12 同上、51頁。

「1900年代初頭、会計士という職業は、アーサー・アンダーセン、ジョージ・メイ、ロバート・モントゴメリーといった人々の存在によって隆盛を迎えた[14]」とされる。

　そして、このアメリカの会計プロフェッションはその淵源をイギリスのそれに求めることができるが、この関係を扱ったバーノン K. ジンマーマン（Vernon K. Zimmerman）の *British Backgrounds of American Accountancy* は次のように述べている。

> 「1870年から1900年までの30年間にイギリスの会計士によってもたらされた会計実務の進歩は、必然的にその時代のイギリスの会計文献の発達を必須のものにした。結局のところ、ある特定の時代に存在していた職業を評価する最良の手段を提供するのは、その時代の職業人によって著わされた文献である。……イギリスの会計職は、発展途上にあるその職業が有する一面をそれぞれの視点から発展させ、かつ新たに登場してきた原価計算や監査といった問題、さらに株式会社形態の企業の要求に、イギリスの職業会計人自身が対応できるようにさせてくれる会計文献の著者を、非常に多く必要としていた[15]」。
>
> 「会計職によって書かれた文献の多くの寿命は、まったく束の間だったことが認識されなければならない。……しかし、この時代の会計文献のいくつかは、こんにちまで受け継がれている。もし、出版部数と広い普及が、会計学教科書の文字どおりの真の価値を判断するための適当な規準だとしたら、1870年から1900年までの時代に著わされた次の2つの書物が、かなり高い評価を得るであろう[16]」。

13　メイについては例えば、マイク・ブルースター／友岡賛（監訳）、山内あゆ子（訳）『会計破綻――会計プロフェッションの背信』2004年、72〜140頁、を参照。

14　同上、88頁。

15　V. K. ジンマーマン／小澤康人、佐々木重人（訳）『近代アメリカ会計発達史――イギリス会計の影響力を中心に』1993年、96〜97頁。

「ピクスレーとディクシーという名前は、イギリスの会計学と監査論に精通している人にはよく知られている。ディクシーの『監査論』がひきつづき会計職から支持されたことは、1951年には、この著作の第17版が出版されたという事実、しかもそれは故ロバートH. モンゴメリーによって編纂された数回に及ぶアメリカ版を含んでいるという事実がよく物語っている。ピクスレーの著作も、初版の出版から30年もたたないのに、1910年には、第10版が出版されるといった同様の成功をおさめた。両文献は、監査の領域における会計の諸問題の全範囲をまんべんなく取り扱っている一方で、監査人の適当な行動に関する指針として、会社法規定や裁判の判決内容にかなり依存している」[17]。

ここにも言及されているように、英米の懸け橋となったのはモンゴメリー、彼が編纂したのはディクシーの *Auditing* はそのアメリカ版（1905年）だった。「〈セラーズ、ディクシー＆カンパニー〉」という事務所名とともに「バーミンガム大学会計学教授」という肩書をもって著者ディクシーが示されるこのアメリカ版において、編者モンゴメリーによる「序」は次のように述べている。

「厳格で不変の規則をもってうまくゆくことは期待しえないし、また、監査における個人的な要素が予め用意された指示に取って代わられることは望ましくないが、しかし、或るプロフェッショナル監査人の経験が他の人々にとって大きな価値を有するということは認めなければならない。したがって、先導的なイングランドとアメリカの会計士たちの提案によって補足されたディクシー氏の経験の成果を可能な限り簡潔に述べることが本書の目的であり、また、本書の少なくとも一部はアメリカのすべての実務家と学生にとって価値を有するであろう」[18]。

16　同上、98頁。
17　同上、98頁。

「ここに収められた事柄の多くは、何年にもわたってイギリスとアメリカの双方において監査に関する標準的な文献に位置づけられてきたディクシー氏のイングランド版と同一である。したがって、主な改変はイギリスとアメリカの間の会計用語、法、および習慣における多くの相違に起因している」[19]。

また、ディクシー自身は次のように述べている。

「このアメリカ版の刊行によって、私の本が過去13年間にわたって既にこの国で博してきた人気がさらに高まるものと確信する」[20]。

ただし、やがてモンゴメリーは自身の *Auditing* を著すこととなり、その経緯は同書の第11版（1990年）に次のように述べられている。

「Montgomery 氏は、多作の著述家であり、かつ会計士業界のリーダーであった。同氏は、現在のアメリカ公認会計士協会の母体となった組織の設立に尽力し、その会長を務めた。また、同氏は、若い頃に、コロンビア大学、ニューヨーク大学およびペンシルベニア大学で教鞭を執った。同氏は、監査の実務書の必要性を痛感し、1905年、さらに1909年に、英国人の著作であるディクシーの監査（*Auditing*）のアメリカ版を出版した。しかしながら、同氏は、米国実務のディクシーの監査からの完全な離脱を認識し、1912年にアメリカの最初の監査書、監査：理論および実務（*Auditing: Theory and Practice*）を著した。それ以後、1916年から1985年までに、9つの版が出版された。第7

---

18 Lawrence R. Dicksee / Robert H. Montgomery (ed.), *Auditing: A Practical Manual for Auditors, Authorized American Edition*, 1905, p. 7.
19 *Ibid.*, p. 7.
20 *Ibid.*, p. 5.

版では、共著者として Alvin R. Jennings 氏と Norman J. Lenhart 氏が同氏に加わり、本書は、モンゴメリーの監査論（*Montgomery's Auditing*）と改題された」[21,22]。

また、自身の *Auditing* はその初版の「序」において、モンゴメリー自身は次のように述べている。

「ディクシー氏の監査に関する著作は多年にわたってアメリカの事務所における権威であった。私は1905年に彼の著書のアメリカ版を出版し、その際にはイギリスにおける実務にのみ関係する法規定およびその他の事柄を省略し、アメリカにおける実務にも適用しうる部分は書き直すか、あるいは手を加えずにおいた。同書は成功を収め、1909年には第2版の刊行をみるに至った」[23]。

「しかしながら、ここ数年間、私はディクシー氏の示した原則や手続きからの完全な離脱をこのプロフェッションにおいて認識するようになった」[24]。

ピクスリー

マイケル・チャットフィールド（Michael Chatfield）は次のように述べている。

---

21 中央監査法人（訳）『モントゴメリーの監査論』1993年、「はしがき」3頁（（　）書きは原文）。

22 ディクシーの *Auditing*、ディクシーの *Auditing* のアメリカ版、およびモンゴメリーの *Auditing* の比較を行ったものに、三浦正俊「モンゴメリー監査論確立に対するディクシー監査論の影響――ディクシー著「監査論」英・米版の比較検討を中心として」『長崎総合科学大学紀要』第21巻第2号、1980年、がある。

23 Robert H. Montgomery, *Auditing: Theory and Practice*, 1912, p. v.

24 *Ibid.*, p. v.

140　第3部　会計学の在り方を考える

　「ディクシー、ピクスリー、クーパー、およびロウズ・ディキンソンといった人々は、現存する人々の大半と比べても、より大きな影響を近代会計思想（modern accounting thought）に与えている。彼らは会計実務が体系化を必要とした時期に登場し、そして彼らは将来の会計士たちのために基準を設けるという滅多にない機会を手にした。今日の会計研究者とは違い、彼らのなかに学界人はほとんどいない。大半は実務に従事している会計士で、大抵は事務所のパートナーの地位にあり、彼らが日々の業務において直面する問題を直接に取り上げている」[25]。

　嚆矢はピクスリーだった。
　「今日ではイギリス初の監査のテキストの著者として最もよく知られている」[26]ピクスリーは、しかし、「彼の著作を通じての影響はディクシーのそれほどは大きくなかった」[27]ともされているが、当時、「簿記に関しては多くのテキストがあったが、監査についてはまったくなく、したがって、1881年に弱冠29歳にしてこの分野に関する最初のテキストを書いた彼は不朽の名声を博することとなった」[28]。監査が会計士業の一翼を担い始めたのは1860年代末葉ないし1870年代のことであり[29]、したがって、Auditorsが刊行された当時、「監査はプロフェッショナル会計士の仕事の最重要分野とはみなされていなかった。……しかしながら、ピクスリーにとって監査は勅許会計士の仕事の中核であった」[30]。

25　Michael Chatfield (ed.), *The English View of Accountant's Duties and Responsibilities: 1881-1902*, c1976, p. v.
26　J. Kitchen and R. H. Parker, *Accounting Thought and Education: Six English Pioneers*, 1980, p. 23.
27　*Ibid.*, p. 23.
28　*Ibid.*, p. 27.
29　友岡賛『会計プロフェッションの発展』2005年、39〜40頁。
30　Kitchen and Parker, *Accounting Thought and Education*, p. 28.

第 6 章　会計学の生成　　141

　1883 年にピクスリーが勅許会計士志望者に対して行った講演[31]は監査人の仕事をもって会計プロフェッションの要としていた。この講演によれば、当時の会計士たちは監査人の仕事に加えて仲裁人、収益管理人、清算人、および破産管財人の仕事を手掛けていた。仲裁人等の仕事はいわば派生的な仕事だった。会計士たちが仲裁人等に選任される唯一の理由は彼らが計算書類に通暁していることだった。計算書類に関する詳細な知識は監査人の仕事がこれをもたらしていた。[32]何はさておき監査だった。

　「1880 年代以降、発展をみた専門的な文献のなかには学生のためのテキスト、実務家のための便覧、および会計士がおこなったことないしおこないたいことの正当性をクライアントに示すためのものがあった」[33]が、「ピクスリィは自身の書を「議会のくさぐさの法の下にて登記されている公開会社の計算書類を定期的に監査する人々の必要」を満たし、「参考書として有用な」ものとしている」[34]。

　ピクスリーの監査論には注目すべき点も少なくないが、その一つは株主監査人に否定的な態度を執っているという点である。「彼は、監査人に株主であることを求めるのは誤っている、と確信していたが、それは一つには株主監査人はその大半が能力を欠く素人であろうから、いま一つには彼らには利己的な動機によって職務を果たせなくなる虞があるからであった」[35]。監査人の株式所有の要否および是非をめぐる議論は 19 世紀にあって繁くなされたが、そこで株式所有を非とする根拠は能力の欠如であって、他方、利己的な動機は株式所有を要とする根拠だった。[36]

31　Francis W. Pixley, *The Profession of a Chartered Accountant: And Other Lectures, Delivered to the Institute of Chartered Accountants in England and Wales, the Institute of Secretaries, & c., & c.*, 1897, pp. 42-65.
32　*Ibid.*, p. 42.
33　R. H. パーカー／友岡賛、小林麻衣子（訳）『会計士の歴史』2006 年、92 頁。
34　同上、94 頁。
35　Kitchen and Parker, *Accounting Thought and Education*, p. 28.
36　例えば、友岡賛『会計学原理』2012 年、213～214 頁、をみよ。

「法廷弁護士の資格を持つ数少ない勅許会計士の一人であった」[37]「彼は勅許会計士のクライアントを実際上、法廷弁護士のクライアントと同様のものとみなして」[38]おり、また、「彼の著作はそのかなりの部分が会社法およびその他の関連法規の引用ないし言い換えからなっていた」[39]が、他方、「法律に異を唱えることを躊躇わなかった」[40]ピクスリーは或る講演において、1862年会社法に第1附則A表として示された模範通常定款について、次のように述べている。

「そこには監査人の選任に関する条項も含まれており、そのなかには、監査人は当該会社の社員であってもよい、とする極めて異常な規定もあります。けだし、監査人は完全な不偏性を有しているべきであって、決して利益や宣言される配当の額に左右されるべきではなく、したがって、会社の株式を一株でも所有している場合には、それが誰であっても、監査人に任命される資格はない、ということには疑いの余地がありません」[41]。

法の問題については、前出のジンマーマンも、ピクスリーの *Auditors* とディクシーの *Auditing* に関して「会社法規定や裁判の判決内容にかなり依存している」としていたが、「見方によっては、アメリカはイギリス本家にましてコンモン・ローの国であるといえる。少なくとも会社と計算の規定に関するかぎり、イギリス会社法は大陸法の影響をうけて法典主義に立っている。会計規定も会社法の付則において、かなり詳細な規定がみられる」[42]とも、あるいは「イギリス会社法の会計規定にしても、たとえばドイツ株式法のそ

---

37 *The Accountant*, Vol. 88, No. 3048, 1933, p. 595.
38 Kitchen and Parker, *Accounting Thought and Education*, p. 28.
39 *Ibid.*, p. 28.
40 *Ibid.*, p. 28.
41 Pixley, *The Profession of a Chartered Accountant*, p. 23.
42 青柳『会計士会計学』280〜281頁。

れと比較すれば、はるかに体系性と細則に欠けている。いぜんコンモン・ローの国として、その運用と実施は実務界の慣行と経験に大きな信頼を寄せている」[43]ともされ、また、例えば「会計を法の拡張部分として扱うプライス・ウォーターハウスにおけるイギリスの伝統が染み付いたメイは、財務報告は、専断的なルールに盲目的にしたがうことによってではなく、原則とプロフェッショナルの判断によって律されるべき、と考えていた」[44]ともされる。

「イギリス会計学の礎石をなしたといわれる」[45]「彼の本領は会計士の仕事の実践的な詳細、とりわけ法規定の適用にかかわるものについて述べる際に発揮される。彼の著作の多くには常識、細部におよぶ綿密な配慮、および実践的な財務の知識が示されており、これらは会計プロフェッションの発展に大いに貢献するものであった」とされるピクスリーは、しかし、他方、「ディクシーやド・ポーラにあったような独創性が彼にはなかったことは明らかである。彼の場合、かなり無批判に、適切な説明を加えることもなく、実践を記述することに甘んじていることがあまりにも多い」[47]ともされる。

ただし、1908年に刊行された*Accountancy*の「序」はその冒頭において、彼は次のように述べている。

「著者の知る限り、本書は会計を科学的な根拠をもって扱おうとする最初の試みである」[48,49]。

また、同書は「会計(Accountancy)は……あらゆる種類の貨幣的取引の記録を扱う科学として捉えることができ、次の3領域に分けることができる」[50]として会計の体系化を図っている。

---

43 同上、281頁。
44 トーマス A. キング/友岡賛(訳)『歴史に学ぶ会計の「なぜ?」——アメリカ会計史入門』2014年、124頁。
45 成田修身『減価償却の史的展開』1985年、95頁。
46 Kitchen and Parker, *Accounting Thought and Education*, p. 29.
47 *Ibid.*, p. 35.

○構築
　　○記録
　　○分析ないし批判

　「構築」には帳簿システムの構築、既存の帳簿システムの再編、および財務諸表の作成、「記録」には簿記、「分析ないし批判」には監査がそれぞれ該当する。[51]

　1878年に会計士協会（Institute of Accountants）の準会員となったピクスリーはまずはG. チャンドラーとパートナーシップを結成しているが、チャンドラーの歿後、1891年には他の事務所と〈ジャクソン、ピクスリー、ブラウニング、ハセー＆カンパニー〉を結成、この事務所はのちに〈ジャクソン、ピクスリー＆カンパニー〉として知られるに至っている。また、1880年に会計士協会をはじめとする5団体の合併によってイングランド＆ウェールズ勅許会計士協会（Institute of Chartered Accountants in England and Wales）が誕生をみた際にはその設立メンバーに名を列ね、同協会においては1888年に評議員に選任され、1903年からは第15代の会長を務めたピクスリーは、ディクシーとは異なり、その生涯を専ら実務家として過ごしている。[52]

48　Francis W. Pixley, *Accountancy: Constructive and Recording Accountancy*, 1908, p. v.

49　これより先に刊行されたライルの書いわく、「会計は進歩的な科学であって、近年、長足の進歩を遂げている」（George Lisle, *Accounting in Theory and Practice: A Text-book for the Use of Accountants, Solicitors, Book-keepers, Investors, and Business Men*, 1900, p. v）。

50　Pixley, *Accountancy*, p. 4.

51　*Ibid.*, p. 5.

52　*The Accountant*, Vol. 88, No. 3048, 1933, p. 595.
　　Kitchen and Parker, *Accounting Thought and Education*, p. 25.

ディクシー

「23日に開催されたバーミンガム大学の評議員会においてロンドンの勅許会計士ローレンス R. ディクシー氏がこの国初の会計学教授に任ぜられた[53]」と *The Accountant* が報じたのは1902年のことだった。

イギリスにおいて初の会計学教授職を設けたのは同年10月1日に発足のバーミンガム大学は商学部、ちなみに、これはイギリス初の商学部だった。3年間の課程を修めた者に商学士の学位を授与するこの新学部のカリキュラムは語学および歴史、会計学（Accounting）、応用科学およびビジネスの方法、ならびに商業学の4分野をもって構成され、このうち、会計学分野については「プロフェッショナル会計士志望者向けの教育……というよりは寧ろ一般のビジネスマンに対する計算書類の用法および解釈法の教授が意図されていることを示すべく、「Accountancy」ではなくして、「Accounting」が採用されて[54]」いた[55]。

ディクシーは勅許会計士事務所〈G. M. リード、サン＆カンパニー〉における年季奉公を経て1886年にイングランド＆ウェールズ勅許会計士協会に入会、直ちにロンドンにて独立開業するも業績はいま一つ振るわず、1889年にカーディフにて P. プライスと〈プライス＆ディクシー〉を設立、プライスの歿後、ロンドンへ戻り、1894年に A. J. セラーズと〈セラーズ、ディクシー＆カンパニー〉を設立している。1891年に執筆活動を開始した彼は、爾来、多年にわたって *The Accountant* 等に寄稿、例えば「2年前に起筆され、当時は主としてイングランド＆ウェールズ勅許会計士協会の最終試験の受験者……に助力する目的をもって着手された」が、その後の大学等の動向を顧慮した結果、「読者がイングランド＆ウェールズ勅許会計士協会の最終試験、会計士監査人協会の最終試験、バーミンガム大学の商学士、およびロ

53　*The Accountant*, Vol. 28, No. 1443, 1902, p. 758.
54　*The Accountant*, Vol. 28, No. 1436, 1902, pp. 605-606.
55　友岡『会計プロフェッションの発展』253～254頁。
56　Lawrence R. Dicksee, *Advanced Accounting*, 1903, p. vii.

ンドン大学の科学士（経済学）などにおいて求められている水準に達するのを可能ならしめる」[57]べくまとめられた1903年刊の *Advanced Accounting* ほか、許多ある著書はそのいずれについても「「Dicksee」を引くことはその問題の権威を引くこと」[58]とされ、また、とりわけ1892年に刊行された処女作 *Auditing* は、既述のように、ピクスリーの手になるこの分野のテキストの嚆矢 *Auditors* と並び広く読まれて版を重ね、教授に着任した1902年10月には第5版が刊行され、長逝時（1932年）には第14版（1928年）にまで及んでいた[59]。

「試験制度が発展をみ、勢い会計士志望者用のテキストにたいする需要が増加した。ディクシーの『監査論』の初版の序文は2種類の読者層を想定し、この書が「会計士志望者にとって大きな価値を有するのみならず、このプロフェッションの従事者たちにとっても、日常的な業務において、また、殊に不案内の事業の計算書類に直面した場合において、かなりの有用性をもつものである」ことを期待している」[60]。

そうしたディクシーの *Auditing* において、けだし、最も繁く引用されるのは監査の目的を次のように列挙している箇所である。

○不正の発見
○技術的な誤りの発見
○原則上の誤りの発見[61]

「当時、数多くの不正が耳目を惹いていたことに鑑みれば、こうした不正の強調は驚くべきことではない」[62]とされる。

---

57 *Ibid.*, p. 1（（　）書きは原文）.
58 *The Accountant*, Vol. 86, No. 2985, 1932, p. 236.
59 友岡『会計プロフェッションの発展』255〜256頁。
60 パーカー／友岡、小林（訳）『会計士の歴史』94頁。
61 Lawrence R. Dicksee, *Auditing: A Practical Manual for Auditors*, 1892, p. 6.
62 パーカー／友岡、小林（訳）『会計士の歴史』58頁。

バーミンガム大学に教授職を得たこのディクシーは、しかしながら、1902年にはロンドン大学政治経済学院の講師にも任ぜられて掛け持ちののち、結局、1906年にバーミンガム大学を辞め、ロンドン大学政治経済学院にあっては準教授(リーダー)を経て1914年に同学院初の会計学教授に就任、同大学経済学部長をも務めたのち、1926年に定年をもって退任、名誉教授の称号を得ているが、実はこの間も〈セラーズ、ディクシー＆カンパニー〉を率い続けていたし、ちなみに、ディクシーの後任 F. R. M. ド・ポーラもまた、教授就任をもって〈ド・ポーラ、ターナー、レイク＆カンパニー〉のシニア・パートナーを辞することはなく、のちにダンロップ・ラバー・カンパニーに主任会計士として迎えられることとなった際に教授とシニア・パートナーをともに辞めている[63]。

　ピクスリーのように専ら、ではなかったものの、実務との訣別はなかった。

　「実のところ、ディクシーはテキストの著者として大成功を収め、また、すこぶる多作であったため、「会計の文献は彼が独り書いたと述べても過言ではない」といわれるほどであった」[64]とされるディクシーは「近代会計学 (modern accounting) の父であり、会計学史における彼の地位は経済学史におけるアルフレッド・マーシャルのそれに比肩する」[65]ともされる。

　はてさて、会計学とは何か。

---

63 友岡『会計プロフェッションの発展』256頁。
64 パーカー／友岡、小林（訳）『会計士の歴史』95頁。
65 Richard P. Brief (ed.), *Dicksee's Contribution to Accounting Theory and Practice*, 1980, p. 1.

第7章
会計の理論と制度と実践

一貫性の意義

　1986年以降のバブル景気と1991年以降のバブルの崩壊により、それまで取得原価評価を行ってきていたわが国の企業会計において問題となったのは土地等の不動産や株式等の有価証券に含み損が生じたことだったが、2003年には有価証券に対する時価評価が導入されるに至り、これは画期的な制度改変と目される一方、部分的な時価評価の導入は一貫性を欠く会計システム（一貫性を欠くものは、もはや、これを「システム」とは称しえないかもしれないが）の現出を意味するとして、或る種のアカデミズムの立場からは「木に竹を接ぐがごとし」といった批判を受けることともなった。

　しかしながら、そもそも制度の改変というものは①必要であること、②可能であること、という二つの条件を満たす場合に行われ、これに該当したのが有価証券の時価評価にほかならなかった。すなわち、含み損の存在は会計情報を用いる投資家を誤導することとなるため、不動産や有価証券の時価評価はこれが必要であり、また、証券市場において客観的な時価を得ることができる有価証券については時価評価が可能、ということだった。

　敷衍すれば、このような行き方、すなわち、必要であって可能なことはやる、できるところからやる、できることだけでもやる、という行き方をもって、「必要性の論理からするこうした行き方には一貫性がない、整合性がない」と批判することはナンセンスというよりほかなく、こうした行き方が実践ないし制度において有意義であることは言を俟たないが、一つ気に懸かる

のは、けだし、一貫性は公正性（fairness）を担保する、という点である。

公正性は利害調整を支え、制度を支え、一貫性は理論がこれをもたらす。

会計学研究の変遷

会計学研究の変遷は大まかには［規範的アプローチ → 実証的アプローチ］として捉えられ[2]、伊藤邦雄によれば、「世界の会計研究の流れをリードする[3]」アメリカにおけるその詳細は次のように捉えられる[4]。

演繹的規範論
↓
帰納的規範論の擡頭（1940年代初頭以降）：帰納的規範論 vs. 演繹的規範論
↓
実証研究の擡頭（1960年代末葉以降）：実証研究と会計基準論における規範論の併存

「周知のように、今日の会計制度の枠組みは Paton & Littleton によって確立されたといえる。Ｐ＆Ｌは当時の会計実践を帰納的に純化・整理し、発生主義会計の基盤をほぼ確立した[5]」とされ、帰納的規範論の先駆にして代表

---

1 必要性の論理のみをもってする有価証券時価評価論に批判的な論者に笠井昭次を挙げることができよう（例えば、笠井昭次「有価証券の評価に関する学説の諸類型」『三田商学研究』第38巻第1号、1995年、を参照）が、しかし、笠井の批判は「現行会計に関するヨリ十分な説明理論の形成という視点から」（同上、21頁）するそれであって、必要性の論理のみをもってする有価証券時価評価論においては「現行会計を説明する理論体系における内的な首尾一貫性が保持されない、という危険が生じよう」（同上、22頁）と危惧している。

2 田村威文、中條祐介、浅野信博『会計学の手法――実証・分析・実験によるアプローチ』2015年、55～57頁。

3 伊藤邦雄「財務報告研究の変遷」『會計』第155巻第2号、1999年、14頁。

4 同上、16～20頁。

と目されるのは W. A. ペートン（W. A. Paton）と A. C. リトルトン（A. C. Littleton）の 1940 年刊の *An Introduction to Corporate Accounting Standards* であり、他方、アメリカ会計学会（American Accounting Association）（AAA）の 1966 年刊の *ASOBAT*、すなわち *A Statement of Basic Accounting Theory* は演繹的規範論として捉えられ、「ASOBAT が公表される以前の会計学研究は規範的アプローチが中心であった」とされる。

　なお、ペートンとリトルトンの *An Introduction to Corporate Accounting Standards*「の内容の理論的基盤を与えるもの」とされるリトルトンの 1953 年刊の *Structure of Accounting Theory* は「会計理論の任務は、信念および慣習を批判的に吟味し、経験のなかから最善のものを明確にし、これを展開し、また会計職能の発生および結果に対して関心を指向することである」として「説明としての理論」を説き、「理論の本質は説明することである」として「説明は事実を理由および目的と関連させることによってえられるし、また正しい目標と正しくない目標を区別し、最終目標に対する正しい手段を正しくない手段と区別することによってえられる。しかし理論の主要な特質は常に説明ということである……理論は目的から出発し、行為に対し、あるいは必要とされる場合には、批判に対して論証する」としているが、これについては「かくて（リトルトンによれば）会計学は……目的達成に必要なルールを求めて会計行為を正当化する学問だと言わざるを得ない」として

5　同上、16 頁。
6　田村ほか『会計学の手法』56 頁。
7　同上、56 頁。
8　A. C. リトルトン／大塚俊郎（訳）『会計理論の構造』1955 年、4 頁（平井泰太郎「序」）。
9　同上、195 頁。
10　同上、196 頁。
　　なお、この訳書は 'explanation' をもって「解釈」としているが、本章は「説明」とする。
11　同上、201 頁。
12　同上、201 頁。

「会計学における説明は〈説明〉ではなく目的を達成するための手段の〈正当化〉である。Littletonはこの区別を認識していない」[14]ともされる[15]。

また、実証研究擡頭の契機となったのはレイ・ボール（Ray Ball）とフィリップ・ブラウン（Philip Brown）の1968年発表の論攷'An Empirical Evaluation of Accounting Income Numbers'とされ[16]、ASOBATによってもたらされた意思決定有用性アプローチの下、「会計情報と株式市場の反応を関連づける（ボールとブラウンの）画期的な論文は、規範的会計研究の牙城を見事に崩し、新しい形態の会計研究方法をもたらした[17]」とされ、あるいは「この論文は会計学の中心をシャンペーン（イリノイ大学の所在地）からハイド・パーク（シカゴ大学の所在地）へと120マイル北方に移動させることとなった。イリノイ大学は最初の会計学博士課程、アメリカ会計学会の5人の会長、ならびにA. C. リトルトン、ロバート・ムーニッツ、ノートン・ベドフォード、およびアーサー・ワイアットといった高名な教師を生んでいたが、シカゴは、定量的な仮説の正しさないし誤りを立証するために統計的推論を用いるウィリアム・ビーバー、マイケル・ジャンセン、シャム・サンダー、およびジョージ・ベンストンといった経済学者を育てることによって、この覇権に挑戦した[18]」とされる。

「会計学研究における実証的アプローチは、シカゴ大学における経済学の中心的存在であったFriedmanの影響を強く受けている[19]」とされるが、そう

13　伊崎義憲『会計と意味』1988年、74頁。
14　同上、75頁。
15　「このように会計学における〈正当化〉が〈説明〉と見誤られるのは、Littletonの主張がプラグマティズムによっていることに原因がある」（同上、75頁）とされ、また、「〈説明〉はある事象が起こった根拠を求める」（同上、69頁）のに対して「〈正当化〉とは行為の根拠を求めることである」（同上、71頁）とされる。
16　伊藤「財務報告研究の変遷」17頁。
17　マルコム・スミス／平松一夫（監訳）『会計学の研究方法』2015年、46頁。
18　トーマス A. キング／友岡賛（訳）『歴史に学ぶ会計の「なぜ？」──アメリカ会計史入門』2014年、156〜157頁。

した実証研究の擡頭は理論と実践の乖離をもたらし、かつてのペートンとリトルトンの書が「特定の基準よりも、基礎的な概念を扱っており、著者たちは、努力と成果の適切な対応により、会社の収益力についての信頼しうる情報を提供することをもって財務諸表の目的とし……AAAの刊行物のなかで初めて実務家に広く読まれたものだった」[20]のに対して、次のような状況がみられるに至った。[21]

> 「数値をもって仮説を量的にテストするシカゴの学者たちは質的な手法を用いる同僚たちに大きな影響を及ぼし、博士論文はどんどん数学的で抽象的になっていった。利益数値と株価は測定されるべき無限のデータをもたらし、学者たちは、利用できる手法を用いるために、研究を手法に合わせるようになり、そうした状況について或る教授は、眼鏡を磨くのに忙しくて、ものをみるためにそれを掛けることができない人、という比喩を用いた」[22]。

「会計研究は学問としての地位を手に入れたが、しかし、実務からは遠く隔たることとなり、洗練された研究は、1年間、微積分と統計学入門の授業に出席した程度の実務家たちにとって、ますます難しいものとなった」[23]。

「実務家と規制者は科学的な分析に無関心だった。何人かの者は、学

---

19 田村ほか『会計学の手法』56頁。
20 キング／友岡（訳）『歴史に学ぶ会計の「なぜ？」』153頁。
21 もっとも実践との乖離は独り実証研究に限ったことではなく、「規範的理論もまた苦しくなってきております。1930年代の会計学者が「会計実務はこうあるべし」とみづから指導的な役割を買ってでた時代にくらべると、たいへんな違いです。政治化し、国際化し、技術化し、顧客化した現在の会計では理論の指導的役割はまだ根強くあるとはいえ、その影響は次第に限られてくるようです」（井尻雄士「アメリカ会計の変遷と展望」『會計』第153巻第1号、1998年、131頁）ともいわれる。
22 キング／友岡（訳）『歴史に学ぶ会計の「なぜ？」』158頁。
23 同上、159頁。

者は回帰分析に忙しくて現実の世のなかに注意を払う時間がない、と感じていた。SEC（証券取引委員会）の主任会計官サンディ・バートンは1975年の講演において、会計のモデルは、長年にわたり、実務のなかで常識にもとづいて育ってきた、という見解を述べた。会計は測定の純粋さを欠いているが、しかし、理解できるという長所を有している。対照的に、経済学のモデルの場合、実践的な記録の必要に悩むことは決してなかった」[24]。

　他方、「70年代以降、駆逐されたかにみえる規範的アプローチに基づく研究は……いわば会計基準論として存続していたといえる」[25]とされ、併存する実証研究と規範論の関係、すなわち、会計基準設定に対する実証研究の役立ち、については「悲観的な答えを提示しなければならないようである。なぜなら、実証研究は現状の記述と現状の説明に焦点を置いているため、事前的性格をもつ基準設定上の規範的問題に必ずしもうまく答えられないからである」[26]とされる。もっとも「実証的研究の成果を体系的にまとめ、それを規範的な視点で再整理した成果がある」[27]としてウィリアム H. ビーバー（William H. Beaver）の1981年刊の *Financial Reporting: An Accounting Revolution* が挙げられるが、「実証研究は基準設定プロセスの審議に当たって重要とはみなされない」[28]とされ、「FASB（財務会計基準審議会）は基準の「望ましさ」を「概念フレームワーク」との整合性によって判断して」[29]いるとされ、次のようにもいわれる。

　　「FASBはそのステートメントの基盤となるものを追求していた。そ

---

[24] 同上、160頁。
[25] 伊藤「財務報告研究の変遷」19頁。
[26] 同上、21頁。
[27] 同上、21頁。
[28] 同上、22頁。
[29] 同上、22頁。

の結果として生まれた概念フレームワークは財務報告の理論をまとめた文書としては最大の、最も費用を掛けたものとなった。……現在、この概念フレームワークは会計理論に君臨している。このフレームワーク構築の試みは基準設定者が会計学（science of accounting）を作り上げようとした試みのなかで最高のものである。このフレームワークは、現在に至るまで不可能とされてきている会計ルールの成文化の所産ではなく、原則を示したものであり、FASB は財務会計に関する議論においてこの原則をますます用いてきている[30]」。

ちなみにまた、「概念フレームワーク自体も、基準の与える経済的影響を考慮することの必要性も認めており、その限りにおいて実証研究は意義をもっている[31]」とされる一方、「FASB は、資本市場は、不偏の証券価格をもたらすために、利用可能なあらゆる情報を用いる、というボール、ブラウン、ビーバー、およびその他の研究者たちの見解をほとんど信用していない。換言すれば、FASB は EMH（効率的市場仮説）を認めない[32]」と断言され、さらには「結局のところ、その取引をその会計期間に認識するかどうか、そこにどれだけの金額を附すか、そしてそれを財務諸表のどこに記載するか、といったことは謙虚な会計の専門家が決めなければならない。経済学の研究は会計実践が証券価格に与える影響の予測には役立ってきたが、しかし、簿記係のなすべきことを教えてくれたことはない[33]」とされ、研究者については次のようにもいわれる。

「会計研究者は、研究成果を生み出すために他分野の成果を利用する「寄生虫」であると言われることも多い。……会計研究者は独自の理

30　キング／友岡（訳）『歴史に学ぶ会計の「なぜ？」』162〜163 頁。
31　伊藤「財務報告研究の変遷」19 頁。
32　キング／友岡（訳）『歴史に学ぶ会計の「なぜ？」』165 頁。
33　同上、166〜167 頁。

論をほとんど持たず、経済学、ファイナンス、心理学、社会学、組織行動論などに依拠している。また、独自の研究手法を持たず、自然科学や社会学の研究手法を適用している。さらに、独自の研究手段をほとんど持たず、組織行動論などを適用している」[34]。

「会計のことは会計に聞け」[35]ともいわれる一方、「会計研究が他分野に依存していることをまず認識する必要がある」[36]ともされる。

会計基準設定の変遷

前項に述べたことはこれを要するに、規範的アプローチの時代の会計学研究にあって帰納的規範論のペートンとリトルトンは「当時の会計実践」にもとづいて「今日の会計制度の枠組み」を「確立」し、その後、実証研究が擡頭をみた会計学研究は実践や制度と乖離し、他方、規範論たる会計基準論の拠り所は概念フレームワークであって、これが「会計理論に君臨している」ということだったが、このことはまた、会計基準ないしそれを構成要素とする一般に認められた会計原則（Generally Accepted Accounting Principles）（GAAP）は現在、概念フレームワークを起点（規範）として演繹的に設けられている、ということを含意しており、「概念フレームワークに依拠してあるべき会計基準を演繹的に誘導する……基準設定方式」[37]にあって概念フレームワークには「首尾一貫した基準開発に資する指針としての役割が期待されている」[38,39]。

周知のように、GAAP は、ジョージ O. メイ（George O. May）の 1943 年

---

34 スミス／平松（監訳）『会計学の研究方法』1 頁。
35 笠井昭次『会計の論理』2000 年、「初めに」5 頁。
36 スミス／平松（監訳）『会計学の研究方法』1 頁。
37 藤井秀樹『入門財務会計』2015 年、79 頁。
38 米山正樹「概念フレームワーク――概念フレームワークに関する分析視座」平松一夫、辻山栄子（責任編集）『体系現代会計学［第 4 巻］ 会計基準のコンバージェンス』2014 年、85 頁。

刊の *Financial Accounting: A Distillation of Experience* のサブタイトル *A Distillation of Experience*（経験の蒸溜）がその「本来の性質を極めて的確に捉えてい[40]」るように、「企業の会計担当者たちが日常の膨大な会計実務を経験するなかで「最良の実務（ベスト・プラクティス）」が蒸溜され、それがやがて GAAP として結晶していくという[41]」もので、「本来、「記述的」な性質を持つものであった[42]」が、こうしたルールの設け方、すなわち帰納的アプローチには①「現状肯定的な傾向を持つ[43]」、②「先例となる会計実務が十分に普及していない場合、取り扱うべき会計問題に的確に対応することができ[44]」ない、③「ルール全体の首尾一貫性が保証され[45]」ない、といった欠点が認められるため、「先験的な規範概念を起点にすえ、そこから会計規制の指針となるルールを導き出すという方式[46]」、すなわち演繹的アプローチが採られるようになり、「「一般に認められた会計原則」は「規範的」な性質を帯びるようになった[47]」とされ、要するに、会計基準ないし GAAP の変遷は［帰納的アプローチ → 演繹的アプローチ］、そして［記述的ルール → 規範的ルール］として捉えられる。

ベスト・プラクティス

ただし、グレゴリー B. ウェイマイアー（Gregory B. Waymire）とスディプタ・バスー（Sudipta Basu）は会計基準の生成についてあらまし次のように述べている。

39　「概念フレームワークに基づく基準開発が抱えている限界」（同上、106 頁）も指摘されている。
40　藤井『入門財務会計』36 頁。
41　同上、36 頁。
42　同上、37 頁。
43　同上、37 頁。
44　同上、37 頁。
45　同上、37 頁。
46　同上、37〜38 頁。
47　同上、38 頁。

「会計は、だれかによる基準の設定、ということがなかった状況においても秩序立ったものとして行われており、すなわち、基準設定者が存在しない時代には、教育やプロフェッショナルのネットワークを通じて行われる会計知識の普及が会計実務に秩序をもたらしていた。ただし、その後、基準設定者によって基準が設けられるようになってからは会計のやり方（practice）の生じ方や弘まり方に変化がみられる」[48]。「アメリカにおける基準設定の担い手はアメリカ会計士協会（American Institute of Accountants）の会計手続委員会（Committee on Accounting Procedure）をもって嚆矢とするが、会計の基準はこうした機関が登場する前から存在していた。ベスト・プラクティスを真似る、という一般的傾向の結果、コンベンションが自然発生的に形成されることになるが、そこには、先導的な企業のやり方を模倣する、という事象と、プロフェッショナルの間で共有された知識がプロフェッショナルのネットワークを通じて諸企業に伝わる、という事象が作用し、また、会計の革新と伝播には会計プロフェッションに大きな貢献がみられる」[49]。「また、新しい会計方法はどのようにして生まれ、そして普及するのか、という問題については、新しいビジネス（transaction）の形態が新しい会計方法をもたらす、といったことが考えられよう。具体的には、例えば19世紀後半、諸合併による大規模なエンティティの創造が連結会計をもたらし、大規模な設備資産を有する永続的組織の一般化が減価償却の採用をもたらした、といったことが挙げられ、また、こうした新しい方法の伝播については、同様の形態を採用し、したがって同様の問題に直面した企業が、既存のベスト・プラクティスの知識、を求めるときに、当該会計方法の伝播が生ずる、といえよう。換言すれば、会計のやり方はビジネスのやり方とともに真似され、ま

---

[48] Gregory B. Waymire and Sudipta Basu, *Accounting is an Evolved Economic Institution*, 2008, p. 19.
[49] *Ibid.*, pp. 20, 117.

た、当該会計方法は、同様のビジネスを行おうとする他者にとっては、基準、となる」[50]。

　これは要するに、[新しいビジネスのやり方の登場　→　新しい会計のやり方（ベスト・プラクティス）の案出　→　ベスト・プラクティスの知識の伝播　→　ベスト・プラクティスの模倣　→　コンベンションの形成]ということだろうが、むろん、ここで一つ問題となるのはベスト・プラクティスの意味である。
　ベスト・プラクティスの意味とは、すなわち「だれにとってのベストか」ということであって、もしそれが「会計を行う者にとってのベスト」ということなら、ベスト・プラクティスの模倣は当然に生じえようが、そうでない場合、ベスト・プラクティスの模倣はどのように生じうるのだろうか。
　雑駁にいえば、例えば管理会計の場合なら、まずは [ベスト・プラクティス ＝ 会計を行う者にとってのベスト] であって、[新しいビジネスのやり方の登場　→　新しいビジネスを管理するためのベスト・プラクティス（新しい会計のやり方）の案出……] となり、そうしたベスト・プラクティスは当然に模倣されようが、ひるがえって、財務会計の場合には、そもそも [ベスト・プラクティス ＝ 会計を行う者にとってのベスト] とは限らず、[ベスト・プラクティス ＝ 財務諸表の利用者にとってのベスト] とすれば、企業の状態を最も適切に表わす財務諸表をもたらす会計のやり方がベスト、ということになり、少なくとも直接的・短期的には、そうしたベスト・プラクティスを模倣する動機が会計を行う者（会計のやり方の選択者）、すなわち経営者にない。いずれにしても、財務会計の場合は、規制や課税の影響[51]がなければ、ベスト・プラクティス模倣の誘因はあまりなく、模倣が生ずるのは、プロフェッショナルが伝播において積極的に介在する（模倣を促す）場合か、市場の力が作用する場合[52]だろう。

50　*Ibid.*, pp. 118-119.
51　友岡賛『会計学原理』2012年、第Ⅵ章第11節。

敷衍すれば、管理会計のベスト・プラクティスは会計を行う者によって追求され、その意味において、実践が理論（管理会計論）に先行する。しかも、管理会計には、財務会計とは違い、役に立たなければ（適合性ないし目的適合性（relevance）がなければ）意味がない、といった認識がみられ、そうした認識があるからこそ、適合性の喪失が意識され、実践に先行された理論は、適合性の喪失、と、実践の後塵を拝していること、を重ねて強く意識する。ひるがえって、財務会計は会計を行う者（経営者）にベスト・プラクティス追求の動機がなく、その意味において、理論（財務会計論）が実践に先行する。

ところで、プロフェッショナルの立場については次の指摘が実に興味深い。

> 「会計士は、監査を行うにあたってベスト・プラクティスをその判断規準としたが、何がベスト・プラクティスなのかを明文化することなく、それを自分たちの知識の中にとどめることを望んだ。経営者が選択した会計方法がベスト・プラクティスに合致しているか否かの判断を下すのは、多くのクライアントに接して「何がベスト・プラクティスなのか」を経験上知っている会計士あるいは会計事務所の「特権」だったのである。それゆえ、詳細で統一的な会計基準を明文化しないことで、会計プロフェッションはその「特権」を保持しようとした」。

しかし、やがて「明文化された会計原則の必要性を認識するようになっ」た会計プロフェッションが「ベスト・プラクティスの決定版」として作成、1938年にアメリカ会計士協会によって公表された *A Statement of Accounting Principles*、いわゆる『SHM 会計原則』は、しかしながら、「現行実務の、

52 　同上、第Ⅵ章第13節。
53 　H. Thomas Johnson and Robert S. Kaplan, *Relevance Lost: The Rise and Fall of Management Accounting*, 1987.
54 　大石桂一『会計規制の研究』2015年、111頁。
55 　同上、142頁。
56 　同上、142頁。

しかも不完全な（疑わしいものまで含む）編纂にすぎない」とされ、「現行実務を無批判に受け入れているだけ」と批判され、また、現状肯定的と目されていたメイについて、例えばSECの第2代委員長（1935～1937年）のジェームズ M. ランディス（James M. Landis）は「1939年に……必要なのは会計プロフェッションの「尻を叩いて」やる気にさせることだが、保守的な G. O. May が会計士のリーダーである限り、あまり多くのことは期待できない、という趣旨のことを書いている」一方、「経済学者や大手会計事務所で活躍する会計士に比して相対的に低い地位に置かれてきた会計学者が、自らの社会的地位を高める好機と認識し」、「定款において「会計原則および会計基準の開発」を目的の1つに掲げた AAA」が 1936 年に公表した'A Tentative Statement of Accounting Principles Affecting Corporate Reports'、いわゆる『会計原則試案』には「おおむね肯定的な反応」が示されたが、「もっとも、AAA の『試案』も基本的には実務に由来するものであり、帰納に基づいて実務から「原則」を導き出そうとするものであった」。

帰納にも良い帰納と悪い帰納があるのだろうか。

けだし、あるとしたら、まずは批判的な帰納と無批判ないし肯定的な帰納が考えられようが、SEC の委員長ランディスは「会計士が投資家ではなく経営者に忠誠を尽くしている点を批判し」ており、また、A Dictionary for Accountants をもって知名のエリック L. コーラー（Eric L. Kohler）が「学者は会計基準を明確にする上で指導的な役割を果たすことができるし、またそうすべきである」と主張した際、これに反論して「現場の知識に乏しい教師

---

57 同上、130 頁（（ ）書きは原文）。
58 同上、147 頁。
59 同上、139 頁。
60 同上、141 頁。
61 同上、143 頁。
62 同上、129 頁。
63 同上、147 頁。
64 同上、131 頁。

（会計学者）は「厳格なルール」を指向しがちだが、必要なのは実務のニーズに合った弾力的な会計原則である。……だから、教師が主導して会計原則を定めるのではなく、「すべての利害関係者」の役に立つ会計原則を、教師と実務家が友好的な協力を通じて開発する必要がある」[66]と述べたのは『SHM会計原則』を作成した委員会の委員長トーマス・ヘンリー・サンダース（Thomas Henry Sanders）であり、サンダースのいう「「すべての利害関係者に役立つ会計原則」……の「役立つ」とは「受容可能」という意味であり、とりわけSandersが念頭に置いていたのは、経営者に受け入れられる会計原則であった」[67]。

また、帰納的アプローチの欠点は既に三点が挙げられているが、けだし、実践からの帰納によって導出される原則は実践における革新（ベスト・プラクティスの案出）がなければ存立することができず、例えば「今日、イギリスの会社の計算書類上の情報は厳しく規制されており、革新の余地も残されているとはいえ、およそ外部からの規制が存在しなかった19世紀の場合と比べると、行動の自由は相当に制限されている」[68,69]とされるような状況においてはなかなか存立しえず、したがって、演繹的アプローチが用いられるのかもしれない。ただし、昨今における原則主義の擡頭、すなわち原則主義を採用する国際会計基準（国際財務報告基準）をもってする会計基準の収斂ないし採用の動きは判断の重要性を高め、また、革新の余地を広げる[70]。原則主義はベスト・プラクティスの追求へと繋がり、これは帰納による原則の存立の可能性を高めることになる。

なお、原則主義については「国際会計基準とFASBは、詳細なルール設定をするのではなく、コンセプト・ベース（プリンシプル・ベース（原則主

---

65 同上、125頁。
66 同上、128頁。
67 同上、147～148頁。
68 J. R. Edwards and K. M. Webb, 'Use of Table A by Companies Registering Under the Companies Act 1862,' *Accounting and Business Research*, Vol. 15, No. 59, 1985, p. 194.

第 7 章　会計の理論と制度と実践　163

69　19 世紀後半のイギリス会社法の会計・監査規定は強制的なものではなかった。(友岡賛『近代会計制度の成立』1995 年、25〜28 頁)。

　会計規制が会計の進化に及ぼす影響を俎上に載せるウェイマイアーらは、ベスト・プラクティスを採用する誘因を企業にもたらすような規制は好ましい影響をもつ可能性が高いが、それは規制者が行動の柔軟性を認める漸進的な方針を採用するからである、として、如上のイギリスの状況を引き合いに出している。すなわち、強制的な開示の要求を廃し、その代わりに、模範的な財務報告の例を定めたイギリスの 1856 年株式会社法は成功例であり、柔軟性は認められているものの、ベスト・プラクティスが知られている、という場合、市場を通じてそのやり方が強制されるということが考えられる、としている (Waymire and Basu, *Accounting is an Evolved Economic Institution*, p. 132)。

　イギリスではこの 1856 年法によって会計・監査関係の強制的な規定がなくなり、以来、そうした状態が暫く続いた。会計・監査法制度史上、この時期を「任意規定期」などともいうが、それは、この株式会社法には、会社が独自の通常定款を作成しない場合に (のみ) 用いられることになる模範通常定款というものが示され、会計・監査関係の規定はすべてこの模範通常定款に収められたからである (友岡『近代会計制度の成立』25〜28 頁)。

　この 1856 年株式会社法を含むいくつかの法を整理して設けられ、体系的な会社法の嚆矢とされる 1862 年会社法には、1856 年法と同様、模範通常定款が示されていたが、この 1862 年法の模範通常定款についてはその採用状況を吟味した興味深い論攷 (Edwards and Webb, 'Use of Table A by Companies Registering Under the Companies Act 1862') がある。大まかにいえば、当時、この定款をそのまま採用した会社はかなり少なかった、という調査結果 (*Ibid.*, pp. 181-194) を述べるこの論攷はあらまし次のようにコメントしている。現在とは違って財務会計について厳しい規制がなかった 19 世紀に、それにもかかわらず、それなりの財務会計が行われていたことは興味深いが、まずもって考えられるその理由は、資本調達のために経営者が支払わなければならないコストとしての財務会計、といった考え方にあり、通常定款にはそうした経営者が負った会計責任の詳細が示されていた。調査によれば、会社が独自に作成した通常定款の方が 1862 年会社法の模範通常定款よりも軽い責任を経営者に負わせていた。このことは、エージェンシー理論によれば、株主が要求した会計責任は立法者が考えたものよりも軽く、違法コストを最小にすべく、独自の定款が作成される、ということを意味している (*Ibid.*, p. 194)。

　思うに、如上のイギリス会社法のやり方は、模範通常定款によって株主等がベスト・プラクティスを知ることができる、という点に意義があるのかもしれない。株主がそれを要求するかしないかはさておき、知らないものは要求できない。

義))の、会計士のプロフェッショナルな判断に傾斜した基準作りをしようと宣言している。とりわけ国際会計基準は、アメリカのFASB基準よりも強く、意図的にプリンシプル・ベースを志向している。コンセプト・ベースの会計基準は、その規準となるコンセプトを支える論理を必要とし、概念フレームワークの存在をもって、その制度的意味をもつことが出来るからである」[71]と捉えた上でもって「しかしながら概念フレームワークの論理は、その性質として、プリンシプル・ベースの会計基準を生み出すことは出来ない。「経済的資源」と「それに対する請求権」を「公正価値」にもとづいて評価するという概念フレームワークの論理は、経験的検証可能性を剥落させた論理であるために、プリンシプル・ベースの基準設定につながらない。それはルール・ベースにならなければ実行できない性質を有している」[72]とする向きもあり、これは概念フレームワークの中身を問題視しているのであって、原則主義批判ではないが、「FASBがスターリング（Robert R. Sterling）の理論を吸収するにあたって、意図的に剥落させた要素がある。スターリングは「検証性」を「経験的検証可能性（信頼性）」の意味で用いて展開し、またこれを最優先の概念として設定していたのであるが、FASBは、「経験的検証可能性」の含意を取り除き、「表示上の忠実性」という、会計表現が表現しようとしたものを忠実に表現しているかどうかの問題にすり替えた」[73]との指摘には些か興味を惹かれ、また、国際会計基準については「概念フレームワークを基礎にしたコンセプト・ベースの会計基準を実行する上で、特別の困難な問題がある。というのは、公正価値基準は詳細なルール・ベースのガイダンスとエンフォースメントの制度なくして実行できない性格をもっており、そのことが、それぞれの国の資本市場の状況や政治システムの制約を受

---

70 原則主義における判断について、友岡『会計学原理』第Ⅴ章第4節～第6節、をみよ。
71 村瀬儀祐『会計理論の制度分析』2011年、100頁。
72 同上、101頁。
73 同上、89頁。

け、意図された通りの効果が発揮できなくなる」として「世界統一の会計理論になった概念フレームワークの論理と統一の会計基準は、そこに特別の困難性が付随している」としていることにも捉え方としては興味を覚える。

会計の機能と制度と理論

　会計の機能としては利害調整機能、意思決定支援機能ないし情報提供機能、および説明責任履行機能などを挙げることができ、筆者自身は利害調整機能と意思決定支援機能をもって会計の機能を捉えているが、けだし、最も一般的には利害調整機能と情報提供機能の二つをもって会計の機能はこれが論じられており、後者は、前述のようにASOBATによってもたらされた意思決定有用性アプローチを「理論的支柱」とし、すなわち「情報利用者の意思決定に有用な情報を提供することを会計の基本目的とし、その基本目的を会計のメカニズムを通じて達成しようとする」機能とされ、「大きな方向としては、利害調整機能よりも情報提供機能を重視した形での会計システムの改編が現在、わが国を含む世界各国・各地域で進められてい」るとされる。

　ところで、利害調整「機能において利用される会計情報は信頼性の高いものでなくてはな」らず、「とりわけ、信頼性の構成要素の１つである検証可

74　同上、101～102頁。
75　同上、103頁。
76　友岡『会計学原理』76頁。
77　同上、50、79～80頁。
78　広瀬義州『財務会計（第9版）』2009年、12～17頁。
　　伊藤邦雄『新・現代会計入門』2014年、54～57頁。
　　桜井久勝『財務会計講義（第13版）』2012年、5～11頁。
　　なお、桜井『財務会計講義（第13版）』は「財務会計の機能」の節において会計責任（説明責任）にも言及しているが、「会計責任履行機能」といった呼称は用いることなく、これを利害調整機能の範疇内に捉えている。
79　藤井『入門財務会計』19頁。
80　同上、19頁。
81　同上、21頁。
82　同上、18頁。

能性（≒客観性）が重要な特性にな」[83]る一方、「情報提供機能の観点からいえば、会計には、目的適合性の高い情報の提供が求められ」[84]るとされ、敷衍すれば、利害調整機能を重視する場合における会計の基本理念（会計はかくあるべし、という根本の考え）は公正性（会計は公正であるべし）であって、これを検証可能性（≒客観性）が支え、他方、情報提供機能を重視する場合における会計の基本理念は有用性（会計は有用であるべし）であって、これを目的適合性が支える、という筋合いにあるが、情報提供機能重視の会計も会計制度として存立するためにはやはり公正性が肝要である。

　ここに制度とは「社会的定着性をもった約束」[85]をいい、より簡潔には「社会的な約束事」といえようが、そうした約束事はこれが公正性を欠いていては皆の納得を得ることはできず、やがては維持することが難しくなる。

　冒頭で有価証券の時価評価について述べたように、必要性の論理をもって、できるところからやる、できることだけでもやる、という行き方は無論、たとえ「木に竹を接ぐがごとし」であっても、実践ないし制度においては有意義だろうが、しかし、「木に竹を接ぐがごとし」約束事はときに公正性を欠き、すなわち、一貫性の欠如はときに公正性の欠如へと繋がる。

　「公正性は利害調整を支え、制度を支え……」と前述したが、別言すれば、「公正性を欠けば利害調整が危うく、制度が危うく……」制度は利害調整である。

　一貫性は公正性を担保し、一貫性は理論がこれをもたらす。

83　同上、18頁。

84　同上、19〜20頁。

85　「制度は約束である。ただし、約束が制度たりうるためには社会的定着性をもたなければならない。……社会的定着性をもつためのそもそもの要件は意義の社会的認知である。すなわち、社会がその意義をみとめなければならない、ということである。……約束はその意義の社会的認知をうけてはじめて制度となることができる。「制度」とは、社会的定着性をもった約束、である」（友岡『近代会計制度の成立』1頁）。

第8章
会計学の基礎の不易性

基礎の不易性

　1996年に刊行されたテキスト『歴史にふれる会計学』は（お陰様で）疾うに10刷を超えているが、19世紀末までを扱った「会計史」、つまり歴史のテキストということから、いまだ改訂は加えたことがない。むろん、この20年間の会計史研究の成果を盛り込むための改訂は行うべき、ともされようが、少なくとも、『会計学』や『財務会計論』や『財務諸表論』などといった普通のテキストのように、刊行後の法や会計基準の改正等によってすぐに陳腐化し、頻繁にアップデートしなければならない、ということはない。

　『歴史にふれる会計学』の刊行後、『会計学の基礎』と『会計学』を上梓したが、どちらもすぐに改訂の必要に迫られてしまい、「それに引き替え『歴史にふれる会計学』は放っておいていいから楽だなぁ」と独りごち、普通のテキストを出したことを少しばかり後悔（？）した。

　ところが、2012年に刊行された『会計学原理』は、いまだ数年しか経っていないとはいえ、一向に改訂の必要が生じない。けだし、原理だからであり、また、この書はその大半が基礎概念ないし基礎概念論を扱っているからである。

　もっとも、『会計学原理』も、3刷の際に出版社から改訂の意向の打診があり、出版社的には、改訂の方が販売部数を伸ばせるため、単なる増刷ではなく、改訂して欲しいようだったが、「内容からして改訂というのは難しいかと思いますが、いかがでしょうか？」と最初から随分と弱気（？）だった。

原理ないし基礎理論、あるいは基礎概念（論）は不易なのだろうか。

『基礎』

会計学書の出版においては大手の某書肆の会計学叢書、すなわち、1959年に刊行が開始された『体系近代会計学』（全9巻）、1968年に刊行が開始された『近代会計学大系』（全10巻）、1979年に刊行が開始された『体系近代会計学』（全14巻）、および2010年に刊行が開始された『体系現代会計学』（全12巻）はそれぞれ第1巻が『会計学の基礎概念』、『会計学の基礎概念』、『会計学基礎理論』、および『企業会計の基礎概念』とされ、すなわち、いずれも『基礎』とされ、以下のような構成をもって編まれている。

　　黒澤清（主編）『会計学の基礎概念』1959年：①

　　　総説
　　　　第1章　会計職能の発達と会計学の発展
　　　基礎概念
　　　　第2章　企業実体概念の成立と会計理論
　　　　第3章　ゴーイング・コンサーン
　　　　第4章　貨幣的測定
　　　会計原則論
　　　　第5章　企業会計原則の役割とその理論的構造
　　　　第6章　実現の原則
　　　　第7章　発生の原則
　　　　第8章　資本・利益区分の原則

　　黒澤清（責任編集）『会計学の基礎概念』1968年：②

　　　総説

第1章　会計学の方法論的基礎
　会計学の基礎理論
　　第2章　会計学の本質
　　第3章　会計原則の理論的構造
　　第4章　企業体の概念と会計理論
　　第5章　費用配分の原則
　　第6章　実現概念の新しい展開
　　第7章　発生主義会計の再吟味
　　第8章　経営情報システムとしての企業会計制度
　　第9章　経済会計の展開

山桝忠恕（責任編集）『会計学基礎理論』1980年：③

　総説
　　第1章　会計学の学問的基礎
　会計学の基礎
　　第2章　会計職能の発展と会計学
　　第3章　会計学の中心概念
　　第4章　会計公準の意義と体系
　　第5章　会計原則の役割と構造
　展望と課題
　　第6章　会計理論における伝統と変容
　　第7章　会計統合化の動向
　　第8章　経営情報システムとしての企業会計制度
　　第9章　現代会計とその学際的研究

斎藤静樹、徳賀芳弘（責任編集）『企業会計の基礎概念』2011年：④

序章　企業会計の基礎概念
第1章　資本と利益
第2章　資産と経済的資源
第3章　負債と経済的義務
第4章　エンティティーと持分
第5章　純利益と包括利益
第6章　発生・実現・対応
第7章　配分と評価
第8章　測定属性
第9章　公正価値
第10章　資本維持
第11章　会計基準
第12章　会計研究の基礎概念

　会計学にあって基礎概念論といえば、けだし、まずは会計公準論と会計主体論を挙げることができるため、以下、これらの扱われ方をサーベイしてみたい。

公準論の萌芽
　まず①の書においては第2章以降の三つの章がそれぞれ、会計公準論にあって代表的な三つの公準における基礎概念、すなわち、企業実体、継続企業、および貨幣的測定に充てられているが、第2章の「企業実体概念の成立と会計理論」は「公準」の語を用いることなく、また、企業実体の公準に該当する会計単位の問題に加えて、会計主体の問題にも言及し、次のように述べている。

　　「まず、企業実体成立の端緒は、資本主個人の消費経済と生産活動とが同じ場所でおこなわれ、計算もいわゆる店と奥との区別なくなされ

ていたのが、両者それぞれの場所がわかれるとか、あるいは、ひとつの事業に二人以上の出資者があるとかの事情から、資本主の家計とはべつに、生産経済単位としての企業を認識し、生産経済のみの計算をおこなうにいたったところにみとめられるのである。すなわち、企業実体概念は、当初は、計算のおこなわれる場所的な範囲——会計単位として、消費経済から分離するにいたったものを意味したのであるが、その後……企業の資本主からの分離の実情はいよいよ一般化し、社会的な通念としての企業実体概念の成立をみたのである」[1]。

「しかして、このような生産経済のみにかかわる財政単位としての企業を、会計計算のおこなわれる範囲すなわち会計単位とするのが今日の会計制度であることはいうまでもないが、計算範囲の確立とはべつに、その後の企業経済の推移、発展は、会計をおこなう主体としても、資本主から分離した独立の存在としての企業実体の立場を考える問題をしめすにいたっており、いわば、会計主体としての企業実体概念の成立如何が問題となっている」[2]。

如上の理解の下、会計主体論については、次のようにわが国の先進性が指摘されるに至っている。

「もともと、会計主体という優れた術語をもっているのはわが国だけであって、欧米にはそれにあたる概念がなく、ギルマン等が accounting entity といっているのは、会計の前提、コンヴェンションとしての会計単位のことにほかならないし、また、多くの論者が business entity といっているのも、元来 entity はそれ自体主体という意味ではないので、会計単位としての企業実体の意味のことがすくなく

---

1 不破貞春「企業実体概念の成立と会計理論」黒澤清（主編）『体系近代会計学［第1巻］ 会計学の基礎概念』1959年、104〜105頁。
2 同上、105頁。

なく、ときに会計主体としての企業体の意味があるというにとどまっている。……わが国においても、企業実体概念が business entity の訳語として導入された当初においては、内容的には accounting entity、会計単位としてのそれの意味にとどまったのであるが、ときに、accounting entity を会計主体という用語におきかえ、しかも、主体概念そのものの吟味も不十分であったまま、会計単位と会計主体との両概念が混淆されるうらみがあった。しかし、近年、主体概念がようやく明確化するとともに、この問題にかんしてすでに数多くの論議がおこなわれ、それは会計理論のひとつの中心的な課題になっているかの観がある」。

また、継続企業は第3章の「ゴーイング・コンサーン」がこれを扱い、そこでは「G. O. メイ氏の「財務会計（*Financial Accounting*）」では、この問題は、「継続性の公準（the postulate of continuity）」という名のもとにとりあげられ」とされて「公準」の概念も出てくるものの、この概念の登場はこの箇所の一回限りであり、「今日の会計処理および財務諸表の作成はすみずみまで、このゴーイング・コンサーンの基礎概念にもとづく原則によって規制され、即時清算的な処理および表示の原則と対比せしめられているのである」と説かれている。

さらにまた、貨幣的測定は第4章の「貨幣的測定」がこれを扱い、そこでは第2節が「貨幣的測定の公準」と題され、次のように述べられている。

「いま、会計を成立せしめている基礎概念を「公準」と名づけるならば、ここにいう会計数値がすべて貨幣的にのみ測定されているという

---

3 同上、105〜106頁。
4 中島省吾「ゴーイング・コンサーン」黒澤清（主編）『体系近代会計学［第1巻］ 会計学の基礎概念』1959年、152頁（（ ）書きは原文）。
5 同上、171頁。

会計の基礎的前提条件は、「貨幣的測定の公準」、ないしは、「貨幣公準」ともいわれるべきものであろう」。

以上のことは「公準」概念がいまだ必ずしも一般化をみてはいなかったことを示唆しており、「会計公準は、種々の見解にもとづいて、たとえば会計慣習・基礎概念・基礎仮定などとよばれている。またその内容についても、かならずしも一致した見解がなく、種々の項目が列挙されている状態である」としてそれを認めるこの第4章第2節は「ギルマンによれば、会計公準は「慣習」とよばれている」ことを紹介し、ギルマンが挙げる「企業実体 (entity convention) …… 貨幣評価 (valuation convention) …… 会計期間 (accounting period convention) ……の三つの会計慣習」を紹介している。

なお、この章は「会計における基本概念としての「貨幣公準」から派生する……副次的公準」を「第3節　原価主義の公準」、「第4節　実現主義の公準」、および「第5節　貨幣単位安定の公準」において説いている点も注目される。

公準論の成立

次に②の書にあっては第3章の「会計原則の理論的構造」に「第2節　会計原則の前提——会計公準について」が設けられ、そこでは、イリノイ大学のスタディー・グループの研究成果（1964年公表）等のサーベイにもとづき、会計公準論が要約的に展開されている。そこでは「会計原則の基礎にこれを

6　高松和男「貨幣的測定」黒澤清（主編）『体系近代会計学［第1巻］　会計学の基礎概念』1959年、199〜200頁。
7　同上、200頁。
8　同上、200頁。
9　同上、201頁（（　）書きは原文）。
10　同上、214頁。
11　高橋吉之助「会計原則の理論的構造」黒澤清（責任編集）『近代会計学大系［第1巻］　会計学の基礎概念』1968年、133〜139頁。

支える重要な前提があることを指摘し、それに「会計公準」と名付けて、その理論をわが国で最初に発表された人は早稲田大学の佐藤孝一教授である。教授にしたがって会計公準の性格の大要を述べてみる」とされ、①の書の刊行時にはなかったこの佐藤の1968年の先行研究が用いられている。

ただし、ちなみに、佐藤が「会計公準」の語を初めて用いたのはこの1968年の論攷においてではなく、佐藤いわく、「「公準」という用語を会計学の領域に導入したのは、一層正確にいえば、会計学の論理的構造の基盤となるもの又は会計原則形成の基礎となるものに着眼して、これに「会計公準」の文字を始めて用いたのは確かに私であって、その事実は、本誌(『産業経理』)の第25巻第5号(「第12巻第5号」の誤り)に掲載した「企業会計の三大公準」という論稿によっても明らかである」。すなわち、1952年の論攷において佐藤いわく、「即ち私見によれば、企業会計の根本問題たるべき会計原則が、更に極めて重大な大前提に立脚し、或は重大な支柱に支えられているという事実である。換言すれば、会計原則の原則ともいうべきものの存在であって、我々はジエー・オー・メーの用語法に従って、一応これを『会計公準』と名付けておく」。

閑話休題。ただし、この第3章の「会計原則の理論的構造」は個々の公準についてはあまり云々することなく、継続企業の公準のみが第4章の「企業体の概念と会計理論」において扱われている。

前出の①の書の「第2章　企業実体概念の成立と会計理論」と執筆者を同じくするこの②の書の「第4章　企業体の概念と会計理論」は「第1節　序説」の冒頭において次のように述べている。

12　同上、133頁。
13　佐藤孝一「会計公準の着想と会計公準の性格」『産業経理』第28巻第3号、1968年。
14　同上、38頁。
15　佐藤孝一「企業会計の三大公準」『産業経理』第12巻第5号、1952年、12頁。

「企業体という概念には、たんに企業というのとは、すこしちがった含蓄がある。それは、企業をその成員とくに資本主から離れた別個の存在と解する場合の呼称であるし、あまり小規模の企業に妥当しない用語であることはいうまでもない。なお、企業体のことを企業実体ということもあるが、実体というのは、一般には馴染のない用語であるから、避けた方がよいようにおもわれる」[16]。

「もっとも、アメリカでいう accounting entity の訳語としては、その意味は会計単位としての団体ということなのであるが、会計実体というほかはないであろう。しかるに、わが国では、かつて、これを会計主体と訳されたことがあり、そのために、他方、主体概念そのものの掘りさげも不十分であったまま、会計のおこなわれる場所的範囲としての会計単位と、会計上判断をおこなっていく主体としての会計主体との両概念が混淆されたことがある。なお、会計主体という優れた日本語にあてはまる外国語はないので、かつて、筆者が英訳をする必要に迫られたときに、accounting standpoint としたことがあるが、accounting viewpoint といってもよいであろう」[17]。

その上でもって継続企業は「継続企業原理と損益計算」と題する第1節第2項がこれを扱い、そこでは次のように論じられている。

「会計理論は、企業が普通の状態にあり、継続企業原理にたつものとして展開される。この場合、継続企業とかゴーイング・コンサーンという用語は、企業の清算ということを全然考慮に入れないで、それが永続するものと考えるという前提にたつことを意味するだけではない。そのほかに、もっと会計の本質にふれていく意味合いがあるのである」[18]。

---

16 不破貞春「企業体の概念と会計理論」黒澤清（責任編集）『近代会計学大系〔第1巻〕 会計学の基礎概念』1968年、155頁。

17 同上、155頁。

「アメリカの学界やそれに追随している感のあるわが国の学界では、ゴーイング・コンサーン原理とか公準とかとしてもっともらしく説かれたものがあったし、いまは影が薄くなっているとはいえ、なおその跡を断っていないものがあるが、それらは、思考があまりにも狭く浅く、筆者にはむしろまちがった論述であるとしかおもえない。すなわち、企業が清算をおこなう場合ならば、資産の換金価額としての時価が考えられるが、ゴーイング・コンサーンとしては、資産を売却するのでないかぎり、その評価は原価を基調としなければならないということが説かれている。おもうに、このような、いわゆるゴーイング・コンサーン原理ないし公準は、ときに企業体としての損益計算を重視するかを装っているだけで、内実は、個々の資産の評価という視点でものを考えており、いまだに静態的思考に沈潜したままでいるものであることをみのがしてはならない」[19]。

「いわゆるゴーイング・コンサーン原理ないし公準は、はじめから個々的な資産評価、会計処理の視点でものを考え、微視的にのみものをみて、原価評価、原価配分を説いたりするようになっているところにおいて、錯誤をおかしているのである。正しい意味の継続企業ないしゴーイング・コンサーンの立場としては、個々的な資産評価などの視点ではなく、企業全体としての生産活動に重点をおき、損益計算を中心とする動態的思考に徹しなければならないはずである」[20]。

もっとも、執筆者の不破貞春は名うての時価評価論者であることから、さもありなん、とされようか。

ところで「継続企業の公準のみが第4章……において扱われている」と前述したが、「公準」等の語は用いられていないものの、実は「会計単位とし

---

18 同上、157頁。
19 同上、158頁。
20 同上、158〜159頁。

ての企業体」と題する第2節が企業実体の公準に相当するものを扱っており、また、続く「第3節　会計主体としての企業体」においては会計主体の問題が扱われている。

「会計主体問題はとくにわが国の学界において盛んに論議されたが、それにもかかわらず、いまだになんらの実をも結ぶにいたっていないという評言をのべる人がすくなくない。それについては、筆者はつぎのように考えている。このような評言には当たっているところもあるが、同時に、このような評言をのべる人達にかぎって、会計の根本的な立脚点、会計上の判断の主体として会計構造にまで影響するはずの重要な課題について、自からはなんらの見解をもしめさずに、いたずらに傍観者的な冷淡な批判をのべるにとどまっているのであることを知らなければならない。しかして、このような傍観者的な人々のうちにも二種類あるようにおもわれる。ひとつは、主体問題の意味と重要

21　会計主体論に関しては「判断の主体」といった表現がしばしば用いられるが、これには些か違和感がないでもない。例えば「会計上の判断主体の確定問題を取り扱う会計理論を、会計主体論といいます」（藤井秀樹『入門財務会計』2015年、61頁）といったようにいわれるが、会計の主体は常に経営者であって、会計上の判断主体も常に経営者である。
　「会計主体論は、会計という行為においてなされる判断の最終的なよりどころ、について云々することとして捉えられる。……この「会計主体」はこれを逐語的に解すれば、会計をおこなう者、とされようが、ここで云々されるのは、会計はだれによっておこなわれるのか、ということではなくして、会計はどのような（だれの）観点からおこなわれるのか、ということである」（友岡賛『会計学原理』2012年、109頁（（　）書きは原文））。
　「だれのために」といった方が分かりやすいが、「ため」は主体という感じがしない。
　もっとも、「主体」にはいくつかの意味があり、辞書の類いによれば、むろん、「行為等の主」といった意味をもって用いられるが、さらには「物事の中心部分をなすもの」といった意味をもっても用いられ、後者であれば、抽象度が高く、会計上の判断の中心部分をなすもの、ということになるため、よいのかもしれない。

性をまったくといってよいほどに理解していないのであり、他のひとつは、主体問題を掘りさげ、検討していくと、経済の実態に即する論理の帰結として、実体維持計算を内容とする企業体理論に到達することになり、自からがかねてから説いてきている歴史的原価論のごときを廃棄しなければならない羽目になることを知って、逡巡しているとしか考えられないのである」[22]。

そして、この章は次のように締め括られている。

「それにしても、企業体の概念は、たんなる会計単位としてのそれに胚胎して会計主体としての企業体にまで発展し、いまは、流動する社会経済、それに伴なう企業経済の現実を敏感に反映する複雑な内容の動態会計とむすびついて、会計理論の核心とならなければならないのである」[23]。

公準論の一般化

さらに③の書においてはまず「第3章 会計学の中心概念」がジョージO. メイ（George O. May）の会計公準論について述べているが[24]、その目的は会計理論の構築を論ずることにあって、会計公準自体を論ずることや個々の公準について云々することは意図されておらず、会計公準は続く第4章が「会計公準の意義と体系」と題してこれを真正面から取り上げ、次のように説き起こしている。

「近代会計学における基礎的、原理的な研究分野のなかにあって、近

---

22 不破「企業体の概念と会計理論」174〜175頁。
23 同上、185頁。
24 青柳文司「会計学の中心概念」山桝忠恕（責任編集）『体系近代会計学［第1巻］ 会計学基礎理論』1980年、137〜140頁。

年、ひときわ重視されているものの一つに、いわゆる会計公準論がある。少なくとも、わが国およびアメリカの会計学界において、この20年ばかり、より端的にいえば、1960年代に入ってこのかた、会計公準なる概念をめぐって、その意味内容、機能、具体的な構造等々を明らかにしようとする本格的かつ多彩な議論が、数多くの研究者によって精力的に展開されるにいたっていることは、まさに、刮目に値するものといわなければならない」[25]。

その上でもってこの第4章は「会計公準論の生成」、「会計公準の意義と性格」、および「会計公準の体系」という三つの節を設け、「会計公準に関する議論の始祖」[26]とされるウィリアム A. ペートン（William A. Paton）の公準論、ペートン「についで、しかも、より本格的に会計公準論の展開を図った」[27]とされるスティーブン・ギルマン（Stephen Gilman）のコンベンション論、R. K. マウツ（R. K. Mautz）およびフセイン A. シャラフ（Hussein A. Sharaf）の監査論における公準論、「最近のアメリカにおける一つの透徹した会計公準論」[28]とされるイリノイ大学のスタディー・グループの研究成果、ならびにモーリス・ムーニッツ（Maurice Moonitz）の *The Basic Postulates of Accounting* における所説等を俎上に載せている。

さらにまた、この③の書は「展望と課題」と題する最後の部を構成する「第6章　会計理論における伝統と変容」がその最初の節を「会計公準論の台頭」と題し、まずは帰納法の問題点を指摘した上でもって「そこで最近では、会計をして会計たらしめている究極の要請や機能を想定し、それらとの関連において「あるはずの会計」とでもいったものの姿を呈示しようとする演繹的方法が注目されつつあるわけであり、帰納的方法から演繹的方法へのそのような移行の具体的な現われこそが、俗に公準論と呼ばれるものの登場、

25　上村久雄「会計公準の意義と体系」山桝忠恕（責任編集）『体系近代会計学［第1巻］　会計学基礎理論』1980年、147頁。

26　同上、149頁。

27 S. C. ユー（S. C. Yu）の1976年の書における「会計公準の歴史的サーベイ」は以下のようにペートンを起点としている（S. C. Yu, *The Structure of Accounting Theory*, 1976, pp. 271-281（S. C. ユー／久野光朗（監訳）『会計理論の構造——認識論と方法論』1982年、184～193頁））。

	提示者	概念
1922年	ウィリアム A. ペートン	公準
1938年	トーマス・ヘンリー・サンダース（Thomas Henry Sanders）、ヘンリー・ランド・ハットフィールド（Henry Rand Hatfield）、およびアンダーヒル・ムーア（Underhill Moore）	コンベンション
1939年	スティーブン・ギルマン	基礎的コンベンション
1940年	ペートンおよび A. C. リトルトン（A. C. Littleton）	基礎的な概念ないし仮定
1941年	DR スコット（DR Scott）	原則
1943年	ジョージ O. メイ	公準
1952年	企業所得に関するスタディー・グループ	公準
1953年	カーマン G. ブロウ（Carman G. Blough）	仮定
1955年	レーモンド J. チェンバース（Raymond J. Chambers）	前提
1957年	アメリカ会計学会の会社の財務諸表の基礎概念および基準に関する委員会	基礎概念
1960年	アーサー、アンダーセン＆カンパニー（Arthur Andersen & Company）	公準
1961年	モーリス・ムーニッツ	基礎的公準
1962年	ノートン M. ベッドフォード（Norton M. Bedford）	公準
1963年	トーマス R. プリンス（Thomas R. Prince）	公準
1964年	イリノイ大学のスタディー・グループ	環境条件および公準
1964年	リチャード・マテシッチ（Richard Mattessich）	仮定
1965年	ポール・グラディー（Paul Grady）	基礎概念
1965年	ポール・キルシャー（Paul Kircher）	体系的概念
1965年	井尻雄士	公理
1965年	ジェームズ W. パッティロ（James W. Pattillo）	会計基準
1965年	ルイス・ゴールドバーグ（Louis Goldberg）	基礎的前提
1966年	チェンバース	公準
1966年	アメリカ会計学会の基礎的会計理論に関するステートメント作成委員会	基礎的基準

ポスチュレイト的アプローチの台頭の気運にほかならない、と解釈することができよう」[30]と述べ、「会計理論への接近方法として帰納的方法よりも演繹的方法を採ろうとしている最もポピュラーな文献」[31]としてアメリカ会計学会 (American Accounting Association) の 1966 年公表の *A Statement of Basic Accounting Theory* を挙げ、また、これに次ぐものとして叙上のムーニッツの 1961 年刊の *The Basic Postulates of Accounting* 等を挙げている[32,33]。

所与の公準論

最後に④の書は、ただし、第 1 章の冒頭において次のように断っている。

「本書は、「体系・現代会計学」として企画されたこのシリーズの第 1 巻である。冒頭に置かれる関係上、その表題は会計学の「基礎理論」とか「基本原理」といったものになりやすいが、ここではあえてそのようなタイトルを避けている。会計と会計学が必ずしも十分に区別されないまま、俗にいうパラダイム変革の試行錯誤が半世紀近くに及び、

28　上村「会計公準の意義と体系」154 頁。
29　同上、172 頁。
30　山桝忠恕「会計理論における伝統と変容」山桝忠恕（責任編集）『体系近代会計学［第 1 巻］　会計学基礎理論』1980 年、238 頁。
31　同上、238 頁。
32　同上、238〜239 頁。
33　［帰納法 → 演繹法］については第 7 章を参照。
　　なお、演繹法については演繹の起点となる公準の類いをどのように導出するのかも問題となろうが、まずは帰納をもってすることが考えられよう。一般性をもった実践からの導出である。あるいはベスト・プラクティスからすることも考えられようが、ただし、演繹はこれが規範に繋がる場合にはときに価値観の押し付けともなろうところ、起点が一般的実践からの帰納による場合には押し付けの感が薄められよう。しかしながら、「帰納的方法……をもってしては、会計実践の改善・発展を充分に期待し得ないばかりか、実務の説明理論としてさえも徐々に行き詰まりをきたしはじめているかのようである」（同上、237〜238 頁）とされる。

伝統的な理論が後退してもそれに代わる手法や枠組みの体系化・標準化が道半ばという現状では、この分野の基礎理論というべきものを公平に提示するのは容易ではない。その前に、まず理論のコアとなる基礎概念を整理して含意を掘り下げることが、新たな理論構築に向けた喫緊の課題とみるべきであろう。それが本書の表題の趣旨である」[34]。

　もっとも、「「基礎理論」とか「基本原理」といったものになりやすい」については、③の書こそ『基礎理論』だったが、①の書も②の書も『基礎概念』だった、と突っ込みを入れたくもなろうが、「試行錯誤が半世紀近くに及び」ということは1960年代からのことか、と色々と思うところもあり、1980年に刊行された③の書の編者の序を思い出すに至った。

　「『体系近代会計学』および『近代会計学大系』のばあいには、第1巻はいずれも「会計学の基礎概念」と銘打たれていた。しかしこのたびは、その後の学問的進展にかんがみ、基礎概念自体のいっそうの究明をはかるかたわら、それらを核とし取り上げ方に幅や膨らみや繋がりをもたせようとしたために、むしろ「会計学基礎理論」の名のもとにまとめさせていただくことになった。この巻の基調をなしているものは、「会計固有の論理」および「会計学統一の原理」の探求への限りない意欲にほかならない」[35]。

　「会計固有の論理」や「会計学統一の原理」はどうなったのか。
　閑話休題。この④の書には会計公準や会計主体への言及を多くは認めることができず、特に「公準」の語は序章の「企業会計の基礎概念」の「第7節

34　斎藤静樹「企業会計の基礎概念」斎藤静樹、徳賀芳弘（責任編集）『体系現代会計学［第1巻］　企業会計の基礎概念』2011年、1頁。
35　山桝忠恕（責任編集）『体系近代会計学［第1巻］　会計学基礎理論』1980年、「序文」1頁。

会計研究の方法と基礎概念」に「会計研究は、会計の測定や開示のルールという社会規範を対象とするためか、その性格も規範的になりがちであった。アメリカの古典的な会計基準論の多くにみられたのは、関係者の間で実務慣行として形成された有用な行動ルールをベスト・プラクティスとして帰納的に集成し、目的－手段の関係でその体系を組み立てる手法であった。……しかし、そうしたプラグマティックな規範論は、それが提示する行動規範の有用性を確かめるメカニズムを内蔵していない点で、経験主義に立ちながらもいまだ「学問の家の嬰児」にとどまっていた。……会計基準論が会計基準に依存していたのである。この関係を逆転させる試み……その端緒となった組織的な動きは、所得の基本概念を整備することで利益の測定に規範的な根拠を与えようとしたAIAのプロジェクトと、会計の基礎的な前提（公準）を体系化することで規範を演繹的に導き出そうという、いわゆるノーマティブ・アプローチに挑んだAICPAのプロジェクトであろう」[36]として一度限り、しかも（　）書きとして出てくるにしか過ぎない。

また、会計主体は「エンティティーと持分」と題する第4章の「第3節　資本を測定する意義」に次のように述べられている。

「企業体理論として知られてきた議論では、企業が株主から離れて独自の活動を行う存在であることが強調されたり、あるいは、あらゆる利害関係者にとっての調整の場であることが主張されていた。……とくにある種の企業体理論においては、株主も企業の外部者とみなしたうえで、内部者としては「企業それ自体」だけが考えられている。……それに対して、株主を企業の内部者とみなして、利益を測定することを説明しているのが、資本主理論や代理人理論などと呼ばれる議論である。こうした議論は会計主体論を呼ばれ、「企業会計上、企業をどのようにみるべきか」という基礎的な研究と位置づけられてきた」[37]。

---

[36] 斎藤静樹「企業会計の基礎概念」16頁（（　）書きは原文）。

ただし、この記述については「企業体理論」という概念ないし語の用い方に疑問がある。すなわち、一般に会計主体論においては「企業が株主から離れて独自の活動を行う存在であることが強調され」、「株主も企業の外部者とみなしたうえで、内部者としては「企業それ自体」だけが考えられている」ような説をもって「企業主体理論（entity theory）」と称し、また、「あらゆる利害関係者にとっての調整の場であることが主張され」るような説を「企業体理論（enterprise theory）」と称しているからである。

閑話休題。さらにまた、「第6節 連結基礎概念」にも主体論への言及はみられる。

> 「会計主体論を連結に応用したものと紹介される、連結主体論、もしくは連結基礎概念と言われる議論がある。この議論の中心は少数株主持分を連結上の資本として扱うべきなのか、それとも、資本として扱うべきではないのかという点にある。前者の考え方は実体概念ないし経済的単一体概念と呼ばれ、後者は所有主概念ないし親会社概念などと呼ばれている。そして、経済的単一体概念は会計主体論における企業体理論から派生し、親会社概念は会計主体論における所有主概念から派生したと説明されることもある。……しかし、連結基礎概念にあっても、経済的単一体概念によって資本として扱うべきと主張されているのは少数株主持分までであり、連結負債もグループにとっては資本であると主張されることはない。つまり、連結負債を資本とは見なさない点で、親会社概念と共通しているのである。したがって、連結基礎概念と会計主体論との間につながりはないと理解する方が無難である。強いて言えば、連結基礎概念は会計主体論における所有主理論だけを前提にしていることになろう」[38]。

---

37 川本淳「エンティティーと持分」斎藤静樹、徳賀芳弘（責任編集）『体系現代会計学［第1巻］ 企業会計の基礎概念』2011年、176頁。

以上のように、④の書にあっては公準はおよそ論じられることなく、また、会計主体も、それ自体が論じられているわけではなく、主体論が軽く（しかも不正確に）お温習いされているにしか過ぎない。

　テキストの類いにおいては、相変わらず、一般に取り上げられ、解説されている会計公準ないし会計公準論は、しかしながら、本章に取り上げられた書、すなわち、学術研究叢書の一巻として編まれた書にあっては、50年超の時を経て、最早、論ずることを要しない所与のものとなったのだろうか。他方、近年、これには言及しないテキストも散見される会計主体の問題は、いずれの説を採るかの選択は、むろん、歴史性を有するため、不易ではなかろうが、会計主体論それ自体は既に所与であって、また、不易であるのかもしれない。

　ただしまた、不易性は、これもむろん、レーゾン・デートルの維持を意味するものではなく、叙上の「これには言及しないテキストも散見される」という近況は主体論のレーゾン・デートルが失われたことを意味するものかもしれないが、他方、例えば主体論における「ペイトンの企業実体にかかわる研究の成果は、IASB/FASBが共同で進める財務報告の概念フレームワークに関する2006年討議資料概念フレームワークおよび2008年公開草案概念フレームワークで取れ入れられた」[39]とされ、翻って公準論については「企業実体の公準、貨幣的評価の公準、会計期間の公準は極めて当然のことで、会計基準を導出する橋渡しにはなり難く、公準論に代わり概念フレームワークが演繹的アプローチの新たな拠り所となった」[40]ともされる。

38　同上、183〜184頁。
39　林健治「ペイトンと企業実体論」上野清貴（編著）『会計学説の系譜と理論構築』2015年、61頁。
40　同上、64頁。

第9章
情報会計と国際会計の盛衰

第1節　情報会計論の行方

武田隆二

　一頃、盛んに用いられ、しかし、近年にあっては滅多に用いられることがない会計（学）の一分野の呼称に「情報会計（論）」がある。近年の広く用いられているテキストのなかにあってこの「情報会計（論）」という用語をみることができるのは武田隆二の著書くらいかもしれず[1]、その一冊は次のように述べている。

> 「会計は、制度会計と情報会計とに区分される。制度会計とは法律制度の枠組みの中で営まれる会計一般を意味し……これに対し、情報会計とは利用者の情報要求に従い意思決定に有用な情報を提供することを課題とした会計であって、一般に利用者指向的会計として特徴づけられている。……制度会計は一方的コミュニケーションとして、また、情報会計は相互的コミュニケーションとしての特質を備えているといえる。……「情報会計」では成層化された情報利用者の情報ニーズを

---

[1] ただし、「広く用いられているテキスト」ではないが、友岡賛（編）『会計学の基礎』1998年、第1章第2節、や、友岡賛『会計学原理』2012年、第1章第11節、は情報会計についてかなり詳しく述べている。

充足するために取得原価以外のデータをも処理の対象とするという意味で、データベースが広くなっている」[2]。

「したがって、「報告目的」についてみても、制度会計は単一目的の実現を目指すのに対し、情報会計では多元目的の充足に方向づけられている。また、「報告手段」としては、制度会計の場合、計算書類あるいは財務諸表といった法令により規定化された文書によらなければならないのに対し、情報会計の場合、任意の形式の報告書（意思決定にとって有用な情報であれば、貨幣情報以外に物量情報も受容されるため、貸借バランスする必要はない。）により行われる」[3]。

「制度会計と情報会計とにとって決定的な差異は、情報会計の場合、フィードバック機能を全体的情報ネットワークのなか〔ママ〕に保有している点にある」[4]。

　上の引用はこれが会計学のテキストからのものであるのに対し、次の引用は財務会計論のテキストからのものであるためか、かなり簡潔な言及に止まっている[5]。

「制度会計におけるフィードバックは、データ処理後の段階に接続しているにすぎないが、情報会計のフィードバックはそれをも含めて、さらに情報源に接続し、データ・ベースを拡大する点において異なっている。それゆえ、情報会計では内容も形式も多元的なものとなる。つまり、目的の異なるところ（すなわち、情報ニーズが異なるところ）異なる情報が作成され、提供されなければならないということになる」[6]。

2　武田隆二『会計学一般教程（第7版）』2008年、8～9頁。
3　同上、9頁（（　）書きは原文）。
4　同上、9～10頁。
5　会計（学）は情報会計（論）のすべてを包摂するが、財務会計（論）は情報会計（論）の一部を含むに止まる（友岡『会計学原理』42頁）ため。
6　武田隆二『最新財務諸表論（第11版）』2008年、131頁（（　）書きは原文）。

「「情報会計（論）」という用語をみることができるのは武田隆二の著書くらいかも」と前述したが、換言すれば、武田の書には近年にあってもこの用語をみることができてしかるべきである。1970年前後にわが国の会計学界においてブーム（？）となった情報会計論はこの武田を先駆の一人としていたからである。

ASOBAT

　アメリカ会計学会（American Accounting Association）（AAA）の『基礎的会計理論に関するステートメント』（*A Statement of Basic Accounting Theory*）、通称 *ASOBAT* が公表されたのは1966年のことだったが、わが国にあっては同年12月刊の『企業会計』に「AAA「基本的会計理論に関する報告書」瞥見」と題する概要紹介が掲載され、同誌の次号には「明日の会計学のために——AAA「会計学の基礎理論の表明」によせて」と題する特集が組まれ、また、学会にあっても早くも1967年2月開催の日本会計研究学会関東部会において「AAA1966年報告をめぐって」と題するシンポジウムが行われ、そこにおける報告は同年4月刊の『會計』に下記のような論攷として掲載されている。

- 7　松本雅男「AAA「基本的会計理論に関する報告書」瞥見」『企業会計』第18巻第12号、1966年。
- 8　この『企業会計』（第19巻第1号、1967年）の特集の構成は以下のとおり。
　　　黒澤清「明日の会計学のために」
　　　江村稔「会計情報と企業会計」
　　　青柳文司「会計の諸基準」
　　　中島省吾「外部報告のための会計情報」
　　　青木茂男「内部経営管理者のための会計情報」
　　　津曲直躬「会計理論拡張の青写真」
- 9　岩村一夫「日本会計研究学会第14回関東部会記」『會計』第91巻第4号、1967年、147〜153頁。
- 10　第91巻第4号。

青木茂男「経営者のための会計情報」
　　　青柳文司「会計理論の拡張と将来」
　　　新井清光「AAA1966年報告書における会計基準」
　　　津曲直躬「会計情報と外部報告」

　AAAの基礎的会計理論に関するステートメント作成委員会いわく、「本委員会は、会計を、情報の利用者が事情に精通して判断や意思決定を行なうことができるように、経済的情報を識別し、測定し、伝達するプロセスである、と定義する」[12]。

　上述のシンポジウムにおける報告にもとづく論攷にあって青木茂男はこうした「会計」の定義「や本報告の全般から汲みとれることは、会計を情報システムとしてとらえていることである」[13] とまとめつつも、しかし、さらに次のように続けており、けだし、卓見である。

　　　「しかしなお残された問題は、会計としてとらえる以上、一般情報システムと会計情報システムの関連および差異が明確にされねばならないということである。この点は私は必ずしもはっきりとこの報告書から読みとることができない。茲に会計学の立場からの課題が与えられているように思うのである」[14]。

　ただし、これより先に公刊された先述の『企業会計』の特集において黒澤清は既に「AAA報告書では、情報システムの概念は、企業および企業以外のあらゆる組織体にとって、共通のシステムとして考えられている。それは

11　なおまた、この『會計』には、この関東部会の準備委員長の依頼により、在米中の飯野利夫（のちにASOBATの翻訳書を上梓することとなる飯野）が執筆した、現地におけるASOBATへの反響に関するレポート「AAA報告の反響とのSECの動向」も掲載されている。

12　アメリカ会計学会／飯野利夫（訳）『基礎的会計理論』1969年、2頁。

13　青木茂男「経営者のための会計情報」『會計』第91巻第4号、1967年、13頁。

組織に関する情報システムの一般概念としては、いちおう当然であるが、そのことによって、情報システムとしての企業会計に関する吟味を加える必要性を無視してよいことにならないであろう」と指摘し、「私どもにとって、今後の課題は、一般情報システムと、会計的情報システムとの関連ならびに差異を明らかにし、会計的情報システムについて、いっそう精密に分析を加えこれを洗練してゆくことではあるまいか」と結んでいる。

　また、黒澤は「AAA 報告書は、新しい会計理論のビジョンを素描した点で、伝統的な会計学の流れに、清新な息吹を吹きいれた。しかしいろいろな点で不備を残していることは争われないところである」と述べており、なおまた、同じ『企業会計』の特集において江村稔は「この報告書が考えている会計情報、もしくは、会計は、こんにちの「会計」なかんずく「企業会計」が、いわば宿命的に内蔵している会計的メカニズムを、ほとんど、あるいは、まったく無視しているといわざるをえない。私が、ここでいう企業会計に特有なメカニズムとは、具体的には、複式簿記であるが、もっと根本的にいえば、複式簿記によって具現されている計算的秩序を意味している」として「もちろん、私は、複式簿記の技術に、強い執着をもつものではない。むしろ、この報告書が、将来の会計のすがたを展望するときに述べているように、会計は複式簿記に、非常に大きく制約されてきたことを認めるものである。しかしながら……」と続け、次のように結んでいる。

14　同上、13頁。
15　黒澤清「明日の会計学のために」『企業会計』第19巻第1号、1967年、33頁。
16　同上、35頁。
17　同様の指摘は後年、山桝忠恕によってなされ、また、山桝の指摘は笠井昭次によって敷衍されている（山桝忠恕「「会計」の定義に関する吟味＜序説＞」『三田商学研究』第25巻第3号、1982年、8〜10頁、および、笠井昭次『会計の論理』2000年、14〜17頁、をみよ）。
18　黒澤「明日の会計学のために」35頁。
19　江村稔「会計情報と企業会計」『企業会計』第19巻第1号、1967年、40頁。
20　同上、40頁。

「私は、この報告書が「近代的」な諸学説に支えられた進歩的な内容をもつことを、決して否定するものではない。そこで述べられているところは、個々的に見れば、きわめて示唆に富んでいるのであるが、この報告書に咲きほこっている花が、果して、立派な果実をむすぶようなものかどうかにつき、大きな疑問をもたざるをえない。その花の色が、いかに美しく、また、いかに香り高く魅力的であるとして、結実しない花は、しょせん徒花にすぎないのである。私は、この報告書が、真の会計理論の樹立のための徒花であることを恐れるとともに、それが徒花に終ってはならないであろうとも考えるものである」[21]。

こうした受け止め方はさておき、「情報の利用者が事情に精通して判断や意思決定を行なうことができるように、経済的情報を識別し、測定し、伝達するプロセス」といった「会計」の定義は当時においては実に画期的なものだった。この定義にも看取されるこのステートメントの立場は、意思決定の支援、をもって会計の目的とし、そのための情報提供がすなわち会計、として捉えるものだった。

また、「情報」という概念は現在では当たり前のように会計において用いられているが、そのようになった契機がこの *ASOBAT* の登場だった。

当時は、わが国にあっても、かなりの数の新しもの好きの会計学者がこれに飛び付いたという。自分の既刊の著書を大急ぎで手直しした者もいたというが、ただし、手直しとはいっても、「情報」という格好いい言葉を遣うだけのための手直しであって、つまり、自分の著書から「財務諸表」という用語を拾い出し、それらをすべて「会計情報」という用語に置き換えただけの改訂版を慌てて出した者もいたという[22]。

しかしながら、先述のシンポジウムにおける報告にもとづく論攷において青柳文司は次のように述べており、けだし、これも卓見である。

---

21 同上、42頁。
22 山桝談。

「報告書は情報なる概念を明確に規定していない。……言葉それ自体は気がきいているが、厳密な思考には適さぬ用語のようである。筆者は10年前、この言葉を会計学の基礎概念にしようとして、結局、やめにした思い出がある。情報理論においても、「この理論が関知しない唯一のものは情報である」と皮肉に評されるほど、それは正規の分析概念とはされていない」[23]。

「情報という言葉は、意味があいまいなだけに使いやすく、今後も一般的、啓蒙的な使途で多用されよう。しかし、分析概念としては適さない。伝票や財務諸表を情報と呼んだからといって、理論的には何も新しいものは生まれてこない」[24]。

如上の「情報」の胡散臭さについては次のようにもいわれる。「「情報」という言葉はなかなかのクセモノである。……情報とは、それをとおしてなにかを知ることができるようなもの、だから、いわばなんだって情報にはちがいない。……しかしながら、そうだからといって、なんでもかんでも「情報」という言葉でもって言い表してしまってよいのだろうか」[25]。

閑話休題。この*ASOBAT*の立場は、企業の利害関係者による意思決定にとって有用な情報を提供すること、をもって会計の目的とし、そうした立場から会計を一つの情報システムとして構築しようとするもので、前述のように、これは当時としては極めて新しい考え方だった。

情報には有用性が求められた。

このステートメントは、会計情報を評価する際に拠り所となる基本的な基準、として下掲の四つの基準を示しているが、要するに、これは「ある資料を会計情報のなかにふくめるべきか、それとも会計情報から排除すべきかの基準」[26]であって、また、「これらの諸基準を設定するにあたって包括的な規

---

23 青柳文司「会計理論の拡張と将来」『會計』第91巻第4号、1967年、25～26頁。
24 同上、26頁。
25 友岡賛『株式会社とは何か』1998年、47、78頁。

準となったものは情報の有用性（usefulness）である[27]」とされている。すなわち、そこでの基本的な問題意識は「会計情報はそれが有用（useful）であるためにはどのような特性を備えるべきか[28]」ということであり、下掲の四基準は会計情報が有用な情報であるためにもつべき特性（会計情報に、有用な情報であること、を求める ASOBAT の立場からすると、会計情報がもつべき特性）を示していた。

　　　○目的適合性の基準
　　　○検証可能性の基準
　　　○不偏性の基準
　　　○数量的表現可能性の基準

　ただし、先述のシンポジウムにおける報告にもとづく論攷にあって新井清光は「会計基準のみに限定していえば、これらは相互に対立矛盾する面を含んでいるように思われる。たとえば目的適合性（relevance）と公正不偏性をとりあげてみると、それぞれの利害関係者にとってそれぞれの目的別に適合すべき財務諸表は、個別的・特殊的なものにならざるをえなくなるであろうし、このために利害関係者のいずれにも片寄らない公正不偏な財務諸表は目的適合性の基準に合致しないことになるといえよう[29]」とし、また、これも同じシンポジウムにおける報告にもとづく論攷において津曲直躬は「関連性（relevance）の基準と検証可能性または公正性の基準とは、外部報告会計においてどのように両立せしめられるのであろうか。その点は、実は、報告書にとっての将来の課題であるといわなければならない[30]」としているが、しか

26　アメリカ会計学会／飯野（訳）『基礎的会計理論』13頁。
27　同上、4頁。
28　同上、4頁。
29　新井清光「AAA1966年報告書における会計基準」『會計』第91巻第4号、1967年、43頁。
30　津曲直躬「会計情報と外部報告」『會計』第91巻第4号、1967年、55頁。

し、ASOBATは「情報が目的適合性の基準に適合するためには、情報は促進することが意図されている活動または生ずることが期待される結果と関連をもつか、あるいはそれらと有効に結びついていなければならない」とする「目的適合性の基準は勧告した4つの基準のうちでもっとも基本的なものである。この基準はそれだけでは十分ではないとしても、この基準はすべての会計情報に必要な性質を表わしている。これをのぞいたその他の3つの基準はどれも、この基準ほどには基本的な重要性をもたない」として、目的適合性に重きを置いている。けだし、目的適合性こそが有用性に直結するものだからである。

如上のASOBATの公表を契機として、爾来、「情報」、「意思決定」、「有用性」であるとか、あるいは「有用な情報」、「情報の有用性」、「意思決定有用性」であるとかいった用語が頻出するようになり、これらをキーワードとして会計を考える立場が一大潮流をなすようになった。

情報会計（論）の登場

項のタイトルをもって「登場」とはしたものの、「情報会計（論）」という概念ないし呼称はこれがいつ頃に登場をみたのか、は定かでないが、1970年頃には既に用いられている。

例えば同年12月刊の『企業会計』には「伝統的会計学からの継承資産」と題する特集が組まれているが、その第一の論攷は中村忠による「情報会計論と伝統的会計学」というそれだった。中村いわく、「この特集に私が執筆するのは、いささかお門違いの感じが自分でも強い。私は俗に「制度会計」といわれている法律と結びついた会計の問題を主にやっており、60年代に入ってからアメリカで擡頭してきた「新しい会計学」はほとんど勉強していないからである」。いかにも中村らしい捻くれた言い様だが、ここには「制度会計 vs. 情報会計」という捉え方の存在を窺い知ることができよう。

---

31 アメリカ会計学会／飯野（訳）『基礎的会計理論』14頁。
32 同上、15頁。

また、この特集の二つ目の論攷、武田隆二の「伝統的会計思考の連続と断絶」はより明示的である。すなわち、武田は「情報会計は、情報理論の影響によって成立した新しい研究領域である。情報会計とは、情報利用者の意思決定に役立つような情報を提供するために、基礎的データを識別し、測定し、伝達する過程として把握される[35]」とし、その上でもって「制度会計と情報会計との対峙という形で連続と断絶の関係を総括的に考察して[36]」いる。

前に言及されたように、情報会計論はこの武田をもってその先駆の一人としていた。情報会計を扱った学術書の類いについては例えば下掲のようなリスト[37]を示すことができようが、まずは1971年刊の武田著だった。

> 武田隆二『情報会計論』1971年
> 原田富士雄『情報会計論』1978年
> 平松一夫『外部情報会計——会計代替案選択問題の研究』1980年
> 郡司健『企業情報会計』1984年
> 清水哲雄『情報会計の理論』1985年[38]
> 阪本安一『情報会計の基礎』1988年
> 河崎照行『情報会計システム論』1997年

---

[33] 中村忠「情報会計論と伝統的会計学」『企業会計』第22巻第14号、1970年、26頁。

[34] この「いかにも……らしい」という表現については、分かる人には分かるだろうが、というに止める。
　ちなみに、*ASOBAT*の「会計」の定義について中村いわく、「あまりに広すぎて、これで会計を限定できるかという疑問が生じないではない」(中村忠『新稿 現代会計学』1995年、4頁)。

[35] 武田隆二「伝統的会計思考の連続と断絶」『企業会計』第22巻第14号、1970年、31頁。

[36] 同上、34頁。

[37] むろん、網羅的なものではない。

[38] この書は元々は1979年に滋賀大学経済学部研究叢書の一巻として刊行されている。

小野保之『会計情報システム論』2000年

そうした嚆矢の武田著は「情報会計」を次のように定義している。

「情報会計は、ある計算主体によって認知される対象または事象を特定の情報利用者の意思決定に役立つような形で、分類し、計量化することにより、これを伝達する過程であるとともに、情報利用者の意思決定結果に係る情報ニーズを反映するための適切なメカニズムを含む」[39]。

この記述は「このような特質をもつ情報会計は、商法、証取法、税法等の法律規制的制度のなかで現に行なわれている伝統的会計（制度会計）と種々の点で区別されうる」[40]と続いて［制度会計 vs. 情報会計］という関係が明示され、さらに「情報会計と制度会計との相違は、前者が意思決定への役立ちを重視した利用者指向的会計であるのに対し、後者は単一性の原則のもとでの情報の多目的利用可能性を重視する点に求められる。すなわち、前者は異なる目的には異なる方法を用いることによって、目的適合性ある複数個の情報提供を主題とするのに対し、後者は、限定された目的と方法とに基づき誘導される単一の情報の提供を基本的な課題としている」[41]とされる。

続く原田富士雄著の刊行は1978年のことであって、当時はASOBATの登場から既に10年を超える年月が経過していたが、しかし、原田は「情報会計論という名称が、すでに学界レベルのコンセンサスをえた明確な方法論に立つ一組の理論体系をあらわしていると考えることは、現時点では、やや早計というものであろう。それは、いまだ強固な城壁を築きあげるには至っていない分野というべきである」[42]として次のように続けている。

---

39 武田隆二『情報会計論』1971年、6頁。
40 同上、7頁（（　）書きは原文）。
41 同上、7頁。

「情報会計論の特色を明らかにするためには、まず、「情報会計」という名称の発生的諸条件を考えてみるのが一番よい。なぜなら、それは情報技術の発展と歩調をあわせつつ、最近急速に開拓されてきた新しい研究領域をあらわす名称として、制度会計論という名称と対比される形で、わが国において比較的漠然と用いられているのが現状だからである。すなわち、今世紀前半における統一的会計制度を確立してゆく過程で結実した既成の理論を「制度会計論」とよぶのに対し、主として1960年代以降——とくに、アメリカ会計学会の「基礎的会計理論に関する報告書」の刊行以降、その影響を顕著に受けて、つぎつぎと登場してきた新しい提案、新しい理論を、わが国では総称的に「情報会計論」とよぶようになったのである[43]」。

まずは三つの点が留意され、あるいは看取されよう。一つ目は、1960年代以降のコンピュータリゼーションの進展とそれに対する期待、という環境条件の存在、次に「情報会計（論）」という概念ないし呼称は、けだし、これがわが国にしかみられない独自のものである、ということ、三つ目は、これが総称的なものであって、換言すれば、制度会計（論）以外のすべてのものを包摂している、という点である。

敷衍すれば、まずは、コンピュータリゼーションの進展とそれに対する期待はこれがあったからこそ、武田のいう「目的適合性ある複数個の情報提供」の可能性を考えることができた、ということであり、また、「情報会計（論）」という概念ないし呼称はわが国独自のものであって、したがって、［制度会計 vs. 情報会計］という会計の分類はこれも日本固有のものであり[44]、さらにまた、「情報会計（論）」という概念は種々雑多なものを引き受ける容れ

42　原田富士雄『情報会計論』1978年、4頁。
43　同上、4頁。
44　さらには「制度会計（論）」という概念ないし呼称も、けだし、わが国にしかみられない。

物であって、ちなみに、例えば［単式簿記 vs. 複式簿記］の分類における［複式簿記以外の簿記 ＝ 単式簿記］という単式簿記の定義の通説と似通っている。

測定論

　*ASOBAT*における「情報の利用者が事情に精通して判断や意思決定を行なうことができるように、経済的情報を識別し、測定し、伝達するプロセス」という「会計」の定義については「測定」も重要だった。

　従前のこの手の定義には会計のプロセスの構成要素、すなわち会計の操作的機能の一つに「測定」という名の機能をみることはできず、けだし、*ASOBAT*の定義がその先駆だった。5部構成の武田の『情報会計論』は第Ⅲ部を「会計的測定の一般理論」と題し、3部構成の原田の『情報会計論』は第Ⅱ部を「測定理論から会計学の問題へ」と題しており、「情報会計の主要課題である測定の問題」ともされている。

　*ASOBAT*がもたらした情報会計（論）の登場は1960年代中葉のことだったが、下掲の文献に代表されるように、恰も擡頭をみたのが測定論であり、「Accounting Measurementという言葉も、当時（1965年頃）においてはまだ耳新しいものであった」とされる。

　　Robert K. Jaedicke, Yuji Ijiri, and Oswald Nielsen（eds.）, *Research in Accounting Measurement: Papers Given at the Seminar on Basic Research in Accounting Measurement, Graduate School of Business, Stanford University, March 1965*, 1966（井尻雄士他（編）

45　第5章。
46　この辺りの詳細について、友岡『会計学原理』第1章第11節、をみよ。
47　同上、74～75頁。
48　同上、86～87頁。
49　武田『情報会計論』165頁。
50　井尻雄士他（編）／原価研究会（訳）『会計測定の研究（上巻）』1974年、「日本語版への序文」5頁。

／原価研究会（訳）『会計測定の研究（上巻）（下巻）』1974 年、1976 年）

Yuji Ijiri, *The Foundations of Accounting Measurement: A Mathematical, Economic, and Behavioral Inquiry*, 1967（井尻雄士『会計測定の基礎――数学的・経済学的・行動学的探究』1968 年）

やがて AAA に設けられた「会計測定の基礎に関する委員会（Committee on Foundations of Accounting Measurement）」と称する委員会が報告書を公表したのは 1971 年のことだった。下記のような意図をもってまとめられたこの報告書は当時における会計測定論のとりあえずの集成だった。[51]

> 「本委員会は、測定の方法論の観点から十分に区別されるべき、現在の会計測定システムにおけるまったく異なる方向づけを確認している。一つは、操業から生ずる収益ないし利益の公平な分配を達成すべく、株主の持分と組織の内外のその他の利害関係者の持分の調整を目的とした会計である。いま一つは、経営者と投資者の意思決定、特に資源配分に関する意思決定に有用な情報を提供することを目的とした会計である。われわれは、前者を「利害調整会計（equity accounting）」、後者を「意思決定支援会計（operational accounting）」と呼ぶことにする」。[52]
>
> 「これらの二つの会計の目的には対立関係があることがこの報告書において明らかにされるであろう。この対立は現在の会計測定の基礎の種々の分野において観察されてきており、のちの各章において詳細に考察されるであろう。会計測定の議論の第一段階として、われわれは

---

[51] ちなみに、筆者の卒業論文は「「会計測定基礎委員会報告書」に関する考察」と題してこの報告書を扱うものだった。

[52] American Accounting Association, Committee on Foundations of Accounting Measurement, 'Report of the Committee on Foundations of Accounting Measurement,' *The Accounting Review*, Supplement to Vol. 46, 1971, p. 3.

「会計測定とは或る実体の過去、現在、未来の経済事象に対して、観察を基礎として、規則にしたがって数を割り当てることである」という定義を採用する。この定義の下においては、用いられた規則がよいものである必要はなく、また、行われた観察が会計測定にとって適当な質を有するものである必要もない、ということが指摘されなければならない。優秀な会計測定を選択し、劣等な会計測定を廃棄することが会計専門家の任務であることは明らかである。このことを理由として、この報告書においてわれわれは、意思決定者、投資者、およびその他の利害関係者のために会計プロセスにおいて行われる測定を評価する際に、われわれの助けとなるような、利害調整会計と意思決定支援会計の両者における種々の規準を探究することとなる」[53]。

ここにおけるエクィティ・アカウンティング（equity accounting）とオペレーショナル・アカウンティング（operational accounting）という分類については次のように捉える向きもある。[54]

> 「比較的多くの見解によると、制度会計とは、制度的拘束を受ける会計であるととらえられ」[55]るが、「これに対して、制度会計と情報会計の区分は、会計の基本的な枠組ないし目的のとらえ方の相違にもとづくものであるという見解によると、制度会計は、各種利害関係者の利害調整のための会計であり、したがって「受託責任会計」の枠組をもつものであるととらえられる」[56]。
> 「この意味での制度会計は、アメリカ会計学会の1971年『報告書』にいう「エクィティ・アカウンティング」に相当するものであるとみら

---

53 *Ibid.*, p. 3.
54 友岡『会計学原理』31〜32頁、をみよ。
55 森川八洲男、佐藤紘光、千葉準一『会計学』1989年、60頁。
56 同上、61頁。

れる[57]」。

「情報会計は、前出の AAA の 1971 年『報告書』にいう「オペレーショナル・アカウンティング」に相当するものであると考えられる[58]」。

「information accounting」などといった用語は和文献においてしか目にした記憶がないが、[オペレーショナル・アカウンティング = 情報会計]なのだろうか[59]。

閑話休題。測定論の擡頭について原田いわく、「ASOBAT が掲げる例の四つの会計情報基準は ASOBAT における公準としての性格を付与されているので、これの意義を問いながら、「何が会計であり、何が会計でないか」の議論を通して、やがて会計測定論へと展開してゆく[60,61]」。

井尻雄士いわく、「会計の核心は測定にあり、何がどのようにして測定されるかを理解することなしに、会計の正しい把握はできない[62]」。

情報会計（論）の行く先に予想される会計の拡張は、むしろ、会計とは何か、という問いを改めて投げ掛け、しかし、*ASOBAT* に示された基準が実は役に立たないための測定論、ということだったのだろうか。

「四つの基準は、ASOBAT によれば、会計情報と非会計情報とを区別する基準であるとされている。いいかえれば、会計領域を決定する基準でもある。しかし……われわれが日常用いる経済的かつ数量的な情報は、ほとんどすべてが四つの基準を満たしている[63]」ともされ、*ASOBAT* の公表直後の黒澤や青木の至当な指摘が想起されよう。

---

57 同上、61 頁。
58 同上、62 頁。
59 例えば、阪本安一『情報会計の基礎』1988 年、15 頁、をみよ。
60 原田富士雄、藤田幸男／青柳文司（司会）「座談会　会計学における研究・教育のあり方」『企業会計』第 33 巻第 1 号、1981 年、33 頁。

情報会計論の行方

1980年代の半ばには「1966年の『AAA基礎的会計理論』……以来20年に垂んとする時の経過をみた今日、情報会計に関する研究が進み、情報会計の領域と体系はほぼ定着した感じがする」[64]とする向きもみられるが、はたしてそうか。

冒頭にも少し言及されたように、近年は滅多に目にすることがなくなった「情報会計（論）」はその役割を終えて退場したのだろうか。

61　これは次のように敷衍される。
　「四つの基準は、ASOBATによれば、会計情報と非会計情報とを区別する基準であるとされている。いいかえれば、会計領域を決定する基準でもある。しかし、会計の拡張が望ましいと考えている人々ですら、それが示唆するあまりにも広大な領域に思いをめぐらせるとき、誰であっても不安を感じるに違いない。われわれが日常用いる経済的かつ数量的な情報は、ほとんどすべてが四つの基準を満たしているからである。この不安は、果して四基準によって基礎となる会計理論を十分に体系化できるであろうか、という疑念につながってゆく。……いずれにせよASOBATの努力にもかかわらず、むしろその出現を契機にして、「何が会計情報であるのか」といった情報の識別論争があらためて登場するに至った。この種の議論は、結局は会計の本質を問う論争にほかならず……公準論、公理論の延長線上に位置づけることができる。従ってそれは、「会計とは何であり、それを対象とする理論をどのように構成するか」といった方法論の問題を常に含みながら、会計情報を特色づける一つの側面、会計測定論へと展開してゆくことになった。もちろんASOBAT以前にも会計測定論に対する関心がなかったわけではないが、ASOBATが提起した情報の識別問題に端を発して、測定の論理性を会計理論の基礎に据えて体系を再構成しようという動きに、一段と拍車がかけられたことは事実である。会計測定論はその後多様なひろがりを見せるが、結局のところその基本にあった問題意識とは、会計情報の識別論争の一つの帰結として測定一般の形態の中に「会計測定の固有性」を求め、その固有性に基づいて会計の一層の機能分化を図ることであったといえる」（原田富士雄「現代会計学の理論動向」『企業会計』第33巻第1号、1981年、23頁）。

62　井尻雄士『会計測定の基礎——数学的・経済学的・行動学的探究』1968年、iv頁。

63　注記61。

64　清水哲雄『情報会計の理論』1985年、「序」1頁。

確かに情報会計（論）がもたらした「情報」、「意思決定」、「有用性」、あるいは「有用な情報」、「情報の有用性」、「意思決定有用性」といった概念は最早、当たり前のものとなり、例えば、第2節に述べられるように、国際化、あるいはグローバル化の進展によって「国際会計（論）」がいつか不要になるかもしれないのと同様、「情報会計（論）」はその役割を終えて退場したのかもしれないが、あるいはまた、江村が案じたように「徒花」だったのだろうか。

ちなみに、わが国における会計学の二大大辞典の最新版（いずれも2007年刊）はともに「情報会計」という項目を有しているが、一方の執筆者は武田隆二であり、また、いま一方における情報会計に関する記述はその多くが過去形をもってなされている。

第2節　国際会計論の行く末

「国際」は必要か？

後述のように、わが国の会計学にあって「国際会計論」という分野が確立をみたのは1980年代のことだった。当時、筆者はまだ学生だったが、その頃の「国際会計論」はちょっとしたブームといった感じで、筆者の少し先輩の若手研究者は（「猫も杓子も」といったら大袈裟かもしれないが）かなりの数がこの分野を専攻ないし専攻しようとしていた。筆者は、しかしながら、あまり関心がなく、この分野を専攻していたどこかの大学の若手教員に「どうしてこの分野を？」と尋ねてみたところ、「そもそも会計というものは国際的なものだからです」という答えが返ってきたのに困惑し、「そもそも国際

65　神戸大学会計学研究室（編）『会計学辞典（第6版）』2007年、674〜675頁。
66　「情報会計という概念には……ていた。……そのような考え方は……でもあった。……そのアイディアが……されていった」（安藤英義、新田忠誓、伊藤邦雄、廣本敏郎（編集代表）『会計学大辞典（第5版）』2007年、754頁）。

的なものなら、何もわざわざ「国際」をつけることはないじゃないですか」といった揚げ足とり（？）をして、嫌な顔をされたことがある。[67]

「国際会計論」の生成

　わが国の会計学において「国際会計論」という分野が認知されるに至ったのは 1970 年代のことではなかろうか。

　その一つの証左は 1979 年の 9 月に刊行が開始された『体系近代会計学』という全 14 巻の叢書において、1981 年の 5 月に刊行された第 10 巻が『国際会計基準』とされていることである。

　この叢書は会計学書の出版においては大手の某書肆の創立 30 周年記念の出版物であって、この書肆はこれ以前にも同様の叢書、すなわち、創立 20 周年における『近代会計学大系』（全 10 巻、1968 年刊行開始）および創立 10 周年における『体系近代会計学』（全 9 巻、1959 年刊行開始）を刊行しているが、この二つの叢書には国際会計を扱った巻は設けられていない。すなわち、1960 年代以前にはなかった状況が 1970 年代にはあった、ということである。

　この第 10 巻の序文には次のように述べられている。

　　「1960 年代に、米合衆国と西欧との経済交流のなかで、企業会計の新しい課題として登場した国際会計は、今日では、わが国の企業の多くにとってきわめて日常的な研究課題となった。わが国の多くの企業の

---

[67] これもまったくの余談ながら、筆者は 2003 年以降、某大学において国際センターという機関に関与しているが、一時期、「国際センター廃止論」が擡頭をみたことがあった。いわく、「国際センターなどというものがなくなり、留学生も日本人学生も等し並みに扱うようになることこそが真に国際化を果たした証しにほかならない」。しかるに、曲折を経て、国際センターは存続となり、ちなみにまた、諸外国に目をやってみても、海外のどんなにグローバル化した大学にも国際センター的なものは存在しており、やはり「等し並みに」とはいっても実際にはそういうわけにはゆかない、ということだろう。国際センターは未来永劫に存続するものなのだろうか。

　翻って「国際会計論」はどうか。この分野はなくならないのだろうか。

経理責任者にとっても、また、それらにかかわる公認会計士にとっても、海外の子会社に対する業績管理のための、国際的規模の管理会計システム、および、海外の子会社や関連会社を含む国際的連結会計の確立が緊急の課題となった。しかし、それらの課題とならんで、むしろ、それらの解決の基盤として、わが国を含む世界中の会計界がこぞって取り組まねばならなくなったのは、会計基準の各国間の相違を調整し、会計実務の国際的連携を可能にするための、国際会計基準の確立である。この体系近代会計学がその一巻として『国際会計基準』を収録することになったのは、このような時代的要請を反映してであった」[68]。

ここに述べられているように、海外に目をやった場合には、この分野が登場をみたのは1960年代のこととされ、例えば国際会計をテーマとする書籍はゲルハルト G. ミューラー（Gerhard G. Mueller）が著わした *International Accounting* が先駆と思われるが、この書が刊行されたのは1967年のことだった。また、1970年の時点でアメリカにおける 国　際　会　計（インターナショナル・アカウンティング）の研究をサーベイした論攷にあっては「1960年代は、少なくとも三つの意味で特筆すべき時期であった」[69]とされ、①「インターナショナル・アカウンティングに関する文献の大多数が1960年以降になって発表されていること」[70]、②「『国際的な会計基準』とか『国際的な会計教育』というテーマを取り扱った文献はすべて1960年代になってから発表されていること」[71]、および③

---

[68] 中島省吾（責任編集）『体系近代会計学［第10巻］　国際会計基準』1981年、「序文」1～2頁。

[69] 藤田幸男「アメリカにおけるインターナショナル・アカウンティング研究の発展」染谷恭次郎（編著）『講座／現代会計　第5巻　経済国際化と現代会計――インターナショナル・アカウンティングへの道』1970年。

[70] 同上、203頁。

[71] 同上、203頁。

[72] 同上、204頁。

「インターナショナル・アカウンティングの研究が組織的に推進されるようになったのは1960年代になってからである[73]」ことが挙げられ、③については、アメリカ公認会計士協会（American Institute of Certified Public Accountants）が1962年に国際会計士会議を主催し、その後、国際関係委員会を設けたこと、イリノイ大学がこれも1962年に第1回の国際会計教育会議を開催し、その後、国際会計教育・研究センターを設けたこと、およびアメリカ会計学会（American Accounting Association）が1964年に国際会計委員会を設けたこと、といった具体例が示されている[74]。

そして、続く1970年代にはこの分野に大きなトピックがあった。ロンドンにおいて国際会計基準委員会（International Accounting Standards Committee）（IASC）が創立されたのは1973年のことだった。

これは「1973年の国際会計基準委員会の設立は組織化された会計プロフェッションが第2次世界大戦後における資本市場のいよいよの国際化について採ったもっとも重要にして不朽の対応であった[75]」とされるように、会計士団体という「野心的なプライベート・セクターの先導的行動[76]」だった。

他方また、そもそも何をもって或る学問分野の確立とするか、については、むろん、議論の分かれるところだろうが、一つのメルクマールとしては、学会の設立、を挙げることができよう。わが国における国際会計論の学会、国際会計研究学会が設立をみたのは1984年のことだった。この学会の創立者にして初代の会長を務めたのは染谷恭次郎[77]だったが、この染谷によれば、当時、この分野の対象である国際会計、すなわち、国際的な会計、というもの

---

[73] 同上、204頁。
[74] 同上、204頁。
[75] Kees Camfferman and Stephen A. Zeff, *Financial Reporting and Global Capital Markets: A History of the International Accounting Standards Committee 1973-2000*, 2007, p. 1.
[76] *Ibid.*, p. 1.
[77] 染谷については、友岡賛「染谷恭次郎著『ある会計学者の軌跡——ひとつの会計学史』」『税経通信』第52巻第12号、1997年、をみよ。

は次のように捉えられていた。

> 「政治や法律に国境はあっても、経済に国境はない。生産、販売、財務など、多くの企業の経済活動は国境をこえて展開している。この意味で、企業の経済活動に関する情報を伝達することを任務とする企業会計は、国際的なものとならざるを得ない必然性を有している」[78]。

　以上のように、「国際会計論」という分野は海外においては1960年代に登場をみ、わが国にあっては1970年代に認知され、1980年代には確立をみた、といったところだろう。

　ところで、1980年代の後半には象徴的な出来事をみることができる。1987年の10月に開催された第6回の国際会計教育会議（日本学術会議、日本会計研究学会、および日本経済学会連合の共催）は「会計に関して、日本で、そしてアジアで初めて開催された国際会議であった」[79]。既述のように、国際会計教育会議は1962年にイリノイ大学によってアーバナにて開催されたのを皮切りに、5年毎にロンドン、シドニー、ベルリン、モンテレーにおいて行われてきており、第6回は京都において、だった。むろん、これは国際会議であって国際会計の会議ではないが、以下のような趣旨をもって行われたこれはわが国の会計の国際化を象徴するものだった[80]。

> 「第6回国際会計教育会議の主題は「経済発展の国際的理解を促進するための会計の教育と研究」であった。20世紀には世界の種々の国々の間における相互作用と相互依存が増し、国際的なレベルにおけ

---

[78] 染谷恭次郎「創刊の辞」『国際会計研究学会年報』1984年度号、1985年、2～3頁。

[79] 染谷恭次郎「国際会議に見る会計学の展開」染谷恭次郎（編著）『会計学の国際的展開』1989年、4頁。

[80] 同上、9頁。

る協調の必要が増大をみてきている。しかしながら、同時にまた、個々の国々には社会文化的な独自性があり、それによって生ずる差異はこれを無視したり見落としたりすることができない、という事実を見失ってはならない。すなわち、真の国際協調は今日の世界に存在する多様な会計の考え方と実践を理解し、斟酌することによってのみ、これを推進することができる」[81]。

なお、1989年に刊行された既出の染谷恭次郎の編著書『会計学の国際的展開』は『会計の……』ではなくして『会計学の……』というタイトルに特徴が認められようが、叙上の国際会議を「研究を進めるうえで、またとない、絶好の機会」[82]として「第6回国際会計教育会議の主要なテーマにあわせ、(1)会計学教育及び研究の国際交流、(2)会計学教育の国際化、(3)社会経済環境の差異と会計職能、(4)産業の発展と会計学の動向、(5)各国会計の諸問題の5部によって構成されている」[83]ものであり、「研究課題を「会計学の教育及び研究の国際的動向」と」[84]する共同研究の成果だった。

国際会計論の古今

前述のように、「国際会計論」の先駆はミューラーの1967年刊の *International Accounting* といえようが、この書は1969年には訳書『国際会計論』も刊行をみ、以下のような構成をもってまとめられていた。

　第Ⅰ部　会計発達に関する比較類型
　　第1章　マクロ経済学の枠組に入る会計

---

81 Kyojiro Someya (ed.), *The Proceedings of the Sixth International Conference on Accounting Education*, 1988, p. vii.
82 染谷恭次郎（編著）『会計学の国際的展開』1989年、「はしがき」2頁。
83 同上、「はしがき」2頁。
84 同上、「はしがき」2頁。

第2章　ミクロ経済学の会計へのアプローチ
　　　第3章　独立規律としての会計
　　　第4章　統一会計
　　第Ⅱ部　会計ならびに財務報告実務の国際的諸局面
　　　第5章　国際財務報告
　　　第6章　決算書における外国通貨の換算
　　　第7章　国際企業のための会計
　　　第8章　経営に関する国際的共通語としての会計

　次いで、ミューラーの訳書はこれを除き、「国際会計の分野におけるわが国最初の文献（書籍）『経済国際化と現代会計』[85]」はこれも既出の染谷の編著書であって、1970年刊のこの書は副題が『インターナショナル・アカウンティングへの道』とされ、以下のような構成を有していた。

　　　序章　インターナショナル・アカウンティングの誕生
　　第Ⅰ部　国際的企業活動の会計
　　　1　在外会社の財務諸表の連結
　　　2　海外活動の経営者への会計報告
　　　3　貨幣価値変動下の合弁会社の会計報告
　　第Ⅱ部　各国会計及び監査の差異
　　　1　会計理論及び実務における差異
　　　2　財務諸表監査における差異
　　第Ⅲ部　国際的会計及び監査基準
　　　1　国際的会計および監査基準への期待
　　　2　インターナショナル・タックス・アカウンティングの課題
　　補論Ⅰ　国際的企業における基本通貨選択の問題

---

[85] 藤田幸男「国際化時代と会計」藤田幸男（編著）『国際化時代と会計』1994年、2頁。

補論Ⅱ　アメリカにおけるインターナショナル・アカウンティング研究の発展

また、「我が国で国際会計論を真っ正面からとり上げた最初の論文」[86]はこれもこの染谷による論攷[87]であって、「会計はもともと国際的なものである。……しかしながら、国境をこえた会計の成立には、言語、政治、文化の障壁を乗りこえなければならない。……会計人よ視野を世界に広げてほしい」[88]と呼び掛けるこの先駆の論攷はミューラーの原書と同じく1967年に公にされているが、「国際会計に関する最初の論文「インターナショナル・アカウンティングへの挑戦」を発表してから、10年が経過し」[89]たのち、以下のような構成をもって1978年に刊行された書が『国際会計――新しい企業会計の領域』であり、「本書の第1章は……論文「インターナショナル・アカウンティングへの挑戦」にもとづいて書かれている。この論文は、著者にとって、最初の「国際会計」に関する論文であるが、同時に、「国際会計」に関してわが国で最初に発表された論文であった」[90]。

第1章　1960年代における国際会計の展開
第2章　経済の国際化と会計
第3章　会計の測定尺度としての貨幣
第4章　為替相場の変動と会計
第5章　外貨換算の会計問題
第6章　財務諸表の国際比較
第7章　財務諸表の国際比較（続）

86　染谷恭次郎『ある会計学者の軌跡――ひとつの会計学史』1997年、178頁。
87　染谷恭次郎「インターナショナル・アカウンティングへの挑戦」『企業会計』第19巻第2号、1967年。
88　同上、36頁。
89　染谷『ある会計学者の軌跡』191頁。
90　染谷恭次郎『国際会計――新しい企業会計の領域』1978年、「はしがき」2頁。

第 8 章　財務諸表の国際的諸類型
第 9 章　外国株主に対する決算報告書
第 10 章　国際会計基準
第 11 章　企業の海外取引に関する会計の調査

　その後、50 年ないし 40 年近い時を経て、(本稿の執筆時における) 最新の『国際会計論』(森川八洲男著、2015 年刊) は以下のような構成を有しており、先駆のミューラーや染谷の書との異同が留意される。

第 1 部　国際会計と主要国の企業会計制度
　第 1 章　「国際会計論」への導入
　第 2 章　企業会計制度の国際的多様性
　第 3 章　主要国の企業会計制度
第 2 部　国際会計基準 (IAS／IFRS) の設定主体と国際会計基準
　第 4 章　会計基準の国際的調和化の要請
　第 5 章　国際会計基準 (IAS／IFRS) の設定
　第 6 章　国際会計基準 (IAS) および国際財務報告基準 (IFRS) の特徴
第 3 部　IAS／IFRS の展開と国際化への対応
　第 7 章　IAS／IFRS の展開 (その 1)
　第 8 章　IAS／IFRS の展開 (その 2)
　第 9 章　会計基準の国際的収斂
第 4 部　概念フレームワーク
　第 10 章　日本の概念フレームワーク
　第 11 章　イギリスの概念フレームワーク
　第 12 章　アメリカの概念フレームワーク
　第 13 章　ドイツの概念フレームワーク (草案)
　第 14 章　フランスの概念フレームワーク (草案)

第 15 章　IASB の概念フレームワーク
　第 16 章　まとめ——概念フレームワークの意義と役割

　また、前述のように 1984 年に設立をみたこの分野の学会はその翌年に機関誌『国際会計研究学会年報』を創刊しているが、以下のように、同誌の掲載論攷を創刊号と（本稿の執筆時における）最新号について比べてみると、そこに何が看取されようか。

創刊号（1984 年度号）
　　中地宏「国際会計会議の系譜・序説」
　　平松一夫「国際財務報告とアニュアル・レポート」
　　大雄令純「企業会計の継受——日韓の比較」
　　戸田秀雄「EC 第 4 号指令の各加盟国の立法過程に及ぼす影響」
　　森川八洲男「EC における会計調和化の方向と問題点」
　　野村健太郎「フランスにおける国際会計の発展と現状」
　　友岡賛（！）「会計の基本理念としての fairness——イギリス会社法の
　　　　要請を中心に」

最新号（2013 年度第 2 号）
　　胡丹「グローバル時代における会計・監査研究の行方——Cross-
　　　　Country 研究に注目して」
　　平賀正剛「新制度論を通してとらえた国際会計」
　　岩崎勇「IFRS の概念フレームワークにおける新潮流について——概
　　　　念フレームワークの金融化（現象）を中心として」
　　岡田博憲「国際会計基準（IAS）第 41 号「農業」の生物資産の会計方
　　　　針と測定モデルの検証——ASEAN 諸国のプランテーション産
　　　　業（パーム油産業）の実態を踏まえて」

創刊号の掲載論攷のタイトルにはいくつかの国名が認められるが、他方、最新号の場合にはそうしたことがなく、そこには、国際会計論がまずは各国の制度の研究とそれを踏まえての比較制度研究から着手された、ということが看取されよう。

比較会計史

　ただしまた、制度は歴史の産物であって、けだし、比較制度論には比較史的なアプローチが求められ、例えば松井泰則は国際会計研究における史的研究の意義に次のように言及している。

> 「簿記に関する史的研究は、まさに国際会計研究の始まりともいえる。そして簿記から会計学の発達へとその研究が深まるにつれ、簿記（史）研究から各国の会計制度の比較研究へと次第に研究の比重はシフトしていった。……このように国際会計研究は、歴史的研究から各国会計制度比較研究へと比重を移し、そして今や国際会計基準の統合というひとつの踊り場に到達した[91]」。

　ここでは歴史研究が国際会計研究の起点と目されているが、歴史研究において「比較会計史」、「比較会計制度論」、そして「国際会計論」がいつ頃から意識されていたかは定かでなく、「国際会計論」が歴史研究をもって着手されたわけでないことは言を俟たず、如上の意識をもってする歴史研究は、ことによると、ピーター・ウォルトン（Peter Walton）が編んだ1995年刊の *European Financial Reporting: A History* [92]を待たなければならないかもしれない。

　ウォルトンいわく、「本書の淵源は会計史よりも比較国際会計の領域にか

---

[91] 松井泰則「転換期を迎えた国際会計」『明大商学論叢』第89巻第2号、2007年、1頁（（　）書きは原文）。

[92] この書については第10章を参照。

かわっている」。[93]

しかるに、いま一冊、注目すべき書があった。

本節において頻出の染谷、その染谷恭次郎の古稀を記念して編まれ、1994年に上梓された『国際化時代と会計』は、この手の記念出版物の多くが体系性を欠くなかにあって、編著者の藤田幸男が「できるかぎり筋道の通った書物となるよう心掛け」[94]たと述べているように、以下のような体系的な構成を有し、しかも、第1部が歴史に充てられており、これは正に「国際会計論」を意識しての歴史、あるいは「国際会計論」の構成要素としての歴史といえよう。

　　　序章　国際化時代と会計
　　第1部　経済発展と会計の歴史的展開
　　　第1章　経済発展と会計の歴史的展開
　　　第2章　ヨーロッパにおける会計の歴史的展開
　　　第3章　イギリスにおける会計の歴史的展開
　　　第4章　アメリカにおける会計の歴史的展開
　　　第5章　中国における会計の歴史的展開
　　　第6章　韓国における会計の歴史的展開
　　　第7章　日本における会計の歴史的展開
　　第2部　財務報告制度の国際的現状（章立ては省略）
　　第3部　経済の国際化と会計の新展開（同上）
　　第4部　会計基準の国際的調和化（同上）
　　第5部　国際化時代と会計研究および会計教育（同上）

93　P. ワルトン（編著）／久野光朗（監訳）『欧州比較国際会計史論』1997年、1頁。
94　藤田幸男（編著）『国際化時代と会計』1994年、「まえがき」。

国際会計論の終焉？

　前々項に示された古今の異同はどのような過程をもってもたらされたのだろうか。

　先述のように、国際会計論の分野は（歴史を除けば）まずは、比較会計制度論、すなわち、各国の会計制度の比較研究、から着手されたが、それは「国際会計基準の確立は、現在の多種多様な会計制度を基盤とする各国の会計基準をその制度的基盤にてらして徹底的に比較吟味し、十分な理論的見通しのうえでその調整を工夫することなしには考えられない」[95] ため、とされ、逆にいえば、要するに、国際会計論は「国際会計基準の確立」を目指している、ということだった。

　悉皆とはいえないものの、（『国際会計基準』の類いを除く）『国際会計』ないし『国際会計論』ないし『会計の国際化』といった類いのタイトルの書籍は以下のように刊行順に列挙されようが、近年はかなり減った感があり、他方、『国際会計基準』はいよいよ増加をみ、枚挙に遑がない。

　目指した「国際会計基準の確立」が果たされたため、最早、国際会計論は用済みということだろうか。

　　G. G. ミューラー／兼子春三（監修）／国際会計研究会（訳）『国際会計論』1969年

　　染谷恭次郎（編著）『講座／現代会計　第5巻　経済国際化と現代会計――インターナショナル・アカウンティングへの道』1970年

　　染谷恭次郎『国際会計――新しい企業会計の領域』1978年

　　溝口一雄（編）『会計国際化の研究』1978年

　　吉田寛、隅田一豊（編著）『国際会計概説』1982年

　　新井清光『国際会計研究』1982年

　　染谷恭次郎（編著）『国際会計論』1984年

95　中島「序文」2頁。

吉田寛、隅田一豊（編著）『国際会計要説』1984 年

ミューラー、ガーノン（Helen Gernon）、ミーク（Gary Meek）／野村健太郎、平松一夫（監訳）『国際会計入門』1989 年

染谷恭次郎（編著）『会計学の国際的展開』1989 年

嶌村剛雄（編著）『国際会計論』1990 年

藤井則彦『日本の会計と国際会計』1992 年

松井泰則『国際会計関係論──「国際化」から「国際性」への財務会計的展開』1992 年

河合秀敏『国際会計と国際監査』1993 年

藤田幸男（編著）『国際化時代と会計』1994 年

平松一夫『国際会計の新動向──会計・開示基準の国際的調和』1994 年

菊谷正人『国際会計の研究』1994 年

若杉明（編著）『会計国際化の展開』1994 年

権泰殷（編著）『国際会計』1995 年

斎藤奏『国際会計と国際課税』1995 年

石川昭、佐藤宗彌、田中隆雄『現代国際会計』1996 年

徳賀芳弘『国際会計論──相違と調和』2000 年

中村宣一朗、伊豫田隆俊、田村威文、斉野純子『イントロダクション国際会計』2000 年

榊原英夫『国際会計論』2000 年

山本昌弘『多元的評価と国際会計の理論』2002 年

氏原茂樹（編著）『国際財務会計論』2005 年

杉本徳栄『国際会計』2006 年

孫銀植『現代会計の国際化』2006 年

S. M. ソーダガラン（Shahrokh M. Saudagaran）／佐藤倫正（訳）『国際会計論──国際企業評価にむけて』2006 年

平松一夫（編著）『国際財務報告論──会計基準の収斂と新たな展

開』2007 年

山本昌弘『国際会計論——国際財務会計と国際管理会計』2008 年

松井泰則『国際会計の潮流——類型学説を中心とした各国会計関係論』2008 年

李相和『会計国際化の研究——国際会計制度の変遷と IFRS の現状分析』2011 年

森川八洲男『国際会計論』2015 年

国際会計基準の確立

「国際会計基準の確立」は、これを一般化していえば、まずもっては「会計基準の国際的な統一 (unification)」ということになり、事実、かつてはそのような表現が用いられていたが、やがて、統一性 (uniformity) を得ることはむずかしい、との認識から、「国際的な調和化 (harmonization)」という (少し退いた) 表現へと変わり、しかしながらまた、近年においては「国際的な収斂 (convergence)」という表現が用いられるに至っている。国際会計基準の変遷はこうした［統一 → 調和化 → 収斂］という変遷とともにある。

前述のように、1973 年に創立された IASC はオーストラリア、カナダ、フランス、ドイツ（西ドイツ）、日本、メキシコ、オランダ、イギリスおよびアイルランド、ならびにアメリカの会計士団体、計 16 団体を創立メンバーとして発足、1975 年には「会計方針の開示」と題する国際会計基準 (International Accounting Standard) (IAS) 第 1 号を公表し、以後、次々と基準を公表していったが、前述のように、これはプライベート・セクターによる基準であって、強制力の類いをもたず、ときにエスペラント (Esperanto) にも准えられるような存在だった。

したがって、ときに「画餅」ともいわれたかつての IAS には、少なくとも、①各国の関係機関（会計基準設定機関等）からの注目度が低く、また、アメリカ等の有力国がこれを軽視していたこと、②種々の国の多様な会計基準を数多く受容して作成されていたため、あまりにも多くの選択肢（代替的

な会計処理の方法）を認めていたことから、結局は、なんでもあり、といった性格のものになってしまい、実際には、基準、の役割を果たしえなかったこと、という二つの問題点があった。

そうしたなか、しかしながら、まずは1987年に証券監督者国際機構（International Organization of Securities Commissions）（IOSCO）がIASCの活動の支持を表明し、これによって①の風向きが変わり始め、次に1989年にIASCは従前のIASにおいて認めてきた選択肢（代替的な会計処理の方法）について、その多くを除去する方針を示し、これによって②の状態が解消へと向かい、すなわちIASが、基準、として意味をもつことができるようになった。

さらに近年、IASCは大幅な改組を行って2001年に国際会計基準審議会（International Accounting Standards Board）（IASB）となり、また、このIASBによって作成される基準は「国際財務報告基準（International Financial Reporting Standards）（IFRS）」と称されることになったが、IASBは「IFRSの採用ないし適用（adoption）」を目指しており、変遷は［統一 → 調和化 → 収斂 → 採用（適用）］となりつつある。

国際会計の行く末

先述の某書肆の叢書は『国際会計……』が初登場をみた『体系近代会計学』（1979年9月刊行開始）においても、当該巻のタイトルは『国際会計』でもなければ『国際会計論』でもなく、『国際会計基準』とされており、以下のように、比較制度論が大半を占める構成をもって編まれていた。

　　　序論——国際会計基準形成の緊要性と困難性
　　比較会計制度論
　　　第1章　比較会計制度論序説
　　　第2章　英国の会計制度
　　　第3章　西独・オランダの会計制度
　　　第4章　フランスの会計制度

第5章　北米の会計制度
　　　第6章　中南米の会計制度
　　　第7章　アジア・太平洋地域の会計制度
　国際会計基準委員会（IASC）の成立とその活動状況
　　　第8章　国際会計基準委員会の創立とその経緯
　　　第9章　国際会計基準委員会の現状と課題
　　　　　課題と展望
　　　第10章　国際会計基準確立の可能性

　また、およそ30年後、2010年の10月に刊行が開始された『体系現代会計学』（全12巻）は既にそのタイトルに『国際会計……』をみることはできず、あるのは第4巻（2014年5月刊）の、以下のように、コンバージェンスに特化した構成の『会計基準のコンバージェンス』だった。けだし、今後も、いや、今後こそ『国際会計』や『国際会計論』は現われないだろう。[96]

　　第Ⅰ部　コンバージェンスをめぐる国際的な動向
　　　第1章　コンバージェンスをめぐる歴史的展開
　　　第2章　コンバージェンスをめぐる現状と課題
　　第Ⅱ部　コンバージェンスをめぐる基本思考
　　　第3章　概念フレームワーク──概念フレームワークに関する分析
　　　　　視座
　　　第4章　財務報告の主体と範囲
　　　第5章　資産負債アプローチ
　　　第6章　認識と測定
　　第Ⅲ部　コンバージェンスをめぐる基本論点
　　　第7章　財務諸表の表示

---

96 この書肆の創立40周年記念および創立50周年記念の叢書は刊行されていない。

第 8 章　収益認識
第 9 章　負債と資本の区分
第 10 章　金融商品

　国際会計論は国際会計基準論を目指し、国際会計基準論にあっては、会計基準の規定自体の議論とともに、国際会計基準の位置づけないし用い方の議論が行われ、すなわち、あるいは収斂、あるいは採用（適用）が論じられ、また、もしも採用（適用）が推進され、果たされてゆくこととなったら、国際会計基準論は「国際」が不要となって会計基準論となり、論じられるのは会計基準の規定自体のみということになろうか。

第4部
会計の歴史研究を考える

第10章
会計史の成立

第1節　わが国における会計史

会計史の成立

　「会計史」という学問領域の成立については、既発表の論攷等において、あらまし以下のように捉えてきた。[1]

　「会計史」という学問領域の認知度は1970年代に俄かに高まりをみた。

　その一つの証左は1979年に刊行が開始された叢書、『体系近代会計学』において、同年12月に上梓された第6巻が以下のような構成の『会計史および会計学史』とされたことである。

　　　　第1章　簿記会計史研究の発展
　　　　第2章　わが国における簿記会計史研究
　　　　第3章　イタリア会計史
　　　　第4章　オランダ会計史
　　　　第5章　フランス会計史

1　友岡賛「「会計史」小史」『三田商学研究』第51巻第6号、2009年。
　友岡賛「会計史の論点」『三田商学研究』第54巻第3号、2011年。
　友岡賛『会計学原理』2012年。

　　　　第6章　ドイツ会計史
　　　　第7章　イギリス会計史
　　　　第8章　アメリカ会計史
　　　　第9章　日本会計史
　　　　第10章　勘定学説史

　第8章等にも用いられたこの叢書は会計学書の出版においては大手の某書肆の創立30周年記念の出版物であって、この手の叢書はそれ以前にも創立20周年における『近代会計学大系』(1968年刊行開始)および創立10周年における『体系近代会計学』(1959年刊行開始)が刊行されているが、この二つの叢書には歴史を扱った巻は設けられていない。したがって、「会計史」について、1960年代以前にはなかった状況が1970年代にはあった、としてこれを捉えることができようし、次いで1980年代に入り、叙上の『会計史および会計学史』の上梓からおよそ2年半後の1982年6月にはこの領域の学会、日本会計史学会が設立をみることとなるが、この『会計史および会計学史』の編者は「体系近代会計学に、今回初めて、第6巻として、「会計史および会計学史」の一巻が加えられた。従来から、簿記・会計の歴史的研究の必要性は、識者達の間では充分に認められていたのにもかかわらず、実務的必要性が少なかったために、一般的には、余り注目をひくには至らなかった」としつつ、また、「欧米諸国に比すると、わが国では、簿記・会計史の研究者は比較的に多く、かつ着実に立派な諸成果をあげていられることは、世界の学界に対しても、大いに誇りとするに至ることである」と自讃している。

　さらに、通史に着目して「会計史」の変遷を辿った場合、2000年代に「会計史」の学術的な確立をみることができる。

　2　小島男佐夫(責任編集)『体系近代会計学 Ⅵ　会計史および会計学史』1979年、「序文」1頁。

　3　同上、「序文」1頁。

ここに通史に着目するのは、「会計史」に限らず、およそ歴史というものには、まずは①大摑みの通史（的なもの）が書かれ、その後、本格的な歴史研究へと深化し、そこでは②細分化された対象における緻密な歴史が書かれ、その後、本格的な研究の蓄積を踏まえ、③体系性をもった通史が書かれる、といった過程がみられるからであり、また、③については「会計史研究の蓄積は会計通史を生み出すに至る。……これは会計史という分野が1つの学問体系を確立し、市民権を獲得したことを意味している」ともされ、すなわち、○○史研究の蓄積は○○通史を生み出し、これは○○史という学問領域の確立を意味しており、「会計史」の③はその登場を 2000 年代にみることができる。

会計通史の登場

さて、その 2000 年代に相次いで刊行をみたのは次の 2 書だった。

　　　平林喜博（編著）『近代会計成立史』2005 年
　　　渡邉泉『歴史から学ぶ会計』2008 年

　下記のような構成の『近代会計成立史』は、編著者によれば、「会計通史のテキスト」とされ、また、「テキストとはいえ、多少とも難しい内容のものになっているかもしれない」とされているが、そこで示される「会計史研究の蓄積は会計通史を生み出すに至る。つまり会計史の教科書の誕生である」との理解は興味深い。

　　　プロローグ　会計史の意義
　　　第Ⅰ部　複式簿記の誕生とその漸次的普及（13 世紀～19 世紀）

4　平林喜博（編著）『近代会計成立史』2005 年、(1) 頁。
5　同上、(1) 頁。
6　同上、(1) 頁。
7　同上、(1) 頁。

第 1 章　複式簿記の誕生とパチョーリ簿記論——イタリア簿記史
第 2 章　フッガー家の会計と複式簿記の伝播——ドイツ簿記史
第 3 章　商人国家の台頭とステフィン——ネーデルラント簿記史
第 4 章　ルイ 14 世商事王令とサヴァリー——フランス簿記史
第 5 章　産業革命期における損益計算の展開——イギリス簿記史
第 6 章　パートナーシップの簿記と巨大株式会社企業の会計——企業形態の変遷にみるアメリカ会計史
第 7 章　日本の伝統簿記と洋式簿記の導入——日本簿記史
第 II 部　株式会社制度の普及と企業会計（19 世紀末～20 世紀前半）
第 8 章　企業集団の形成と連結財務諸表
第 9 章　無形資産の認識と資本会計
第 10 章　工業化社会と管理会計
第 11 章　株式会社制度と会計監査
第 III 部　近代会計学の確立
第 12 章　シュマーレンバッハと動的会計理論の系譜——ドイツ会計学説史
第 13 章　リトルトンと取得原価主義会計の系譜——アメリカ会計学説史
エピローグ　会計史研究の歩み

　また、下記のような構成の『歴史から学ぶ会計』は「本書の目的は、このような会計がいつ頃誕生し、時の移り変わりに伴って、その姿をどのように変えてきたのか。その結果、今日の会計が果たしている役割が本来の役割と乖離していないかを歴史というフィルターを通して見ていくことにある[8]」とされているが、ここには「乖離してしまっている」という著者の強い問題意識が看取される。

　8　渡邉泉『歴史から学ぶ会計』2008 年、ii 頁。

序章　会計を学ぶ必要性
第1章　複式簿記の誕生
第2章　複式簿記の完成
第3章　損益計算思考の展開
第4章　イギリス簿記書に見る資産評価の変遷
第5章　産業革命以前のイギリスの簿記書
第6章　キャッシュ・フローの計算書の登場
第7章　貸借対照表の生成
第8章　会計への進化

ただし、如上の『歴史から学ぶ会計』については改訂増補版ともいうべき次の書が6年後に刊行されている。

渡邉泉『会計の歴史探訪――過去から未来へのメッセージ』2014年

第1章　複式簿記の誕生
第2章　複式簿記の完成
第3章　損益計算に対する二つの考え方
第4章　世界最初の簿記書『スンマ』（1494）
第5章　イタリアからオランダへ、そしてイギリスへ
第6章　産業革命期のイギリスの簿記書
第7章　18-19世紀イギリスにおける新たな潮流――複式簿記と単式簿記
第8章　簿記から会計へ
第9章　財務諸表の生成
第10章　キャッシュ・フロー計算書の登場
第11章　現代会計の落とし穴
第12章　彷徨する現代会計

書名こそ一新されているが、「『歴史から学ぶ会計』の新版ともいえる[9]」とされ、『歴史から学ぶ会計』のそれと似通った以上のような構成のこの書には、叙上のように『歴史から学ぶ会計』に看取された著者の強い問題意識が明示されている。すなわち、「偏った考え方や一切の先入観を排し、過去に生じた出来事を可能な限り客観的に忠実に再現するのがわれわれ歴史家の仕事であり、目指すところでもある[10]」とする著者は、しかしながら、他方、次のように述べている。「本書は、会計ならびのその利益計算構造を800年にもわたり延々と支え続けてきた複式簿記が今日の行き過ぎた有用性アプローチのもとで、その本来の姿が大きく変容せしめられてしまった状況を明らかにし、その結果、今日の会計が果たしている役割が本来の役割と乖離してしまったのではないかといった思いを中心に、歴史の視点から投げかけたつもりである[11]」。

叙上のように『歴史から学ぶ会計』の行間に筆者が感じ取った「乖離してしまっている」がここには明示されており、しかしまた、「思いを中心に」述べられるこの書は「偏った考え方や一切の先入観を排し、過去に生じた出来事を可能な限り客観的に忠実に再現する」ものといえようか。

会計史学史の成立

ところで、前出の『近代会計成立史』に関してはこの書が会計史学史について論じている点が注目される。

すなわち、「近代会計学の確立」と題する第Ⅲ部を有するこの書は「会計史研究の歩み」と題するエピローグにおいて編著者が「会計史研究の歩みについて述べるということは……会計史学史を述べるということ[12]」のはずながら、「会計学（説）史学史を述べるということになってしまう。つまり、会

---

9 渡邉泉『会計の歴史探訪――過去から未来へのメッセージ』2014年、308頁。
10 同上、ⅲ頁。
11 同上、308頁。
12 同上、227頁。

計史学史が会計学（説）史学史にすり替わるのである[13]」と指摘し、その理由として「会計史研究は……会計史の面と会計学（説）史の面とが峻別されずに、いわば渾然一体となって存在して[14]」おり、しかも「会計学（説）史の分類に入る研究成果は圧倒的に多い[15]」ということを挙げている。また、こうした会計史と会計学（説）史の異同の問題について編著者は、かのルカ・パチョーリの『スムマ（算術、幾何、比、および比例全書）』（1494年）を引き合いに出して、この数学書を会計史の対象とすることに疑念を示し、『スムマ』は「学術書の範疇に入る[16]」ことから、これは、会計史ではなく、会計学（説）史の対象として捉えるべきと主張している[17]。

けだし、会計という行為の歴史としての会計史と、会計という行為を対象とする学問（会計学）の歴史であるところの会計学史について、この両者を峻別することの重要性は、むろん、これを否定すべくもないが、他方、会計行為と会計学の間には相互に影響し合う関係があることも考えれば、会計の歴史としての広義の会計史は会計学史を包摂するものとして捉えることもできようし、また、『スムマ』に複式簿記の解説が収められたという15世紀の史実はこれを狭義の会計史の対象とすることも自然ないし当然ではないだろうか。

閑話休題。『近代会計成立史』のエピローグ「会計史研究の歩み」は、叙上のように、会計史学史を書くことの難しさを指摘しつつ、従前のこの手の書としては1969年に刊行された茂木虎雄の『近代会計成立史論』を評価しているが[18]、その他、この「会計史研究の歩み」に類似の会計史学史としては前出の1979年刊の『会計史および会計学史』に第1章「簿記会計史研究の発展」と第2章「わが国における簿記会計史研究」があり、また、日本会計

---

13 同上、229頁。
14 同上、229頁。
15 同上、229頁。
16 同上、7頁。
17 同上、7頁。
18 同上、229頁。

研究学会による近代会計百周年記念事業[19]の一環として編まれた 1988 年刊の『現代会計学の動向〔Ⅰ〕 財務会計』は第 9 章を「会計史」としている。

　他方、叙上の記念事業としては 1973 年に「会計文献・資料目録の作成・刊行」[20]が企画され、1978 年刊の『近代会計百年』に収録されたその「文献目録」の分類項目には「会計史」はないが、「本書は、近代会計制度百周年記念事業委員会編の文献目録と、相互に補完する機能を有している」[21]として 1981 年に刊行された『会計学文献目録』[22]には「会計史」の分類項目をみることができる。

　しかしながら、如上の 1980 年前後の状況を起点として、会計史に言及する文献を索りつつ、ときを遡ると、1950 年代の次の文献が目に留まる。

　　　黒澤清（編）『会計学の学び方』1957 年

『学び方』という書名をもって初学者向きの入門手引書の類いと思いきや、

---

[19] 福澤諭吉（訳）『帳合之法　初編』と A. シャンド『銀行簿記精法』が刊行された 1873 年から 100 周年の 1973 年に、これを記念して始められた事業。
　なお、当初は「近代会計制度百周年記念事業」と称され、「近代会計制度百周年記念事業委員会」と称される委員会をもって行われた（日本会計研究学会近代会計制度百周年記念事業委員会（編）『近代会計百年』1978 年、「序言」1～3 頁）この事業は、しかし、その後、なぜか、「近代会計百周年記念事業」と称され、該委員会も「近代会計百周年記念事業委員会」と称されるようになり（黒澤清、染谷恭次郎、若杉明（編）『現代会計学の動向〔Ⅰ〕 財務会計』1988 年、「序言」1～4 頁）、また、日本会計研究学会の年表においては 1973 年の欄に「近代会計百年記念事業委員会」と記載されている（日本会計研究学会 50 年史編集委員会（編）『日本会計研究学会 50 年史』1987 年、140 頁）。

[20] 日本会計研究学会近代会計制度百周年記念事業委員会（編）『近代会計百年』413 頁。

[21] 同上、280 頁。

[22] 染谷恭次郎（編）『会計学文献目録――明治・大正・昭和前期』1981 年、「編者のことば」1 頁。

「会計学研究の総合的指導書として」[23]編まれたというこの書は「会計学的研究の全範囲をもらすところなく網羅することにつとめ……会計学に関する研究の全部門を包括し」[24]、以下のような「会計史および会計学史」の部を有する構成となっており、しかも、『学び方』（研究の仕方）を述べる書であることから、先行研究の紹介も少なくなく、「会計史および会計学史」の部は会計史学史の文献としても捉えられるものとなっている。

  総論（章立ては省略）
  簿記（同上）
  財務諸表（同上）
  原価計算（同上）
  会計監査（同上）
  会計史および会計学史
   第1章 会計史研究の方法と意義
   第2章 複式簿記の生成と発達
   第3章 企業会計の発展
   第4章 会計監査の発達
   第5章 会計学説の展開
  企業会計法（章立ては省略）
  税務会計（同上）

 会計史学史の存在は、或る意味においては、会計史が既に成立をみていることを意味しようが、確かにこの「会計史および会計学史」は会計史を概観しつつ、相当数の会計史文献を紹介しており、また、そのなかには「わが国の学者の手になる会計通史の独立の文献は、比較的少数であって、次の2著をあげうるにとどまる」[25]とされる国弘員人の『企業経理の発達』（1947年）

---

 23 黒澤清（編）『会計学の学び方』1957年、「序文」1頁。
 24 同上、1頁。

と山下勝治の『新経営経済学大系　第6巻　損益計算論——損益計算制度の発展』(1950年) をはじめとする「決して少なくない」[26] わが国の会計史文献をみることができる。

　ただしまた、直上に引いた件(くだり)は、これを中途で切らずに引けば、「わが国の学者の手になる会計通史の独立の文献は、比較的少数であって、次の2著をあげうるにとどまるが、会計学に関する著述の一部として書かれているもの、あるいは、複式簿記の発展に関するものは、後述するように決して少なくない」[27] であり、その後、この「会計史および会計学史」は (翻訳書以外の書籍では) 例えば木村和三郎『日本における簿記会計学の発展』(1950年)、田中藤一郎『複式簿記発展史論』(1950年)、江村稔『複式簿記生成発達史論』(1953年)、木村和三郎『会計学研究』(1954年) などを紹介しているが[28]、はたして会計史と簿記史は何をもって峻別するのか[29]。

　なお、叙上のように会計通史の先駆とされた山下の『損益計算論』は、「組織的な損益計算制度の成立を複式簿記の成立に求め」[30]、「損益計算制度は、その拠って立つ経済的基盤としての企業経済活動の態容、それをとりまく経済的諸条件の発展に即応しつゝ、自己順応の形態をとりながら自己を否定し、新な形態へと発展し、然も、常にヨリ精密な形態へと発展する傾向を辿るものである」[31] とする「立場から、複式簿記の成立と共にみられる損益計算制度諸形態の発展を具体的に考証しながら、損益計算制度発展の傾向理論を抽象しようとすることを企図」[32] しており、その「序」は次のように説き起こして

25　江村稔「会計史および会計学史」黒澤清 (編)『会計学の学び方』1957年、432頁。
26　同上、432頁。
27　同上、432頁。
28　同上、433〜467頁。
29　第4章を参照。
30　山下勝治『新経営経済学大系　第6巻　損益計算論——損益計算制度の発展』1950年、「序」2頁。
31　同上、「序」3頁。
32　同上、「序」3頁。

いる。

「文字が備忘の手段として発達したやうに、組織的な勘定記録法による簿記方法は、当初、商人の対外信用取引のメモラムダムとして、13世紀初頭頃、イタリアの商業都市に初めてみられるものである。その原始的な簿記方法が漸次改良されつゝ、14世紀中葉には、複式簿記としての原初形態を採り、遂に、15世紀に至って組織的な複式簿記の形態を備へるに至ってゐる。それは、一人の天才商人の発見したものでもなく、一つの時代の発見でもない。反って、商人の実際的必要にかられ、その取引形態乃至商業形態の実際に即応しつゝ、次第に、組織的な方法へと発展を遂げるに至ったものである。中世イタリアの商業都市にその萌芽がみられ、然も、商業貿易の繁栄を極めたヴェニス地方に於て、それが完成をみるに至ってゐる所以である」[33]。

閑話休題。他方、如上の「会計史および会計学史」はその第5章「会計学説の展開」が会計学史について次のように述べている。

「経済学では、今日、経済学史という独立の分野が確立されており、古今の経済学説が一貫した脈絡をたどって説明され、その比較研究が行われるにいたっている。会計学でも、これと同じような立場から、会計学史という独立の部門が区別されても、決して不思議ではないし、また、そのような研究が行われることは、きわめて望ましいことであるといえるであろう。しかしながら、会計学説の発展を中心的にとりあつかっている文献の数は、本書において説明された種々のテーマとは異なって、非常に少なく、極端にいえば、皆無にちかいといっても過言ではない。この事実は、どのような理由にもとづくのであろうか。

---

[33] 同上、「序」1頁。

たしかに、経済ないし経済現象と経済学説の関係と、会計ないし会計実務と会計学説の関係は、多少ちがう性格をもっていることが認められよう。すなわち、経済現象は経済学における説明の有無にかかわらず、古くから存していたのであり、経済学説は経済現象を成立あるいは指導する役割をもつものではなく、経済現象に一貫する法則性を発見し、これを体系化することを目的とするものであった。ところが、会計学説は、多くの場合、会計実務の統一的法則性の解明のみにとどまらず、会計実務を指導するほどの勢力をも有していたし、また、そのような任務を与えられつつ、発展したものであった。この意味において、会計学説の発展は、会計の歴史をたどることによっても、いくぶんかは達成できるのであり、また、そのような考察の手がかりは、すでに第四章までに与えてきたところであった。しかしながら、会計実務の発達が、ある程度まで高度の発達をとげるにいたれば、以上の関係は、もはや完全には認められなくなり、むしろ、会計学説が独自の発展をとげてゆくこととならざるをえないであろう。今日の会計学説は、すでにそのような転換期を経過したのであり、会計学史に独自の学問的重要性を与えて、会計学の独立の一分野として取扱うべき充分の根拠が認められるのである。しかしながら、体系的な会計学説史が書かれるためには、現在はその好機であるとはいえないかも知れない。今日まで発表されてきた多くの会計学説、そして、現在発表されつつある会計学説は、それぞれ、将来において大成さるべき会計学史の一ページにおさめられるべきものにすぎないのである。われわれは、いま、会計学説の発展と展開の中にいる。この「会計史および会計学史」の部分において、わずかに一章をもって、会計学史を説明しようとしたのは、そのためであり、また、本章で解説もしくは引用する文献の数が、必ずしも充分でないのも、その理由にもとづく」[34]。

---

34 同上、478〜480頁。

ここでは「会計学説の発展を中心的にとりあつかっている文献の数は……非常に少なく、極端にいえば、皆無にちかいといっても過言ではない」とされているが、これは前出の『近代会計成立史』のエピローグ「会計史研究の歩み」における「会計史研究は……会計史の面と会計学（説）史の面とが峻別されずに、いわば渾然一体となって存在して」おり、しかも「会計学（説）史の分類に入る研究成果は圧倒的に多い」とする理解とは正反対であり、注目に値しよう。1957年から2005年までの約半世紀間に状況が一変したということだろうか。あるいは、両者に捉え方の異同があるのだろうか。「渾然一体」であることは同様ながら、かつては会計学史が会計史に埋没していたために「会計学説の発展は、会計の歴史をたどることによっても、いくぶんかは達成できる」とされ、方今は会計史が会計学史に埋没しているために「会計史学史が会計学（説）史学史にすり替わる」のだろうか。

また、この「会計史および会計学史」は会計史の会計学との関係について「会計史が会計学の一分野として研究されなくてはならないということは、きわめて当然のことのように思えるかもしれないが、会計史研究の場合、それが会計理論を確立する基礎的作業として行われなければならないということは、充分に強調されなければならないであろう。しかし、この場合にも、問題の整理の仕方に、いくつかの異なったタイプが指摘できる。その第一は、すでに歴史的資料となっている過去の会計学文献を詳細に検討し、そのなかから、当時の会計学説を把握しようとする立場であって、たとえば、1494年に出版されたルカ・パチョーロ（Luca Paciolo）の『簿記論』……から、その簿記学説を知ろうとする研究態度などは、これに属する」[35]とし、他方、「企業会計の実務は、単に技術的進歩によって発達してゆくものではなく、一定の理論によって大きく指導されるものである。このことは、複式簿記が一応の発展段階に到達したのち、特に明確にみとめることができるであろう。ルカ・パチョーロの著述が会計実務におよぼした影響は、まさに、それで

---

35 同上、438～439頁。

あった」[36]としている。

なお、如上の『会計学の学び方』は後年、編者を替えて以下のような構成の新たな版が刊行されているが、旧版と比べると、章立てにおける会計史の扱いはかなり小さい。

染谷恭次郎（編）『会計学の学び方』1971年

  序章　会計学へのアプローチ（節立ては省略）
  第Ⅰ章　会計学の基礎
   第1節　会計の生成・発展と会計学（説）の展開
    1. 歴史を学ぶ意義
    2. 会計史
    3. 会計学（説）史
   第2節　会計の職能と機能
   第3節　会計公準
   第4節　会計主体論
   第5節　会計原則
  第Ⅱ章　損益計算論（節立ては省略）
  第Ⅲ章　資産会計論（同上）
  第Ⅳ章　持分会計論（同上）
  第Ⅴ章　財務諸表論（同上）
  第Ⅵ章　会計監査論（同上）
  第Ⅶ章　原価計算論（同上）
  第Ⅷ章　管理会計論（同上）
  第Ⅸ章　会計組織論（同上）

---

36 同上、457頁。

体系的な通史とは？

　冒頭に言及された叢書はその後、約30年にわたって後続がなかったが、2011年には『体系現代会計学』の刊行が開始され、これにおいては翌年4月に上梓された次の書が会計史に充てられている。

　　千葉準一、中野常男（責任編集）『体系現代会計学［第8巻］　会計と会計学の歴史』2012年

　　　序章　「会計」の起源とわが国における会計史研究の展開と課題
　　第Ⅰ部　近代会計前史
　　　第1章　複式簿記の生成・発展と「パチョーリ簿記論」への展開
　　　第2章　複式簿記の伝播と近代化──オランダ、イギリスを中心に
　　　第3章　株式会社の誕生と株式会社会計の起源──オランダ東インド会社とイギリス東インド会社を中心にした初期の株式会社の会計実務
　　第Ⅱ部　近代会計の黎明
　　　第4章　株式会社会計における財務報告の源流
　　　第5章　会社法制の萌芽と株式会社会計──ドイツの会社定款と株式会社会計実務
　　　第6章　株式会社と会計専門職業の形成──イギリスの近代株式会社制度と会計専門職業人の台頭
　　　第7章　近代会計理論の生成──19世紀英米会計文献に見る資本主理論生成過程の点描
　　第Ⅲ部　近代会計の展開
　　　第8章　ビッグ・ビジネスの台頭と大規模株式会社の会計──アメリカの企業合同運動期の会計事情を中心に
　　　第9章　会計原則の制定と取得原価主義会計の確立──アメリカ

における会計原則制定運動と取得原価主義会計の確立過程を中心に
　　第10章　意思決定有用性アプローチの確立と概念フレームワークの形成——アメリカにおける会計規制の観点から
　第Ⅳ部　日本における会計の発展
　　第11章　三菱簿記法制定以前の三菱の会計——三菱・日本郵船の会計発展の源流
　　第12章　日本の会計基準と企業会計体制

　以上のような構成のこの『会計と会計学の歴史』は、編者によれば、「本書は、会計の通史的叙述を目的とするものではない。通史を念頭に置きつつ、わが国における会計史研究の現状をふまえて、個々の章で取り上げるテーマが選択され、基本的骨格が構成されている。本書の前身的存在ともいうべき小島男佐夫（編著）『会計史および会計学史』……と比較すれば、本書の構成上の特徴は明らかになろう。『会計史および会計学史』が同書刊行当時におけるわが国の会計史研究の動向を反映して、もっぱら簿記（特に複式簿記）の歴史に焦点を定めていたのに対して、本書は、簿記の歴史とともに、これを含むより広範な会計の歴史を叙述することを目指している」[37]とされており、ここでも、はたして会計史と簿記史は何をもって峻別するのか、と問いたいが、ただし、『会計史および会計学史』の編者は1979年当時の「わが国における会計史研究」[39]について「研究分野もイタリアを中心とした、いわゆる複式簿記の起源論、または発生史研究から、今や欧州諸国における、それぞれの国固有の簿記法の研究から、イタリア式貸借簿記法の流布・展開の問題の解明に進んでいる」[40]としている。

---

[37] 千葉準一、中野常男（責任編集）『体系現代会計学［第8巻］　会計と会計学の歴史』2012年、ⅲ～ⅳ頁。
[38] 第4章。
[39] 中野常男、清水泰洋（編著）『近代会計史入門』2014年、(3)頁。

また、直上に引いたように「会計の通史的叙述を目的とするものではない」とされた『会計と会計学の歴史』の刊行（2012年）からさほどのときを置かずに刊行された次の書はこの『会計と会計学の歴史』と同じ編者をもって編まれた点も注目される。

中野常男、清水泰洋（編著）『近代会計史入門』2014年

 序章　「会計」の起源と複式簿記の誕生
第Ⅰ部　簿記の時代――複式簿記の伝播と近代化
 第1章　フランスの簿記事情と会計規定の成立・展開――イタリア式簿記の導入以前からナポレオン商法まで
 第2章　ドイツ式簿記とイタリア式簿記――フッガー家の会計制度と16～19世紀のドイツ簿記書
 第3章　ネーデルラント会計史の現代的意義――ステヴィンの「簿記論」とオランダ東インド会社
 第4章　15～19世紀イギリスの簿記事情――複式簿記の伝播とその漸次的普及
 第5章　アメリカへの複式簿記の移入と簿記理論の体系化――理論的教示、そして会計学への展開
 第6章　和式帳合と複式簿記の輸入――江戸時代から明治時代にかけて
第Ⅱ部　簿記から会計へ――株式会社と近代会計の形成
 第7章　株式会社会計の起源――イギリス東インド会社と南海会社
 第8章　株式会社制度確立期の財務報告実務――19世紀イギリスにおける鉄道会社の会計実務

40　小島（責任編集）『会計史および会計学史』「序文」1頁。

第 9 章　株式会社と管理会計の生成——鉄道業から製造業へ

第 10 章　株式会社と会計専門職業——19 世紀イギリスにおける会社法制の整備と会計専門職業の発展

第 11 章　政府・自治体と公会計——アメリカ公会計の起源と特徴

第 12 章　会計理論の生成と展開——世紀転換期から 1920 年代のアメリカにおける学説史的展開

結章　現代会計へのプロローグ

　以上のような構成のこの書は、「わが国における会計史研究の状況」について「会計の通史を体系的に論じた著作となると、その数は少ない。近年の事例を取り上げても、小島男佐夫……の『会計史入門』（1987）や平林喜博……編著の『近代会計成立史』（2005）などを挙げるのみである[41]」とする編者によれば、「本書は、このような状況をふまえて企画された[42]」とされており、しからば、体系的な会計通史が目指されたのだろうか。

第 2 節　会計通史の展開

ブラウン

　「会計史」の古典については「イギリスの Richard Brown の編著になる *A History of Accounting and Accountants*（1905）と Arthur H. Woolf の *A Short History of Accountants and Accountancy*（1912）、ドイツの Baldwin Penndorf の *Geschichte der Buchhaltung in Deutschland*（1913）……これらは会計史における三大古典と位置づけられ……Brown や Woolf らの著作以降、会計の通史叙述を試みた書物が徐々に刊行されるようになるが、その中にあって、

---

[41]　中野、清水（編著）『近代会計史入門』（3）頁。
[42]　同上、（3）〜（4）頁。
[43]　同上、（4）頁。

会計史研究の本格的な幕開けを画するものと見なされるのは、Ananias C. Littleton の *Accounting Evolution to 1900*（1933）である」[44]とされ、他方、「「会計」の通史的著作の登場は20世紀に入ってからのことで……*A History of Accounting and Accountants*（1905）を待たなければならない」[45]とされ、「*A Short History of Accountants and Accountancy*（1912）は、会計の通史に関する古典的著作の一つとして挙げられる」[46]とされ、また、「本格的な会計史研究の古典と位置づけられるのは……*Accounting Evolution to 1900*（1933）であろう」[47]とされる。

いずれにしても筆頭に挙げられるリチャード・ブラウンの下掲の書はまずは20世紀の初頭に刊行され、60数年後に再版が出され[48]、およそ100年後にはペーパーバック版も出され[49]、いまなお会計史の典拠として用いられる。

Richard Brown (ed.), *A History of Accounting and Accountants*, 1905

第Ⅰ部　会計の歴史
　第1章　勘定方法
　第2章　古代の会計システム
　第3章　初期の会計記録の様式
　第4章　監査の歴史
　第5章　簿記の歴史
　第6章　簿記の歴史（続）

---

[44] 同上、(2)〜(3)頁。
[45] 中野常男「「会計」の起源とわが国における会計史研究の展開と課題」千葉準一、中野常男（責任編集）『体系現代会計学［第8巻］　会計と会計学の歴史』2012年、4頁。
[46] 同上、1頁。
[47] 同上、4頁。
[48] *A History of Accounting and Accountants*, Frank Cass, 1968.
[49] *A History of Accounting and Accountants*, Cosimo Classics, 2004.

第Ⅱ部　会計士の歴史
　　　　第1章　初期のイタリアの会計士
　　　　第2章　スコットランド——勅許以前
　　　　第3章　スコットランドの勅許会計士
　　　　第4章　イングランドとアイルランド
　　　　第5章　イギリスの植民地ほか
　　　　第6章　アメリカ合衆国
　　　　第7章　ヨーロッパ大陸
　　　　第8章　その他の諸国
　　　　第9章　会計プロフェッションの発展
　　　　第10章　現況と今後の展望

　ブラウンはエディンバラ会計士協会（Society of Accountants in Edinburgh）（SAE）の会長も務めた知名の会計士であり、また、精力的な古書蒐集家としても知られ、現在のスコットランド勅許会計士協会（Institute of Chartered Accountants of Scotland）（ICAS）の古書コレクションの礎を築いたが[50]、その結実ともいうべきものがこの書だった。勅許会計士の誕生50周年（誕生はSAEが勅許を受けた1854年）を機に刊行されたこの書は[51]、ブラウンを編著者として、彼のほか数名の会計士らによって執筆されている。

　巻末には第Ⅰ部に関連する補遺として「補遺Ⅰ　簿記文献目録」があるが、15世紀末から18世紀末までを対象とするこれには古書蒐集家ブラウンの面目躍如たるものがある。また、第Ⅱ部に関連する補遺としては「補遺Ⅱ　スコットランド会計士界の物故者一覧」があり、これは初期のスコットランドの会計士についての網羅的な人名録である。

　「この著作の目的は、会計専門職業がまさにその勃興期にあった当時に、

---

50 Jas. C. Stewart, *Pioneers of a Profession: Chartered Accountants to 1879*, 1977, pp. 55-56.

51 Richard Brown (ed.), *A History of Accounting and Accountants*, 1905, p. vii.

標題が示すように、会計（accounting）とこれに携わる会計人（accountant）の歴史を古代社会から跡づけることにより、それが医師や弁護士などの他の専門職業に引けを取らないほどの歴史を有するものであると主張して、その存在意義を社会的に強く訴求することにあったと考えられる。歴史にはこのような役立ちも見出される」[52]とされ、また、「BrownとWoolfの著作は、その対象を先行事例のように簿記の歴史に限らず、会計とこれに携わる専門職業人の歴史を叙述することにより、台頭期にあった会計専門職業の存在意義を社会的に強く訴求することを意図していたものと考えられる」[53]とされる。

別稿にて既述のように、「わが国における会計史研究の第一人者……小島男佐夫の遺著『会計史入門』は、このブラウンの書物が種本になっているのではないか」[55]ともされるが、けだし、小島著に限ることなく、かなりの会計史書がこのブラウンの書を種本としているのではないだろうか。[54]

ウルフとリトルトン

ロンドンの法廷弁護士アーサー H. ウルフの下掲の書は、これもブラウンの書を種本としているかどうかはさておき、「会計の歴史は概して文明の歴史である」[56]という冒頭の有名な件（くだり）が頻繁に引いて用いられ（いや、頻繁に引用されるからこそ有名、というべきか）、この件は「商業は文明の侍女といわれたが、同様に会計は両者の侍女であるといっても誤りではない。換言すれば、文明は商業の親であり、会計は商業の子供である。したがって、会計は文明の孫に相当することになる」[57]と敷衍される。

---

52 中野常男「会計史と会計人の「コモンセンス」」『税経通信』第 69 巻第 5 号、2014 年、23 頁。
53 中野、清水（編著）『近代会計史入門』(2) 頁。
54 友岡賛「「会計史」小史」。
　 友岡賛『会計学原理』。
55 平林（編著）『近代会計成立史』233 頁。
56 ウルフ／片岡義雄、片岡泰彦（訳）『ウルフ会計史』1977 年、1 頁。
57 同上、1 頁。

Arthur H. Woolf, *A Short History of Accountants and Accountancy*, 1912

　第Ⅰ部　会計システムの発達
　　第1章　エジプト人の会計
　　第2章　バビロニア、アッシリア、およびヘブライ人の会計
　　第3章　ギリシャ人の会計
　　第4章　ローマ共和国の会計
　　第5章　ローマ帝国の会計
　　第6章　暗黒時代の会計
　　第7章　イギリスのエクスチェッカー
　　第8章　11世紀から15世紀までのイギリスの会計
　　第9章　15世紀末までの大陸諸国の会計
　第Ⅱ部　簿記論の発展
　　第10章　世界初の印刷された簿記文献
　　第11章　その後の諸国における簿記文献
　　第12章　イギリスの簿記文献
　第Ⅲ部　監査の起源と進歩
　　第13章　監査の歴史
　第Ⅳ部　職業的会計士の出現と発展
　　第14章　イタリアにおける初期の会計士
　　第15章　スコットランドの会計士と18世紀末までのイングランドの会計士
　　第16章　18世紀末以降の会計士
　　第17章　職業的会計士——現況と今後の展望

　しかしながら、およそ人の社会的な営みは押し並べて文明と相即していることからして「会計の歴史は概して文明の歴史である」は自明であって、あ

えて自明の文明への言及を「これは、会計の歴史の研究が極めて興味深く、かつ貴重となる理由である」と説いていることは、やはりというべきか、興味深いものであることを強調しなければならないのは、そうとは思われていない会計の宿命ともいうべきか。もっとも、この件については「上掲の文言は会計の歴史性を論じ、その起源が文明の誕生とともにあることを強調するものである」ともされる。

　筆頭に挙げられたブラウンの書は、しかしながら、訳書がないためか、あるいは（典拠には好適ながら）引いて用いるのに恰好の件がないためか、けだし、わが国にあっては叙上のウルフの書と A. C. リトルトンの下掲の書が双璧的によく知られており、リトルトンの書においては最終章の最後の段落の「光ははじめ 15 世紀に、次いで 19 世紀に射したのである。15 世紀の商業と貿易の急速な発達にせまられて、人は帳簿記入を複式簿記に発展せしめた。時うつって 19 世紀にいたるや当時の商業と工業の飛躍的な前進にせまられて、人は複式簿記を会計に発展せしめたのであった」がよく引かれる。

A. C. Littleton, *Accounting Evolution to 1900*, 1933

　　第 I 部　複式簿記の発達
　　　第 1 章　簿記の意義
　　　第 2 章　複式簿記の来歴
　　　第 3 章　複式簿記の特徴
　　　第 4 章　取引の分解
　　　第 5 章　体系的な簿記の完成——パチョーロ

58　同上、1 頁。
59　友岡賛『会計の時代だ——会計と会計士との歴史』2006 年、193〜211 頁。
60　中野常男「「会計」の起源と複式簿記の誕生」中野常男、清水泰洋（編著）『近代会計史入門』2014 年、4 頁。
61　リトルトン／片野一郎（訳）、清水宗一（助訳）『会計発達史（増補版）』1978 年、498〜499 頁。

第6章　往時の簿記と今日の簿記の比較
　　　第7章　元帳の変遷
　　　第8章　仕訳の進化
　　　第9章　財務諸表の発展
　　　第10章　資本主簿記
　　第Ⅱ部　簿記から会計学への発展
　　　第11章　資本主理論
　　　第12章　企業主体理論
　　　第13章　株式会社の影響
　　　第14章　減価償却
　　　第15章　有限責任
　　　第16章　イギリスにおける監査発達の背景
　　　第17章　会計専門家の発展
　　　第18章　イギリスにおける法定監査
　　　第19章　監査手続き
　　　第20章　原価計算の起源
　　　第21章　19世紀末葉における原価会計の発展
　　　第22章　会計の進化

　また、叙上の件はリトルトンの会計史における［簿記 → 会計］というシェーマ、すなわち「19世紀にいたって簿記は会計 accounting に発展した」[62]とするそれを要約的に敷衍しており、このシェーマについては「リトルトンの会計史研究上の功績は、それまでの〈会計史＝簿記史（特に複式簿記の歴史）〉という段階から脱却し、15世紀の分析を中心とする「複式簿記の生成と発展」（Evolution of Double-Entry Bookkeeping）とともに、「簿記より会計学への発展」（Expansion of Bookkeeping into Accountancy）が展開され

62　同上、255頁。

る19世紀にも研究の光を投げかけ、〈簿記史〉を包摂しつつ、これを超えた、本来の意味での〈会計史〉の叙述を企図した点にある。……リトルトンの著作において初めて、従来の簿記、特に複式簿記の生成発達史を超える、社会経済的環境をふまえた「会計」の歴史的叙述が展開されたのである」とも̇されているが、なおまた、第4章にて既述のように、第Ⅱ部は「簿記より会計への発展」ではなくして「簿記より会計学への発展」とされており（少なくとも訳書ではそう訳されており）、そこに看取される含意は、［簿記 → 会計］はこれが会計学をもたらす、として捉えられよう。

なお、1930年代にはウィルマー L. グリーンの下掲の書もリトルトンの書と相前後して上梓されている。

Wilmer L. Green, *History and Survey of Accountancy*, 1930

第1章　会計の歴史：勘定方法
第2章　会計の歴史：バビロニアとアッシリアの会計；エジプトの会計；ギリシャの会計；ローマ共和国の会計；ローマ帝国の会計；暗黒時代の会計；イングランド、スコットランド、およびアイルランドの会計；ヨーロッパ大陸の会計；アメリカ合衆国の会計；カナダの会計；南アメリカと中央アメリカの会計
第3章　簿記の歴史
第4章　会計プロフェッションの法律
第5章　会計プロフェッションの教育
第6章　会計士団体
第7章　倫理

63　中野「「会計」の起源とわが国における会計史研究の展開と課題」5頁。
64　同上、26〜29頁。

このグリーンはかつて公認会計士事務所ハスキンズ＆セルズに籍を置いており、当時は大勢の会計士らと会計プロフェッションについて論じ合う機会があったが、彼らの大多数があまりに知識に乏しいことを知って驚いた、という経験を有し、その後、将来の会計士たちに会計プロフェッションの歴史や倫理を身に着けさせるべく教職に就いたグリーンがそうした意図をもってまとめたこの書は、したがって、歴史ばかりか、会計プロフェッションの(当時の) 現行制度等をも概観している。

学会

　そもそも何をもって或る学問領域の確立とするか。これは、むろん、議論の分かれるところだろうが、一つのメルクマールとしては、学会の設立、を挙げることもできよう。

　これも別稿にて既述のように、わが国におけるこの領域の学会の誕生はあまり古いことではなかったが、これは海外にあってもそれほどの大差はなく、会計史家協会（Academy of Accounting Historians）がケベックで設立をみたのは1973年のことだった。

　1968年にアメリカ会計学会（American Accounting Association）(AAA）に設けられた会計史委員会（Committee on Accounting History）に付託されたのは「会計史研究の目的の提示、大学の学部および大学院における会計史教育の指針の案出、ならびに会計史の研究ないし教育に関心のある人々が研究発表を聴いたり、意見を交換したりすることができるフォーラム（恐らくは学会の大会における円卓会議）の準備」だった。

　スティーブン A. ゼフ（テュレーン大学）を委員長とし、その他、リチャー

65　Wilmer L. Green, *History and Survey of Accountancy*, 1930, p. [5].
66　友岡「「会計史」小史」。
　　友岡『会計学原理』。
67　Edward N. Coffman, Alfred R. Roberts, and Gary John Previts, 'A History of the Academy of Accounting Historians 1973-1988,' *The Accounting Historians Journal*, Vol. 16, No. 2, 1989, p. 155.

ド P. ブリーフ（ニューヨーク大学）、マイケル・チャットフィールド（カリフォルニア大学ロスアンジェルス校）、デビッド・グリーン, Jr.（シカゴ大学）、デビッド F. ホーキンス（ハーバード大学）、リチャード H. ホンバーガー（ウィチタ州立大学）、モーリス・ムーニッツ（カリフォルニア大学バークレー校）、エドワード・ペラガロ（ホーリー・クロス大学）をもって構成されたこの委員会は翌1969年にAAAの執行委員会に報告書を提出しているが[69]、この報告書はまずは「会計史の目的は知的であるとともに実利的でもある」[70][71]とした上で、前者については「会計史は、変化をもたらす環境要因を識別し、変化の実際の生じ方を明らかにすることによって、会計の思想、実践、および制度の発展プロセスを解明する」[72]とし、また、後者については「会計史は、今日において用いられている諸概念や行われている実践や制度の起源を明らかにすることによって、今日の会計上の諸問題の解決に資する識見をもたらす」[73]とし、さらにまた、注目に値する歴史研究の論点の例を次のように列挙していた[74]。

①連邦所得税の課税所得の算定および「一般に認められた会計原則」との関係における後入先出法の変遷
②「一般に認められた会計原則」の設定におけるニューヨーク証券取引所、会計プロフェッション、および証券取引委員会の関係の変遷
③イギリス会社法における会計・監査規定の変遷

---

68 American Accounting Association, 'Committee on Accounting History,' *The Accounting Review*, Supplement to Vol. 45, 1970, p. 53.
69 *Ibid.,* p. 52.
70 Coffman *et al.,* 'A History of the Academy of Accounting Historians 1973-1988,' p. 156.
71 American Accounting Association, 'Committee on Accounting History,' p. 53.
72 *Ibid.,* p. 53.
73 *Ibid.,* p. 53.
74 *Ibid.,* pp. 53-54.

252　第4部　会計の歴史研究を考える

　　④科学的管理法運動が標準原価計算の発達に与えた影響
　　⑤アメリカにおける第2次世界大戦後の合併運動と持分プーリング法の関係
　　⑥非営利組織の会計実践の進展における会計プロフェッションの役割
　　⑦19世紀および20世紀の大学における簿記・会計教育の進展
　　⑧アメリカ公認会計士協会が会計の思想、実践、および制度の発展に与えた影響
　　⑨自由放任主義の経済と混合経済における監査人の役割の進展の異同[75]

　この会計史委員会の報告書は会計史研究の必要性と大学院の教科課程における会計史の必要性をともに認め、他方、会計史研究の欠如とその手の研究に対する資金援助の欠如について懸念を示すものであり[76]、教育については「会計は権威主義的に教授されることがあまりにも多く、すなわち、宛も現在の認められた実践が何十年、何百年の環境の変化を超えて不易であるかのように扱われている。教科書の多くはこうした捉え方を否定しておらず、したがって、教授者は歴史的な要素を取り入れなければならない[77]」とし、また、「会計は専門職的であるとともに学術的でもあり、その歴史の意義は医業における医療史の意義、法曹にとっての法律史の意義、経済学における経済史の意義、および建築家にとっての建築史の意義にも引けを取らない[78]」と述べ、AAAの役割について「AAAは、歴史研究は学問分野におけるあらゆる研究活動に不可欠の要素である、ということを認識しなければならない[79]」と結論づけていた。

75　この最後の例については「この手の論点は会計史と、国際会計における比較研究の接点を示唆する」(*Ibid.*, p. 54) と附言されている。
76　Coffman *et al.*, 'A History of the Academy of Accounting Historians 1973-1988,' p. 156.
77　American Accounting Association, 'Committee on Accounting History,' p. 55.
78　*Ibid.*, p. 55.
79　*Ibid.*, p. 55.

第 10 章　会計史の成立　253

　しかしながら、その後、AAA が会計史委員会の勧告に応ずる気配はなく、そうしたなか、この勧告を重視し、また、AAA には会計史委員会を継続させるつもりがない様子を看取したゲーリー・ジョン・プレビッツと S. ポール・ガーナーをはじめとする少数の会計学教授たちのグループが 1973 年に達した結論は、会計史研究の促進に関心がある人たちのために別の組織を設ける必要がある、というものだった。[80]

　プレビッツは会計史および会計史研究の促進に関心があると思われる何人かの人々に書簡を送り、会計史に関する新団体の設立を検討するための委員会への参加を呼び掛けた。この書簡を受け取った人々から寄せられた意見を検討した結果、新団体の設立を目指して前進することが決せられ、やがて設けられた設立委員会はプレビッツ（アラバマ大学）をコーディネーターとし、その他、ブリーフ、ガーナー（アラバマ大学）、H. トーマス・ジョンソン（ウェスタン・オンタリオ大学）、アルフレッド R. ロバーツ（ミズーリ大学）、ウィラード E. ストーン（フロリダ大学）、ジェームズ O. ウィンガム（ミシガン大学）、およびゼフをもって構成されていた。[81]

　1973 年 8 月 15 日、AAA の年次総会が開催されていたケベックのラバル大学において設立をみた会計史家協会はプレビッツを初代の会長とし、次のような目的を掲げていた。[82]

　　○歴史が今日の会計にとって有意義なものであることを世に知らしめること
　　○会計を扱う歴史家の学術研究活動と意見交換を促進すること
　　○歴史的研究方法の発達と普及に資する研究会等を設けること
　　○現行の教科課程の一部としての歴史教育と歴史に特化した特殊な教

---

[80]　Coffman *et al.*, 'A History of the Academy of Accounting Historians 1973-1988,' p. 156.
[81]　*Ibid.*, pp. 156-157.
[82]　*Ibid.*, pp. 157-158.

科課程による歴史教育を促進すること
○諸国の国際的な会計史家グループとの連携を図ること
○概念的方法、定量的方法、および実証的方法を用いて会計の発展史研究と理論史研究をともに継続してゆくことの必要性を唱えること

　やはりというべきか、まずは意義についての認知を得なければならないのは歴史研究の宿命ともいうべきか。

チャットフィールドとテン・ハーベ

　叙上のAAAの会計史委員会の委員に名を列ね、また、会計史家協会にあっては研究委員会や理事会のメンバーを務めることとなるチャットフィールドの下掲の1974年刊の書[83]は、恰もこの年にプレビッツが「会計史文献における重要な貢献が認められた者」に対して設けたばかりの「会長の砂時計賞」と称される会計史家協会の賞を受け[84,85]、ちなみに、チャットフィールドは1996年度にも、同年刊のリチャード・バンゲルメルシュとの共編の事典 *The History of Accounting: An International Encyclopedia* により、この賞を受けている[86]。

---

83 *Ibid.*, pp. 163, 165.
84 *Ibid.*, pp. 185, 187.
85 ただし、会計史家協会が設立された1973年度についても遡っての授賞が行われ、この年度はゼフが1972年刊の著書 *Forging Accounting Principles in Five Countries: A History and an Analysis of Trends* によって受賞している (*Ibid.*, pp. 185, 187)。
86 Edward N. Coffman, Alfred R. Roberts, and Gary John Previts, 'A History of the Academy of Accounting Historians: 1989-1998,' *The Accounting Historians Journal*, Vol. 25, No. 2, 1998, pp. 195-196.

第10章　会計史の成立　255

Michael Chatfield, A History of Accounting Thought, 1974

　第Ⅰ部　基礎的会計方法の発達
　　第1章　古代の会計
　　第2章　中世の会計
　　第3章　複式簿記の実践上の発達
　　第4章　パチョーロとベニス式簿記
　　第5章　パチョーロ以降の複式簿記
　　第6章　会計帳簿と財務諸表の発達
　　第7章　株式会社の出現
　第Ⅱ部　産業の時代における会計分析
　　第8章　工業企業の会計問題
　　第9章　イギリスの会計規制と監査
　　第10章　アメリカの監査
　　第11章　職業的会計士の発展
　　第12章　近代原価計算の起源
　　第13章　意思決定のための原価分析
　　第14章　政府の予算と企業の予算
　　第15章　所得税における会計の役割
　第Ⅲ部　会計理論の歴史
　　第16章　会計理論――企業の観点
　　第17章　資産評価上の概念の変遷
　　第18章　実現と利益の測定
　　第19章　公表報告書における情報開示
　　第20章　公準と原則

「accounting history」に訳書が「会計学史」[87]という訳を当てている点には違和感を禁じえないが、それはさておき、[88]「本書は、会計史に関する基礎原

理を 1 冊にまとめ、現在の会計学上の論点との関係を明らかにし、読者に会計思想発達の全般的概観を与える目的で著述したものである。……表題が示すように本書は、事象の編年史もしくは事実的概説というより思想の歴史を主に扱っている。……これまでの会計史の書物と比較して、本書は複式簿記の発達に費やす紙面は少なく、現代の会計技術及び会計理論が出現した 18 世紀から 19 世紀初頭の時代に、より多く言及している」とされている。[89]

また、如上のチャットフィールドの書と同時期に刊行された会計史書に O. テン・ハーベの下掲の書があるが、オランダの中央統計局の社会・経済統計部長[90]を著者としてオランダ語によって書かれたこの書については刊行後、それほどの間を置くことなく英訳書も上梓されており、ちなみに、英訳者の A. ファン・セベンターはこの訳業をもって先述の会計史家協会の砂時計賞を受けている。[91]

O. ten Have, *De Geschiedenis van het Boekhouden*, 1973[92]

O. ten Have / A. van Seventer (trans.), *The History of Accountacy*, 1976

第 1 章　序論
第 2 章　古代
第 3 章　1500 年までのイタリアにおける会計の発達
第 4 章　1500 年までのイタリア以外における会計の発達
第 5 章　ヨーロッパ貿易から世界貿易へ

87　Michael Chatfield, *A History of Accounting Thought*, 1974, p. iii.
88　チャットフィールド／津田正晃、加藤順介（訳）『会計思想史』1978 年、ⅰ頁。
89　同上、ⅰ頁（「会計学史」はこれを「会計史」に改めた）。
90　A. van Seventer, 'O. ten Have (1899-1974),' *The Accounting Historians Journal*, Vol. 4, No. 2, 1977, p. 103.
91　Coffman *et al.*, 'A History of the Academy of Accounting Historians 1973-1988,' p. 187.

第6章　16世紀から19世紀までの会計文献の著者たち
第7章　19世紀および20世紀前半の会計の発展──簿記から経営管理へ

「会計通史は20世紀のはじめ頃、ウルフとか、ブラウンによって体系化され……体系化は14・5世紀に、ルネッサンスの成果として複式簿記法が北イタリアにおいて形成され、それが17・8世紀、そして19世紀を通じてイギリスにおいて近代的簿記法、会計実践として展開するというものであった。……リトルトンは会計の歴史をふりかえるとき、15世紀と19世紀が栄光の世紀であるといっている」とする茂木虎雄[93]は、しかしながら、「17世紀初頭のオランダの簿記実践はイギリスの簿記実務に大きな影響をもつ。R. ブラウンは当時のオランダはイギリス人のための簿記学校であったといっている[94]

---

[92] この書の原著の刊行年については英訳書による邦訳書の「邦訳者あとがき」が「本書のオランダ語原著……は博士の本書「序文」にある通り、1974年に出版されている」（O. テン・ハーヴェ／三代川正秀（訳）『会計史』1987年、195頁、O. テン・ハーヴェ／三代川正秀（訳）『新訳 会計史』2001年、200頁）としており、筆者も、オランダ語による原著は（近隣の図書館には所蔵されていないため）これを直接には確認することなく、この「邦訳者あとがき」に依拠して「1974」（友岡賛『歴史にふれる会計学』1996年、12頁、友岡「「会計史」小史」96頁、友岡『会計学原理』229頁）としていたが、近頃になって実はテン・ハーベ「博士の本書「序文」」における「1974」という記述は存在しないことに気づき、原著を探し出して確認したところ、1973年刊であることが判明した。ただし、この書の英訳書には原著の刊行年の記載がなく、また、英訳者ファン・セベンターによるテン・ハーベの評伝においては「それは *De Geschiedenis van het Boekhouden* というタイトルをもって1974年に刊行された」（van Seventer, 'O. ten Have (1899-1974),' p. 104）とされている。

[93] 茂木虎雄「O. ten Have, *De Geschiedenis van het Boekhouden*, Delwel, 1973, 122pp.; Ditto, *The History of Accountacy*, translated by A. van Seventer, Bay Books, Palo Alto, California, 1976, V＋112pp.」『立教経済学研究』第31巻第2号、1977年、109～110頁。

[94] 茂木については差し当たり、友岡「「会計史」小史」95頁、友岡『会計学原理』228～229頁、を参照。

ほどである[95]」として「O. テン・ハーベの主張の特徴は 17・8 世紀の強調にある。これが第 5 章以下となる。前にものべたように従来のウルフ、ブラウンそのほかの通史的研究では中世イタリアにおける複式簿記の形成史の体系化に焦点があった。これがつい先頃までの会計史の研究でもあった。ここを抜けだすにはオランダの 17・8 世紀の研究がなされなければならぬ。テン・ハーベこそはうってつけの学者である[96]」と述べ、さらに第 7 章に注目して「この第 7 章を会計史の体系にとり込んでいることが、20 世紀初頭にさかんに著わされた会計史書と異なるところである。ここに簿記をこえて会計が展開する。本格的な会計史論がのべられている[97]」としており、他方、前出の小島は「テン・ハーヴェ博士の『簿記史』は、産業革命を境として、2 つの時代を区切っている。研究対象の発展につれ、産業革命までの会計法研究を簿記史、それ以後は、固定資産、産業経営の諸問題を伴って、簿記法の領域を超えて会計学の問題領域に入る。簿記史と会計史とが区分される。こうした自覚に基づいた、簿記・会計史の体系的研究は未だあらわれていない。とりわけ、産業革命後の体系的歴史的研究においては、博士の先駆者的価値は偉大である[98]」としている。

会計史の教科書

当代きっての会計史家の一人 J. R. エドワーズが壮年期にまとめた下掲の通史は「本書の企図はあるいは会計史の授業の基本的な教科書として用いられ、あるいは他の会計学の授業、とりわけ財務会計と監査にかかわる授業の参考書として用いられ、あるいは自身の分野の発展に関心がある会計士の興

---

95 茂木「O. ten Have, *De Geschiedenis van het Boekhouden*, Delwel, 1973, 122pp.; Ditto, *The History of Accountancy*, translated by A. van Seventer, Bay Books, Palo Alto, California, 1976, V + 112pp.」111 頁。

96 同上、117 頁。

97 同上、115 頁。

98 小島男佐夫「O. テン・ハーヴェ「簿記史」研究」『産業経理』第 41 巻第 6 号、1981 年、43 頁。

味を惹くことにある[99]」とされている点が注目され、また、「主として会計実践の発展に焦点を合わせ、また、この変遷過程に影響を与える環境の構成要素として会計思想や会計制度を扱っている[100]」とされているが、ただし、前出のチャットフィールドの書も「本書は会計学専攻の学生を対象とし、よく知られている概念の深層と論理的フレームワークの再検討をなし、会計理論、監査論、原価計算論そして国際会計論等を専攻するゼミ生に資料を提供し、かつそれらの今日までの発展段階の軌跡をたどろうとするものである。さらに、理論ゼミナールにおいて勉学するには多少知識が不足しているが、基礎課程の一般的概論は修了している大学院生のための会計学の最初の過程を提供するものでもある[101]」としており、これも「会計史」の教科書というべきか。

J. R. Edwards, *A History of Financial Accounting*, 1989

  第Ⅰ部　序
   第1章　会計史の意義
   第2章　経済発展と会計の変遷
  第Ⅱ部　古代から産業革命まで
   第3章　初期の記録
   第4章　責任負担・責任解除会計
   第5章　複式記入の起源と発達
   第6章　1500年から1800年までのイギリスにおける複式簿記
   第7章　初期の文献
   第8章　1225年から1830年までのイギリスにおける利益測定と資産評価
   第9章　株式と有限責任

---

99 J. R. Edwards, *A History of Financial Accounting*, 1989, 'Preface,' n. p.
100 *Ibid.* 'Preface,' n. p.
101 チャットフィールド／津田、加藤（訳）『会計思想史』ⅰ頁。

第Ⅲ部　企業の財務報告実践
　　　　第 10 章　1830 年から 1900 年までの会社の会計慣行の形成
　　　　第 11 章　1900 年から 1940 年までの情報開示の変遷
　　　　第 12 章　会計不正
　　　第Ⅳ部　規則と規制
　　　　第 13 章　公益事業会社と複会計システム
　　　　第 14 章　利益、配当、および資本維持
　　　　第 15 章　自由放任主義の状況下での自己規制
　　　　第 16 章　会社法と圧力団体
　　　　第 17 章　財務諸表と目論見書の標準化
　　　　第 18 章　子会社と関連会社の会計
　　　　第 19 章　勧告と基準
　　　第Ⅴ部　会計プロフェッションの発展
　　　　第 20 章　職業的会計士の業務
　　　　第 21 章　専門職団体

　「個々の会計史家たちの研究には著しい進展がみられるにもかかわらず、学部および大学院における会計学専攻の学生はその多く（ほとんど？）が会計史には触れることがない」（当時の）現況を案じ、「将来の会計士たちの教育」における会計史の重要性を唱え、この書の刊行をもって「叙上の趨勢とは逆方向の喜ばしいこと」と歓迎するトム・リー（Tom Lee）は「史料の制

　102　Tom Lee, 'John Richard Edwards（1989）*A History of Financial Accounting*. London: Routledge. Pp. 326. £35,' *Accounting, Business and Financial History*, Vol. 1, No. 1, 1990, p. 111.

　103　*Ibid.*, p. 111.

　104　*Ibid.*, p. 111.

　105　1999 年に会計史家協会の会長に就任（Edward N. Coffman, Yvette J. Lazdowski, and Gary John Previts, 'A History of the Academy of Accounting Historians: 1999-2013,' *The Accounting Historians Journal*, Vol. 41, No. 2, 2014, p. 6)。

約によって本書の大半（75％近く）は1830年以降の出来事を扱っている」[106]とはいえ、「本書の内容は最初期から今日に至るまで6,000年近い期間に及んでいる」[107]とし、「エドワーズの述べ方は平明にして直截であり、読者は本書の趣旨を容易に理解することができ、会計の変遷についてかなりよく知ることができる」[108]としながらも、「第1の問題点は歴史の本質と役割への言及にかかわる」[109]として歴史の意義についての説明が不足していることを指摘し、「第2の問題点は……会計の本質と役割に関する理解の深化に会計史を役立てることができるようにする理論的なフレームワークが欠如していることである」[110]などとなかなかに手厳しく、また、エドワーズと専門（19世紀イギリス会計史）を同じくし、親交もあった千葉準一いわく、「思い切ったことは書かずに、随分と無難にまとめてある」[111]。

なお、エドワーズは「二次資料に大きく依存している」[112]と述べ、リーも「エドワーズは利用可能な文献……を十分に活用している」[113]としているが、けだし、二次資料をもって通史を書くことができる、ということの意味はすこぶる大きい。

冒頭に紹介された「会計史研究の蓄積は会計通史を生み出すに至る。つまり会計史の教科書の誕生である。これは会計史という分野が1つの学問体系を確立し、市民権を獲得したことを意味している」という理解や、第1節にて既述の、およそ歴史というものには、まずは①大摑みの通史（的なもの）が書かれ、その後、本格的な歴史研究へと深化し、そこでは②細分化された

---

106 Lee, 'John Richard Edwards (1989) *A History of Financial Accounting*. London: Routledge. Pp. 326. £35,' p. 112.

107 *Ibid.*, p. 112.

108 *Ibid.*, p. 112.

109 *Ibid.*, p. 112.

110 *Ibid.*, p. 112.

111 本人談。

112 Edwards, *A History of Financial Accounting*, 'Preface,' n. p.

113 Lee, 'John Richard Edwards (1989) *A History of Financial Accounting*. London: Routledge. Pp. 326. £35,' p. 112.

対象における緻密な歴史が書かれ、その後、本格的な研究の蓄積を踏まえ、③体系性をもった通史が書かれる、といった過程がみられる、といった捉え方が想起されよう。

やはり、歴史に学ぶ、なのか？

　会計史に限ることなく、歴史には「歴史を学ぶ」と「歴史に学ぶ」があり、「歴史研究」などという場合にはまずは「歴史を学ぶ」がイメージされようが、他方、歴史の意義を問われた場合には「歴史に学ぶ」の方がもっともらしい応答が容易ともいえよう。敷衍すれば、前出のAAAの会計史委員会の報告書における「会計の思想、実践、および制度の発展プロセスを解明する」という会計史の「知的」な目的は「歴史を学ぶ」に繋がり、他方、「今日の会計上の諸問題の解決に資する識見をもたらす」という会計史の「実利的」な目的は「歴史に学ぶ」に繋がり、要するに、「実利的」である方が意義を説明しやすい、ということかもしれない。

　その点、ピーター・ウォルトンが編んだ下掲の書は「現代の会計を研究するためには過去の会計を研究しなければならない」[114]として次のように敷衍している。

>　「本書の淵源は会計史よりも比較国際会計の領域にかかわっている。特定時点の特定の国における会計の実務慣行および規制の総体は、その時代だけにかかわっているのではなくて過去の決定事項の集積なのであり、それは一定期間の多くの種々の刺激に対応して修正されてきたものであるという基本的立場から出発するならば、特定の国における財務報告の現状を研究しようとする者は、その時代を理解するために規制の歴史的展開方法を検討する必要があるということになる」[115]。

---

[114] P. ワルトン（編著）／久野光朗（監訳）『欧州比較国際会計史論』1997年、(5)頁。

[115] 同上、1頁。

Peter Walton (ed.), *European Financial Reporting: A History*, 1995

　　第1章　国際会計と歴史
　　第2章　西欧の工業化における会計
　　第3章　オーストリアにおける財務報告の歴史
　　第4章　ベルギーにおける財務報告の歴史
　　第5章　デンマークにおける財務報告の歴史
　　第6章　フィンランドにおける財務報告の歴史
　　第7章　フランスにおける財務報告の歴史
　　第8章　ドイツにおける財務報告の歴史
　　第9章　イタリアにおける財務報告の歴史
　　第10章　オランダにおける財務報告の歴史
　　第11章　ノルウェーにおける財務報告の歴史
　　第12章　スペインにおける財務報告の歴史
　　第13章　スウェーデンにおける財務報告の歴史
　　第14章　スイスにおける財務報告の歴史
　　第15章　イギリスにおける財務報告の歴史

なお、「比較欧州会計の研究にあたって、自明なことは、異なる文化が異なる目的や特性と会計とを関連づけていることであり……そのことが適切な比較を困難にしているということである。ある国における会計文化の重要な局面（たとえばスイス会計における慎重性）が異なる価値観を有する他国において重視されないこともある（たとえば報告面で経済的透明性の重視を主張するイギリスと比べて）」[116]という理解をもって編まれたこの書は、したがって、「画一的枠組を強要していない。そのため一連の異なった説明が示されており、それぞれが特定の国の会計の発展を明らかにしているのであるが、読者

---

[116] 同上、(5)頁。

は、一連の各国別の会計に対する歴史的紹介を期待すべきであり、偏狭な先入観に基づく画一的分析を期待してはならない」としている点が興味深い。

一般的な市民権？

　近年は一般教養書の類いで会計の歴史を扱ったものが散見される。例えば下掲のものは、すべてを会計史書とは看做しえないかもしれないが、いずれも古代から現代までの会計を歴史的に扱っており、また、いずれも早期に訳書が刊行されている。

> Mike Brewster, *Unaccountable: How the Accounting Profession Forfeited a Public Trust*, 2003
>
> Jane Gleeson-White, *Double Entry: How the Merchants of Venice Shaped the Modern World——and How Their Invention Could Make or Break the Planet*, 2011
>
> Jacob Soll, *The Reckoning: Financial Accountability and the Rise and Fall of Nations*, 2014

　かつては「へぇ、会計にも歴史があるんだ」とか、「会計の歴史なんて考えてみたこともなかった」とかいわれていたこの「会計史」という分野も、いつの間にか、一般的な市民権を得たということだろうか。

---

117 同上、(5) 頁。
118 マイク・ブルースター／友岡賛（監訳）、山内あゆ子（訳）『会計破綻——会計プロフェッションの背信』2004 年。
　　ジェーン・グリーソン・ホワイト／川添節子（訳）『バランスシートで読みとく世界経済史——ヴェニスの商人はいかにして資本主義を発明したのか？』2014 年。
　　ジェイコブ・ソール／村井章子（訳）『帳簿の世界史』2015 年。
119 友岡『歴史にふれる会計学』3〜4 頁。

第11章
会計士史の展開

専門中の専門？

（個人的なことながら）まずは「会計史」と「会計プロフェッション論」をもって専門とする筆者にとって「会計士史」はこれをいわば専門中の専門として捉えることもできようが、第10章に述べたように、会計史に限ることなく、歴史には「歴史を学ぶ」と「歴史に学ぶ」があり、そのため、歴史を扱う際には葛藤めいたものが生じ、これは「会計士史」と「会計プロフェッション論」の関係においても同様かもしれない。すなわち、プロフェッションを論ずるために歴史に学ぼうとしているのか、あるいはプロフェッション論を踏まえて歴史を学ぼうとしているのか、ということである。

葛藤めいたものがあるということは、いずれとも判然としない、ということを意味し、したがって、「会計士史の展開」と題する本章は、しかしながら、会計士史史（会計士史の歴史）ばかりか、会計士論史（会計士論の展開）をも扱うことになるかもしれない。

会計士論にかかわる文献

会計士論にかかわる文献は多岐にわたるが、ここでは差し当たり書籍に限定し、下記のように整理・分類の上、サーベイすることとする。

なお、個々の会計士団体や会計事務所の歴史を扱ったものは本章の対象から除かれている。[1]

プロフェッション論（社会学の文献）

A. M. Carr-Saunders and P. A. Wilson, *The Professions*, 1933

Geoffrey Millerson, *The Qualifying Associations: A Study in Professionalization*, 1964

Philip Elliott, *The Sociology of the Professions*, 1972

Terence J. Johnson, *Professions and Power*, 1972

Magali Sarfatti Larson, *The Rise of Professionalism: A Sociological Analysis*, 1977

Andrew Abbott, *The System of Professions: An Essay on the Division of Expert Labor*, 1988

Robin Roslender, *Sociological Perspectives on Modern Accountancy*,

---

1 例えば以下のような文献。

団体

Institute of Chartered Accountants of Scotland, *A History of the Chartered Accountants of Scotland: From the Earliest Times to 1954*, 1954

Harold Howitt, *The History of the Institute of Chartered Accountants in England and Wales 1880-1965 and of Its Founder Accountancy Bodies 1870-1880: The Growth of a Profession and Its Influence on Legislation and Public Affairs*, 1966

Cyril W. Banyard, *The Institute of Cost and Management Accountants: A History*, 1985（C. W. バンヤード／鈴木一道（訳）『イギリス管理会計士勅許協会の発展』1989 年）

事務所

Edgar Jones, *Accountancy and the British Economy 1840-1980: The Evolution of Ernst & Whinney*, 1981

David Grayson Allen and Kathleen McDermott, *Accounting for Success: A History of Price Waterhouse in America 1890-1990*, 1993

Edgar Jones, *True and Fair: A History of Price Waterhouse*, 1995

なお、この手の文献については例えば次のものなどを参照のこと。

Wendy Habgood (ed.), *Chartered Accountants in England and Wales: A Guide to Historical Records*, 1994

1992（ロビン・ロスレンダー／加藤吉則、杉原周樹（訳）『会計と社会——現代会計制度に関する社会学的諸観点からの考察』1995 年）

Keith M. Macdonald, *The Sociology of the Professions*, 1995

会計プロフェッション論

John W. Buckley and Marlene H. Buckley, *The Accounting Profession*, 1974

Robin Roslender, *Sociological Perspectives on Modern Accountancy*, 1992（ロビン・ロスレンダー／加藤吉則、杉原周樹（訳）『会計と社会——現代会計制度に関する社会学的諸観点からの考察』1995 年）

Mary Beth Armstrong, *Ethics and Professionalism for CPAs*, 1993

Kenneth S. Most, *The Future of the Accounting Profession: A Global Perspective*, 1993

R. W. Perks, *Accounting and Society*, 1993

Gerard Hanlon, *The Commercialisation of Accountancy: Flexible Accumulation and the Transformation of the Service Class*, 1994

Brian P. West, *Professionalism and Accounting Rules*, 2003

会計プロフェッション史

James McClelland, *The Origin and Present Organization of the Profession of Chartered Accountants in Scotland*, 1869

Beresford Worthington, *Professional Accountants: An Historical Sketch*, 1895

Richard Brown (ed.), *A History of Accounting and Accountants*, 1905

Arthur H. Woolf, *A Short History of Accountants and Accountancy*, 1912（ウルフ／片岡義雄、片岡泰彦（訳）『ウルフ会計史』1977 年）

Wilmer L. Green, *History and Survey of Accountancy*, 1930

Nicholas A. H. Stacey, *English Accountancy 1800-1954: A Study in*

Social and Economic History, 1954

James Don Edwards, *History of Public Accounting in the United States*, 1960

H. W. Robinson, *A History of Accountants in Ireland*, 1964

John L. Carey, *The Rise of the Accounting Profession: From Technician to Professional, 1896-1936*, 1969

John L. Carey, *The Rise of the Accounting Profession: To Responsibility and Authority, 1937-1969*, 1970

Jas. C. Stewart, *Pioneers of a Profession: Chartered Accountants to 1879*, 1977

R. H. Parker, *The Development of the Accountancy Profession in Britain to the Early Twentieth Century*, 1986（R. H. パーカー／友岡賛、小林麻衣子（訳）『会計士の歴史』2006 年）

Moyra J. M. Kedslie, *Firm Foundations: The Development of Professional Accounting in Scotland*, 1990

Paul J. Miranti, Jr., *Accountancy Comes of Age: The Development of an American Profession, 1886-1940*, 1990

Derek Matthews, Malcolm Anderson, and John Richard Edwards, *The Priesthood of Industry: The Rise of the Professional Accountant in British Management*, 1998

Ken Shackleton and Stephen P. Walker, *Professional Reconstruction: The Co-ordination of the Accountancy Bodies 1930-1957*, 1998

Derek Matthews and Jim Pirie, *The Auditors Talk: An Oral History of a Profession from the 1920s to the Present Day*, 2001

Mike Brewster, *Unaccountable: How the Accounting Profession Forfeited a Public Trust*, 2003（マイク・ブルースター／友岡賛（監訳）、山内あゆ子（訳）『会計破綻――会計プロフェッションの背信』2004 年）

T. A. Lee, *Seekers of Truth: The Scottish Founders of Modern Public*

Accountancy, 2006

 T. A. Lee, *The Development of American Public Accountancy Profession: Scottish Chartered Accountants and the Early American Public Accountancy Profession*, 2006

 Derek Matthews, *A History of Auditing: The Changing Audit Process in Britain from the Nineteenth Century to the Present Day*, 2006

 Paul M. Clikeman, *Called to Account: Fourteen Financial Frauds That Shaped the American Accounting Profession*, 2009

プロフェッション論と会計プロフェッション論

　社会学におけるプロフェッション論の文献は A. M. カーサンダース（A. M. Carr-Saunders）と P. A. ウィルソン（P. A. Wilson）が 1933 年に上梓した *The Professions* を先駆的な古典とし、上掲の数点が代表的なものといえようが、異色の一点は、プロフェッション一般ではなく、会計プロフェッションに対象を限ったロビン・ロスレンダー（Robin Roslender）の 1992 年刊の *Sociological Perspectives on Modern Accountancy* である。そうしたこの書は、したがって、「会計プロフェッション論」のカテゴリーにも含まれようが、社会学の文献ということから、まずはここで取り上げるに、「本書は社会学における様々な観点を明らかにすると同時に、会計を学ぶ者に理解し易い形でそれら観点を適用した最初の書物である[2]」とされ、また、「それが扱うのは、会計専門職、その業務上の役割と業務事情、そして会計制度のイデオロギー的性格である[3]」とされつつも、「しかしながら、本書は単なる会計制度の社会学（sociology *of* accountancy）ではなく、会計学のための社会学（sociology *for* accountancy）でもある[4]」とされている。すなわち、この書は 'Part

---

　2　ロビン・ロスレンダー／加藤吉則、杉原周樹（訳）『会計と社会――現代会計制度に関する社会学的諸観点からの考察』1995 年、iii 頁。

　3　同上、iii 頁。

I　The sociology of accountancy' と 'Part II　Sociology for accountancy' の 2 部からなり、「第 1 部は、会計関係者にとって関心のある色々なトピックや論点を慣行的なやり方で考える会計制度の社会学を提示しようというよくありそうな企画である。それに対して、第 2 部はかなり革新的で、会計学のための社会学を提供しようとするものである。そこでの目的は、社会学的発想を使って、会計学の主要分野の中で関心の高い諸々のトピックや論点について洞察するための手段を見つけ出すことである。そうした場では、単に社会学者の視点から会計制度を考察するのではなく、会計学の発展のためにそれらのトピックと論点に対し社会学的発想を適用することになる」としている[5]。

　他方、社会学者に非ざるジョン W. バックリー（John W. Buckley）とマーリーン H. バックリー（Marlene H. Buckley）が 1974 年に上梓した *The Accounting Profession* は冒頭において「会計プロフェッションは、多くの点において、不用意な旅行者にはその地やそこの人々の最もよいところが分からない外国に似ている。前もっての用意は快適で有意義な旅を結果することが少なくない」[6]としているが、その前提には「会計プロフェッションは広く公衆と関係をもつという点において他の主要なプロフェッションと異なっているが、医師や弁護士の臨床的な形とは違って、会計士の仕事は一般の人々の目からは隠されている。会計の仕事の多くは大規模な組織のなかで、あるいは大規模な組織のために行われているが、そこにおいてさえも、接点は比較的少数の人々に限られている。例えば会計士は投資意思決定の基礎をなす財務報告に至るプロセスにおいて極めて重要な役割を果たしているが、それにもかかわらず、直接に投資家の相手をするのはアナリストである」[7]とし、「会計士には（建築家やエンジニアやその他のいくつかのプロフェッション

4　同上、iii 頁。
5　同上、13 頁。
6　John W. Buckley and Marlene H. Buckley, *The Accounting Profession*, 1974, p. vii.
7　*Ibid.*, p. vii.

の場合と同様）このプロフェッションに対する人々の態度をより肯定的なものにすべく、人々を教育し、刺激するような形でもって情報を伝えるマスメディアがない。会計士にはドクター・キルディア（Dr. Kildare）もアイアンサイド（Ironside）も、アーチ・バンカー（Archie Bunker）[8] さえもいない」[9]とするような認識があり、そうした本書は会計および会計プロフェッションの概史から説き起こし、現況、会計教育および試験制度、このプロフェッションにかかわる諸規制、ならびに今後の展望等について体系的に述べている。

　ブライアン P. ウエスト（Brian P. West）の 2003 年刊の *Professionalism and Accounting Rules* は「会計プロフェッションについては、会計情報が経済事象を適切に示して財務的な意思決定にとって信頼しうる指針となることよりも、ルールにしたがうことばかりが強調されており、すなわち会計士業の質についてレベルの低い不十分な考え方が蔓延していると主張し、また、会計研究者が財務諸表の技術的な質の向上には極めて無関心であること、および、会計教育がルールブックに精通させることばかりに重きを置いていることを明らかにしている。……本書は、会計の機能、プロフェッションの特質、役割、および責任、ならびに会計ルールの特徴および作用を考察した結果、会計士がプロフェッショナルたりうるためには、プロフェッショナルに求められる認識論的権威に支えられなければならない、という結論に至っている」[10]とされている。すなわち、「本書の研究は、会計プロフェッションは、ルールを用いて作成された財務情報が役に立つかどうかよりも、ルールを設けることとルールにしたがうことに心を奪われてきており、それに没頭し続けている、ということを主張し、さらに、プロフェッションというものを特徴づける認識論的権威の追求において、すなわち、プロフェッショナルな業務の礎となるような明白に信頼しうる知識を身に着けることにおいて、こう

8　いずれもテレビドラマの登場人物。
9　Buckley and Buckley, *The Accounting Profession*, p. vii.
10　Brian P. West, *Professionalism and Accounting Rules*, 2003, p. i.

したルールへの没頭が妨げになっている、ということを主張して[11]」おり、そうした「本書の研究の第一の目的は、現在の会計ルールは役に立つ財務情報をもたらしていない、ということと、このルールの解釈と適用にかかわる専門的技倆はプロフェッショナルに求められるような認識論的権威に繋がるものではない、ということを示すことにあり、この研究の根底には、会計情報の質は、定められたルールへの準拠度によってではなく、経済事象との一致度によって決まる、という考えがある。したがって、会計ルールの設定は自ずと機能的なものと考えることはできず、それが財務上、より有用にして正確な手段をもたらしうる場合においてのみ、機能的なものとして捉えられる。また、会計のプロフェッショナルたちの責任は、所期の目的に対する会計情報の機能的な適合性を確保する、ということにあるため、単に特定のルールへの準拠を保証しただけでは彼らの務めが果たされたことにはならない[12]」としている。

会計プロフェッション史史——初期

　会計士団体が誕生をみたのは1853年のスコットランド、この年、エディンバラ会計士協会（Society of Accountants in Edinburgh[13]）とグラスゴー会計士・保険数理士協会（Institute of Accountants and Actuaries in Glasgow[14]）が相次いで設立をみるに至ったが、後者の設立を牽引し、その初代の会長職に就いたジェームズ・マックレランド（James McClelland）の1869年の講演録 *The Origin and Present Organization of the Profession of Chartered Accountants in Scotland*（講演の実施は前年）は、けだし、会計プロフェッション史の嚆矢として捉えられようし、また、1815年にグラスゴーにあって最初期の会計士業を代表するジェームズ・カーの事務所にて年季奉公を始め、1824年に

---

 11 *Ibid.*, p. 7.
 12 *Ibid.*, p. 8.
 13 ただし、設立当初はInstitute of Accountants in Edinburgh。
 14 ただし、設立当初はInstitute of Accountants in Glasgow。

独立して自身の事務所を構えたマックレランドが自らの経験を踏まえてスコットランドの勅許会計士の出自を述べたこの講演録はこれ自体が史料といえよう。

会計プロフェッションの成立については、イングランドとの対比において、スコットランドにかなりの先進性をみることができるが、後出の R. H. パーカーの書に「スコットランドは会計士団体の設立においてイングランドに遙かに先んじていた。今日、スコットランド人の血を曳く会計士たちは、このことをもって教育および専門性におけるスコットランドの先進性の明確な証左と看做し、また、事実、19 世紀にあってスコットランドの教育は、イングランドのそれに比して、より広汎にしてより実践的なものであった[15]」とされる状況については、マックレランドの「イングランドの制度は近年に至るまで、会計士として十分な訓練を受けたひとびとを舞台の前面に立たせることを怠ってきました[16]」との言がよく引かれる。

An Historical Sketch を副題とするベレスフォード・ワーシントン（Beresford Worthington）の 1895 年の書 *Professional Accountants* はこれも会計プロフェッション史の先駆として捉えることができ、まずは「プロフェッショナル Accountants とは、第一義には、計算書類について豊かな専門知識を有しているか、あるいは有している態度を執る人々のことであり……Accountant の語はラテン語の *computare* に由来するフランス語の *compter* に由来し、元来は Accomptant と書かれていたが、徐々に発音が柔らかくなることによって現在の綴りに変わった[17]」といった概念と用語の確認から始まる。

如上の先駆に続くリチャード・ブラウン（Richard Brown）、アーサー H.

---

15 R. H. パーカー／友岡賛、小林麻衣子（訳）『会計士の歴史』2006 年、36 頁。

16 James McClelland, *The Origin and Present Organization of the Profession of Chartered Accountants in Scotland*, 1869, p. 14.

17 Beresford Worthington, *Professional Accountants: An Historical Sketch*, 1895, p. 1.

ウルフ (Arthur H. Woolf)、およびウィルマー L. グリーン (Wilmer L. Green) の通史は第 10 章に譲られるが、以上の「初期の会計史文献には、その多くで会計とそれに携わる専門職業人の社会的地位の向上という役割が期待されていた。会計が、古くから営まれてきた長い歴史を持つものであることを強調することにより、会計専門職業の存在意義、あるいは、学問としての会計学の正統性を示そうとしたのである」[18] ともされ、すなわち、「ウルフの言葉は……まさに勃興期にあった「会計士」と「会計専門職業」の由来を古代社会から歴史的に跡づけ、それらの存在意義を社会に強く訴求することを意図してか……」[19] とされ、あるいはブラウンの書の「「序文」には、スコットランドの会計士団体の法人化 50 周年を記念して、「ある重要な専門職業に関する十分で信頼に足る歴史」を構成することに努めたとされており」[20] との指摘がなされ、あるいは「ブラウンやウルフの書物と同様な目的を持つと考えられる「会計」の通史的著作は、イギリスに限らず、アメリカでも見出される。たとえば、グリーンの……」[21] ともされている。

会計プロフェッション史史——20 世紀後半以降

　叙上のように、ブラウンの通史とウルフのそれは第 10 章に譲られるが、「ブラウンやウルフでは、簿記史と会計士業務の発展史とがいわば併列的に記述された」[22] のに対して「この書物は従来の会計史とは異なり、いわゆる簿記史には一切ふれていない。……著者の努力はもっぱら会計業務の発展を社

18　清水泰洋「現代会計へのプロローグ」中野常男、清水泰洋（編著）『近代会計史入門』2014 年、276 頁。

19　中野常男「「会計」の起源とわが国における会計史研究の展開と課題」千葉準一、中野常男（責任編集）『体系現代会計学［第 8 巻］　会計と会計学の歴史』2012 年、4 頁。

20　同上、4 頁。

21　同上、22 頁。

22　中村忠「ニコラス・ステイシイ著『英國会計史』Nicholas A. H. Stacey: English Accountancy 1800-1954, A Study in Social and Economic History, pp. xvii＋295, London, 1954」『一橋論叢』第 36 巻第 1 号、1956 年、58 頁。

会的および経済的な諸要因との関連において解明することに向けられているのである」とされるニコラス A. H. ステーシー（Nicholas A. H. Stacey）の1954年刊の *English Accountancy 1800-1954* は当時としては「会計史文献としては珍しいタイプのものだといってよい。対象を英国会計業界の発展過程の分析に限定し、しかも1900年から現在までを取扱っている。……しかし本書の最も著しい特徴は、やはり著者の問題処理の方法に求めるべきであろう。会計業務の発展を、特に社会経済的背景との関連において取上げるというような試みはまだなされたことがない。それは、従来の会計史家は会計技術の発展ということに力点をおいていたからであろう。或いは本書では簿記史を抜いたからこそ、このように大胆な試みができたのかも知れない」とされる。

ジェームズ・ダン・エドワーズ（James Don Edwards）が1960年に上梓した *History of Public Accounting in the United States* は後出のジョン L. キャリー（アメリカ公認会計士協会（American Institute of Certified Public Accountants）の専務理事）の序文によれば、この先駆的な会計プロフェッションの略史は、略史であるがために、著者が取り上げる事項の選択に大いに苦労したことは想像に難くなく、また、著者は「公にされた記録から距離を置くことなく、彼自身の意見や解釈は最小限に止めている」とされ、他方、当時の書評によれば、「それぞれ1895年、1913年、1928年、1949年、および1950年代の末に終わる5期」の時代区分を設けていることが「不連続な印象を与えている」として批判される一方、「本書には衒いがまったくない。

23　同上、58頁。
24　同上、64頁。
25　James Don Edwards, *History of Public Accounting in the United States*, 1960, p. vii.
26　Edward B. Wilcox, 'James Don Edwards, *History of Public Accounting in the United States* (East Lansing: Bureau of Business and Economic Research, Michigan State University, 1960, pp. xiv, 368, $6.50),' *The Accounting Review*, Vol. 36, No. 3, 1961, p. 527.
27　*Ibid.*, p. 527.

本書はまるで歴史家のメモ帳のようなもので、或る意味、ほとんど未編集のメモ帳のようなものである。……事実の選択と扱い方には著者の判断が必然的に反映されているとはいえ、彼は自分が人々にみせたいと欲する絵を描こうとする芸術家の衝動を抑えている。彼は、或る程度、趣と読みやすさを犠牲にした上で、選択された検証可能な出来事を編年的に記録している」[28] とされ、さらにまた、1978 年に会計史古典叢書（Accounting History Classics Series）の一巻としてペーパーバック版が刊行された際、この叢書の編者ゲーリー・ジョン・プレビッツ[29] はこの書評における、選択された検証可能な出来事が編年的に記録された歴史家のメモ帳、という表現を引き合いに出し、「適切な描写であって、エドワーズが選択した方法の含意が理解されている」[30] としている。

ちなみに、この書におけるエドワーズの時代区分は 1748〜1895 年、1896〜1913 年、1913〜1928 年、1928〜1949 年、1950〜1959 年というもので、次のように説明されている。まず 1895 年以前の時期は、アメリカの会計プロフェッション史における古代、として捉えられ、1895 年にはこのプロフェッションに法的な認知がなかった最後の年という意味があり、次の 1896〜1913 年は、このプロフェッションの法的認知が進捗をみた時期、とされ、1896 年にはアメリカ初の公認会計士に関する法がニューヨーク州において制定された年という意味がある。また、第 3 期は連邦所得税制が設けられた 1913 年に始まり、恐慌が勃発をみる前年、すなわちアメリカ経済が繁栄を極めていた最後の年である 1928 年に終わり、1928〜1949 年の第 4 期は、このプロフェッションがかねてから追求してきた諸目標を次々と達成した時期、とされ、最後の 1950 年代は、成年に達したプロフェッションが直面すべき問題のいくつかに直面した時期、とされている。[31]

---

28 *Ibid.*, p. 527.
29 第 10 章に登場。
30 James Don Edwards, *History of Public Accounting in the United States*, paperback ed., 1978, p. v.

H. W. ロビンソン（H. W. Robinson）の 1964 年刊の *A History of Accountants in Ireland* は「アイルランド勅許会計士協会（Institute of Chartered Accountants in Ireland）からの要請により、1963 年の同協会の創立 75 周年を記念して書かれた」[32]が、しかし、この協会の歴史に終始することなく、例えば会計士・監査人協会（Society of Accountants and Auditors）のアイルランド支部であるアイルランド法人会計士協会（Society of Incorporated Accountants in Ireland）の扱いも決して小さくなく、タイトルに偽りはないといえよう。また、1983 年には第 2 版が刊行されているが、初版の対象範囲の 1963 年までに加え、さらに 1981 年までを扱いながらも、頁数の増加はこれを避けるため、初版に大幅な改変が施されている[33]。

　前出のジョン L. キャリー（John L. Carey）がアメリカ公認会計士協会の元管理担当副会長の肩書きをもって 1969 年から 1970 年に掛けて刊行した *The Rise of the Accounting Profession* は「協会の執行委員会が私に本書の執筆を依頼したときには誰もが協会の歴史のことを考えていた。……しかしながら、記録を調べてゆくにつれ、アメリカにおける会計プロフェッションの生成が重要にして魅力的な社会学的現象であったことが次第に明らかになり、それを正当に把握するためには調査の範囲を拡げる必要があるように思われた。その結果、当初の予定よりも長くなり、2 巻に分けられることになった[34]」とされ、他方、「本書は不可避的に著者が生涯を過ごしたアメリカ公認会計士協会の見地から書かれており、その結果、各州の公認会計士協会を含むその他の会計関係団体の貢献は小さめに評価されているが、そこには、このプロフェッションの会計実務に影響を与えた全国規模の重要な出来事のすべてについて、この協会は積極的な参加者であったか、あるいは少なくとも

---

31 *Ibid.*, pp. 42, 68-69, 101-103, 148, 199.

32 H. W. Robinson, *A History of Accountants in Ireland*, 1964, p. vii.

33 H. W. Robinson, *A History of Accountants in Ireland*, 2nd ed., 1983, p. vii.

34 John L. Carey, *The Rise of the Accounting Profession: From Technician to Professional, 1896-1936*, 1969, p. xv.

綿密な観察者であった、という事情もある[35]」とされている。

スコットランド勅許会計士協会（Institute of Chartered Accountants of Scotland）の元会長ジェームズ C. スチュワート（Jas. C. Stewart）の1977年刊 *Pioneers of a Profession* は「本書は、スコットランド勅許会計士協会のスコットランド会計史委員会の主催者 R. H. パーカー教授による、この委員会は初期のスコットランドの勅許会計士の社会的背景の調査を担うか、あるいは後援すべきである、という提案に由来しており、そうした調査の出発点として関係者のリストを作成することは明らかに必須であり、著者はそれを引き受けた[36]」とされ、エディンバラ会計士協会が勅許を受けた1854年以降の25年間に「勅許会計士」の肩書きを用いた346名について作成された「リストにはエディンバラの協会の会員180名、グラスゴーの協会の会員144名、およびアバディーンの協会の会員22名の名前が収められている[37]」が、このリストは前出のリチャード・ブラウンの1905年刊の *A History of Accounting and Accountants* に収録された計614名（エディンバラ365名、グラスゴー201名、その他48名）の「スコットランドの物故勅許会計士リスト[38]」とともに有意義に用いられ、また、後出の T. A. リーの書にはブラウンやスチュワートのリストに依拠して作成された計138名の「近代公共会計士業の創始者[39]」をみることができる。

既に何度か言及されている R. H. パーカー（R. H. Parker）は長くエクセター大学の教授職にあって会計プロフェッション史を主な対象とした会計史家であり[40]、その彼が会計史家協会（Academy of Accounting Historians）のモ

35　*Ibid.*, pp. xv-xvi.

36　Jas. C. Stewart, *Pioneers of a Profession: Chartered Accountants to 1879*, 1977, p. xi.

37　*Ibid.*, pp. xv-xvi.

38　Richard Brown (ed.), *A History of Accounting and Accountants*, 1905, pp. 361-400.

39　T. A. Lee, *Seekers of Truth: The Scottish Founders of Modern Public Accountancy*, 2006, pp. 49-360.

ノグラフ・シリーズの第5巻として1986年に上梓した *The Development of the Accountancy Profession in Britain to the Early Twentieth Century* は「すでにして……いわば会計プロフェッション史の古典とされてよく、また、簡にして要を得ていることをもって後続の会計プロフェッション史に頻々と用いられている[41]」とされ、また、*in Britain* と題しながらも、「19世紀の前半より20世紀の前半までのおよそ100年間を対象とする本書にはしたがって、アメリカにおける会計プロフェッションの発展史と少しく重なる部分がある。……アメリカにおけるこのプロフェッションの発展についてその要因の余りに多くをイギリスの経験に求めることは誇張であろうが、両者の繋がりは明らかである。イギリスの初期の会計士たちは旧世界からの投資に同行し、彼らの伎倆やアイディアを新世界に適応させた[42]」として、他方、「イギリスにおいて発展をみたこのプロフェッションとアメリカにおいて発展をみたそれとの大きな異同は、前者が組織化され、その従事者の資格はこれを民間のプロフェッショナル団体が与えているのにたいし、後者は諸州の制定法によって規制され、いずれのプロフェッショナル団体に属するかにかかわらず、その従事者の資格はこれを州が与えている、という点である[43]」としながらも、そうした両者の「異同は埒外とし、ルーツ、目標、および倫理的制約などといった共通の事柄をもって考察する[44]」としている。

モイラ J. M. ケドスリー（Moyra J. M. Kedslie）の1990年刊の *Firm Foundations* は序文がいきなり「スコットランドにおける会計士業のプロフェッショナリゼーションは1853年のエディンバラに始まり、ただちにグラスゴーに及び、1867年にはアバディーンに及んだ。各協会は各市において開業している会計士にその入会資格を限り、また、即座に会計士志望者に対し

40　現在はエクセター大学の名誉教授。
41　パーカー／友岡、小林（訳）『会計士の歴史』4頁。
42　同上、13～14頁。
43　同上、14頁。
44　同上、14頁。

て公共会計士業に従事する会員の事務所における年季奉公を求めたが、通常、それは高額の謝金を必要とするものであった」[45]との記述に始まるが、「本書は1850年から1900年までのスコットランドの諸協会の発展を論じ、それらの協会によるいくつかの専門的業務における独占的状態の獲得、協同と競争、および無駄に終わった会計士登録制度設定の試みを考察している」[46]と続く。また、「1990年現在、スコットランドにおける唯一の会計士団体はスコットランド勅許会計士協会であり、同協会の会員は1989年にイングランド＆ウェールズ勅許会計士協会（Institute of Chartered Accountants in England and Wales）との合併の提案に反対票を投じてスコットランドの勅許会計士の独自性を守った」[47]として、さらに「著者は、本書が若年の会計士と年配の会計士の両者の興味をそそり、また、後者がスコットランドの会計プロフェッションのメンバーであることにプライドをもつことを助けるものと確信する」[48]という本書は very Scottish である。

　ポール J. ミランティ・ジュニア（Paul J. Miranti, Jr.）が1990年に上梓した Accountancy Comes of Age は「この国の経済生活においてこのプロフェッションに恒久的にして重要な役割を担わせるためにアメリカ公共会計士協会（American Association of Public Accountants）およびその後継団体のアメリカ会計士協会（American Institute of Accountants）が採った方策に焦点を合わせている」[49]とされ、「この新しいプロフェッションのリーダーたちは彼らの職を全国的な規模で組織化しようとした際に二つの難題に直面した。一つ目は、業務やクライアントや社会的背景の違いによって分裂することが少なくない会計士業界の結束の強化、という内部的な問題であり、二つ目は、

---

45 Moyra J. M. Kedslie, *Firm Foundations: The Development of Professional Accounting in Scotland*, 1990, p. xiii.
46 *Ibid.*, p. xiii.
47 *Ibid.*, p. xiii.
48 *Ibid.*, p. xiii.
49 Paul J. Miranti, Jr., *Accountancy Comes of Age: The Development of an American Profession, 1886-1940*, 1990, flap.

このプロフェッション特有の技倆が流動的な社会の整序に役立つということを影響力の大きい実業界や政府のリーダーたちに納得させなければならない、という問題であった」[50]として、会計士団体の「成功は、したがってまた、さまざまな特徴的な要素が混在する会計士業界においてそのリーダーたちが合意を形成し、結束を維持することができるか、という彼らの力量に懸かっており、これはクライアントや一般大衆にこのプロフェッションについて、威信のあるプロフェッション、というイメージを植えつけるためにも、あるいはまた、当局とうまくやってゆくのに必要な政治的な力を得るためにも重要であった」[51]としている。

デレク・マシューズ（Derek Matthews）、マルコム・アンダーソン（Malcolm Anderson）、およびジョン・リチャード・エドワーズ（John Richard Edwards）の1998年刊の *The Priesthood of Industry* は「今日、イギリスの先導的な会計士団体は250,000人超のメンバーを誇り、また、企業の経営陣に名を列ねる会計士は増加の一途を辿っており、事実、会計士たちはイギリスの企業経営において最も有力なプロフェッショナルとなるに至っている」[52]として「彼らは自身の職を経営上の卓越した資格として確立することに大いに成功してきているが、これは多くの他の国々においてはみられないことであり、イギリスにおいても常にそうであったわけではない」[53]とする認識のト、「主要都市の職業別人名録に少数の会計士の名が記載されていた18世紀末から、営利主義的な巨大な事務所が存在する20世紀末に至るまで、会計プロフェッションの発展について実証的に述べて」[54]おり、また、とりわけ「公共会計士業から企業に身を転じたプロフェッショナル会計士の動向に重点を置いて」[55]いる。

---

50 *Ibid.*, flap.
51 *Ibid.*, p. x.
52 Derek Matthews, Malcolm Anderson, and John Richard Edwards, *The Priesthood of Industry: The Rise of the Professional Accountant in British Management*, 1998, flap.
53 *Ibid.*, p. v.
54 *Ibid.*, flap.

ケン・シャクルトン（Ken Shackleton）とスティーブ P. ウォーカー（Stephen P. Walker）の 1998 年刊の *Professional Reconstruction* は、T. A. リーが執筆した序文によれば、「1930 年から 1957 年までの間におけるイギリスの主要な会計士団体の連係の試みを扱って」[56]おり、「1988 年のイギリス勅許会計士協会（British Institute of Chartered Accountants in England and Wales）の創設の失敗を体験し、また、プロフェッショナリゼーションの歴史研究を手掛けたことがある筆者は連係委員会をめぐる出来事やこの委員会の活動に通じているが、これをケン・シャクルトンとスティーブ・ウォーカーは実に見事に叙述している」[57]とされている。そうした本書の概説によれば、「イギリスの会計プロフェッションの際立った特徴の一つは比較的多数の団体によって代表されていることである。……多くの国々において公共会計士業は登録制度をもって国に規制されているが、イギリスの会計士団体はそうした特権を手に入れることができずに、あるいはまた、手に入れることを欲しないできている。勅許は完全な独占を確保する手段を与えるものではないとはいえ、いくつかの団体は勅許を得ることによって他者の参入をうまく妨げてきている。登録制度の導入の失敗が直接的にもたらしたことはイギリスにおける会計士団体の急増であった。先駆的な勅許団体が権利を主張する公共会計士業に参入するために新団体が設立され、また、原価計算や公会計といった特殊な会計にかかわる会計士のためにもいくつかの団体が設けられ……1930 年までには少なくとも 17 の会計士団体がイギリスに存在するという状況に至って」[58]おり、その後、「会計プロフェッションは「秩序を取り戻す」べき」[59]という声の高まりを受けて「イングランド＆ウェールズ勅許会計士協会、のちにスコットランド勅許会計士協会を結成するスコットランドの三つの勅

55　*Ibid.*, p. vii.

56　Ken Shackleton and Stephen P. Walker, *Professional Reconstruction: The Co-ordination of the Accountancy Bodies 1930-1957*, 1998, p. i.

57　*Ibid.*, p. i.

58　*Ibid.*, p. v.

59　*Ibid.*, p. v.

許団体、法人会計士・監査人協会 (Society of Incorporated Accountants and Auditors)、認可会計士・法人会計士協会 (Association of Certified and Corporated Accountants)、およびあとから加わったアイルランド勅許会計士協会による団体間のフォーラム」として設けられた連係委員会は、ただし、「唯一の会計士団体の設立を提案するのではなく、法をもってする登録制度の下、会計プロフェッションが一つになるという途を選んだ」[61]が、結局、「このプロフェッションにおける連係計画は1950年代の初頭に断念された」[62]とされ、本書は「プロフェッショナル団体による連係の失敗にはいくつかの原因があったことを明らかにしている」[63]。なお、再びリーの序文によれば、「著者たちは、一つになるということは、21世紀以降も、イギリスのプロフェッショナル会計士の関心事であり続ける、としており、この問題が消え去るということはないであろう」[64]。

　既出のデレク・マシューズとジム・ピリエ (Jim Pirie) の2001年刊の *The Auditors Talk* は「会計プロフェッションの広範なメンバーに対するインタビューをもって構成される口述史」[65]であり、著者たちは「本書の68のインタビューにおける証言により、変化と多様化の進行によって特徴づけられる1920年代から今日に至るまでの時代における監査プロフェッションの歴史が明らかにされた」[66]としているが、著者たちのカーディフ・ビジネススクール (カーディフ大学) における同僚による書評は「いずれのインタ

60　*Ibid.,* pp. v-vi.
61　*Ibid.,* p. vi.
62　*Ibid.,* p. v.
63　*Ibid.,* p. v.
64　*Ibid.,* p. i.
65　Roy A. Chandler, 'Derek Matthews and Jim Pirie (2001) *The Auditors Talk. An Oral History of a Profession from the 1920s to the Present Day,* New York: Garland Publishing, pp. ix + 494. £75,' *Accounting, Business & Financial History,* Vol. 12, No. 1, 2002, p. 135.
66　Derek Matthews and Jim Pirie, *The Auditors Talk: An Oral History of a Profession from the 1920s to the Present Day,* 2001, p. 444.

ビューも興味深いというには程遠く、古き良き時代を懐かしむ年配者たちのありきたりの愚痴でしかなく、彼らは現在、彼らの後輩たちが直面している困難がかつて彼らが直面した困難よりも大きなものであるということを不承々々認めつつ古き良き時代を懐んでいる。報酬、サンプリング、独立性、不正、棚卸しの立ち会い、および訴訟などといった専門的な問題にかかわる彼らの貢献はおよそ大したことがなく、なかには名誉棄損で訴えられかねないものもある」[67]と実に厳しく、「私は口述史を記録することには意義を認めており、本書の場合も、監査人たちに話させることに異議はないが、しかし、「いったい誰が聴くのだろう？」と訝しく思う」[68]と結んでいる。

マイク・ブルースター（Mike Brewster）の2003年刊の *Unaccountable* は「2001年後半のエンロンの崩壊以来、会計士という職業は、それまで得ていた世間からのほとんど無条件の尊敬を失ってしまった。会計士間の相互審査システムと、自主規制力が失われたのだ。会計士業界は、2002年6月、その一員であるアンダーセンが、司法妨害の有罪判決を受けて司法省により安楽死させられたのを見た」[69]として「世間の人々は、会計士の世界で明らかに何かが壊れたのを知った。面目を失った今は亡きアーサー・アンダーセンは、エンロンでのほとんどすべての責任を放棄した後、あざけるようにいくつかの新しい責任をでっち上げた。企業の修正報告書は年々増え続けている。企業は帳簿を改竄し、会計士はそれを見過ごす」[70]とする認識の下、「本書を書こうと思った理由の一つは、その多くが週に70、80、いや90時間も働く誠実なプロフェッショナルでありながら、自分たちが人々の期待にどう応えればいいのかについて、あまりにも無理解なこの職業に惹かれるからだ」[71]とす

---

67 Chandler, 'Derek Matthews and Jim Pirie (2001) *The Auditors Talk. An Oral History of a Profession from the 1920s to the Present Day,*' p. 137.
68 Ibid., p. 137.
69 友岡賛（監訳）、山内あゆ子（訳）『会計破綻――会計プロフェッションの背信』2004年、5頁。
70 同上、5頁。
71 同上、6頁。

る著者が他方、「利益追求体質への転換で一番驚かされるのは、大きな会計事務所の会計士のほとんどが、100年前、あるいはたった30年前と比べてみても、その職業がどんなに違ったものになってしまったかにまったく気づいていないということだ。たとえば不正行為である。今の会計士は、経営陣の不正行為を調査するのは、自分の仕事の範囲ではないと主張する[72]」が「しかし、本書を書くために私が歴史を調べてみたところでは……経営者の不正を洗い出すのは、何百年もの間、会計士の主要な仕事の一つだったのだ[73]」といった点に着目し、「この職業が今後どうなっていくのかについて、私は自分なりに理解することに決めた。まずは、そもそもの始まりに帰ろう。会計の発展を理解することによって、なぜこの職業が現在のような苦境に陥ってしまったのかがはっきり理解できるはずだ。物語は、中東で生まれた最初の会計士から始まる[74]」として、紀元前8000年のトークンによる会計記録から説き起こし、古代ギリシャ、中世イタリア、そして19世紀に至るまでのイギリスについて会計の歴史を確認し、その後、アメリカを舞台に主として会計プロフェッションの足跡を現在まで辿っている。

既に言及されたT. A. リー（T. A. Lee）の2006年刊の *Seekers of Truth* は既述の「近代公共会計士業の創始者」と題する第Ⅲ部が300頁を超えて大半を占める「伝記的な歴史[75]」であり、その「起源はかつてリチャード・ブラウンという名のスコットランドの勅許会計士によって行われた研究にある。組織化された公共会計士業の近代史はブラウンの生年の3年前に始まり、1905年にエディンバラ会計士協会が創立50周年を迎えた際に同協会の事務局長を務めていた彼はこの周年を記念して会計史を執筆し、それに初期のスコットランドの会計士たちの略伝を収めた[76]」とされ、この *Seekers of Truth*

72　同上、6～7頁。
73　同上、7頁。
74　同上、28頁。
75　Lee, *Seekers of Truth*, p. xiii.
76　*Ibid.*, p. xiii.

も「その執筆時期にスコットランド勅許会計士協会が創立150周年を迎えた2004年を含んでいる[77]」とされる。かくして既述のように計138名の略伝を示した本書はその後、「エディンバラ会計士協会とグラスゴー会計士・保険数理士協会の設立は本質的にはスコットランドの公共会計士業における組織化されたエリートの創出であった[78]」としつつ、また、この設立の「社会的な目的は信頼しうる会計士業に関して公益を守ることであり、別言すれば、例えば破産関係業務のような業務の従事者を勅許団体のメンバーに限ることが公益に繋がると考えられていた[79]」とし、「この両市における設立は成功を収め、今日、スコットランド勅許会計士協会は15,000名超の会員を擁する公共会計士団体として依然、国際的に信望を得ている[80]」と結んでいる。

叙上のリーはリバプール大学、エディンバラ大学、アラバマ大学にて教授職を務め、また、会計史家協会の会長を務めたこともある会計学者であり[81]、その彼がこれも2006年に上梓した *The Development of American Public Accountancy Profession* は「そのメンバーが、スコットランドの会計士業のみならず、世界中の多くの国々の会計士業にも影響を与えたプロフェッショナル会計士団体の創立150周年を記念している[82]」とされ、「アメリカに移住し、そこで1875年から1914年までの間にキャリアを築いていった161名のエディンバラ会計士協会、グラスゴー会計士・保険数理士協会、およびアバディーン会計士協会の会員[83]」の略伝を示し、「また、1914年以前に無資格会計士としてアメリカに移住したスコットランドの会計士のうち、関係史料が

77　*Ibid.,* p. xiii.
78　*Ibid.,* p. 366.
79　*Ibid.,* p. 366.
80　*Ibid.,* p. 366.
81　現在はアラバマ大学とセントアンドルーズ大学の名誉教授。
82　T. A. Lee, *The Development of American Public Accountancy Profession: Scottish Chartered Accountants and the Early American Public Accountancy Profession,* 2006, p. x.
83　*Ibid.,* p. x.

存在する 16 名についてもその生涯を分析して」おり[84]、「この無資格者のなかには、例えば〈アーサー・ヤング&カンパニー〉の創設者アーサー・ヤングや〈マーウィック、ミッチェル&カンパニー〉の共同創設者の一人シンプソン・ロジャー・ミッチェルが含まれている」[85]。そうした「本書は、会計士業に対する需要がアメリカ生まれの会計士によるその供給力を遙かに上回っていた時期にアメリカの公共会計士業の成立と発展を助けた比較的少数のスコットランド人たちの努力を称えて」おり[86]、「アメリカの公共会計士業に対する彼らの影響は彼らの人数とは不釣り合いに大きかった」[87]としている。

既出のデレク・マシューズが 2006 年に上梓した *A History of Auditing* は「初めて監査人たちの仕事を明らかにし、また、彼らがいかにして現況に至ったのかを詳述している」[88]とされ、「過去および現在の監査人を対象とした郵送アンケートと口述史」[89]に依拠していることを特徴としている。そうした本書は「監査は明らかに今日の会計士業において最も議論の的になるものである」[90]という認識の下、監査をめぐるスキャンダルは跡を絶たず、他方、19 世紀末以降の会計プロフェッションの繁栄は監査業務の発展に大きく負うていたにもかかわらず、「会計史家たちが監査にはほとんど注目してこなかったこと……は驚くべきことである」[91]とし、また、例えば 1988 年に「リーは「監査の歴史は研究テーマとしてほとんど注目されてきていない」と指摘しているが、「爾来、大きな変化はみられない」[92]としており、「監査手続きに歴史家たちが関心を示さない理由は推測することしかできないが、恐

84　*Ibid.*, p. x.
85　*Ibid.*, p. x.
86　*Ibid.*, p. i.
87　*Ibid.*, p. i.
88　Derek Matthews, *A History of Auditing: The Changing Audit Process in Britain from the Nineteenth Century to the Present Day*, 2006, p. i.
89　*Ibid.*, p. i.
90　*Ibid.*, p. 1.
91　*Ibid.*, p. 1.
92　*Ibid.*, p. 1.

らくは……「監査人が実際にどのように監査を行っているのかについては極めて僅かな情報しかなかった」ということが主たる理由である」[93]とした上で、「公刊物が乏しく、事実を裏づける記録が明らかに足りないことに鑑みて、イングランド＆ウェールズ勅許会計士協会からの寛大な資金提供をもって可能となった口述史とアンケートを共に用いた監査史に関するプロジェクトを立ち上げることとなった」[94]としている。

ポール M. クリックマン（Paul M. Clikeman）の 2009 年刊の *Called to Account* は「アメリカの公共会計プロフェッションに重要な影響を与えた 14 の会計スキャンダルについて叙述している」[95]。すなわち、本書は「歴史を通じて、一握りの会計士と監査人が金融犯罪との戦いに勝利したことをもって称賛されている」[96]が、「しかし、20 世紀を通じて、アメリカの公共会計士たちは彼らのクライアントによる多くの大胆不敵な不正を発見することができなかった。……それぞれのスキャンダルのあとには「会計士はどこにいたんだ？」という怒りの声がやってきた」[97]として「監査人たちはしばしば否定と弁解をもって応答したにもかかわらず、これらのスキャンダルの多くは結局は監査手続きと財務報告実践における重要な改善に繋がった。……これらのスキャンダルの多くは会計士と監査人が現行のプロフェッショナル基準に違反したことから生じ、その他のスキャンダルは当時の基準の欠点を明らかにした」[98]としており、「確かに不正は公共会計プロフェッションの進歩における唯一の原因ではない。……しかし、変化はしばしば困難であって、特に「保守的な」会計士にとっては骨が折れることである。会計士が欠点を認め、改めようとするためには、広く公になった会計スキャンダルがしばしば必要

93　*Ibid.*, pp. 2-3.

94　*Ibid.*, p. 3.

95　Paul M. Clikeman, *Called to Account: Fourteen Financial Frauds That Shaped the American Accounting Profession*, 2009, p. 2.

96　*Ibid.*, p. 2.

97　*Ibid.*, p. 2.

98　*Ibid.*, p. 2.

であった。怒った有権者が改革を求めない限り、会計に大きな関心を寄せる政治家はほとんどいない[99]」としている。

歴史の意義

　前に引いた「初期の会計史文献には、その多くで会計とそれに携わる専門職業人の社会的地位の向上という役割が期待されていた。会計が、古くから営まれてきた長い歴史を持つものであることを強調することにより、会計専門職業の存在意義、あるいは、学問としての会計学の正統性を示そうとしたのである」は「しかし、会計の役割に対する社会的期待が相当確立した現在において、会計の地位向上のような目的は必要とされないであろう[100]」と続く。

　しかしながら、会計士の地位の向上が十分に果たされたかどうかはさておくとしても、歴史の意義は（少なくとも「歴史に学ぶこと」の意義は）事物の存在意義を知ることにあろう。

　「存在するものにはすべて意味があり、存在にはすべて理由がある。そして、その意味は歴史のなかにある。或るものの存在理由はその歴史のなかにあり、すなわち、われわれは或るものの意味をその歴史のなかに知ることができる。歴史に学ぶとはそうしたことだろう[101]」。

　それにしても、どうして歴史は、その意義について、いちいち言い訳しなければならないのだろうか。

　しかも、「専門分野としての形成期から実務主導型の性格を色濃く有している「会計」において、「会計の歴史を学ぶことが会計人にとって何の役に立つのか」という問いに答えることは、歴史研究一般よりもなお一層困難である[102]」ともされる。

99　*Ibid.*, p. 2.
100　清水「現代会計へのプロローグ」276頁。
101　友岡賛『会計学原理』2012年、223頁。
102　中野常男、清水泰洋（編著）『近代会計史入門』2014年、(1) 頁。

歴史の意義については改めて述べる予定もあるが、知ることの喜びをもたらす、というだけでは足りないのだろうか。

文献リスト

Andrew Abbott, *The System of Professions: An Essay on the Division of Expert Labor*, University of Chicago Press, 1988.

The Accountant.

David Grayson Allen and Kathleen McDermott, *Accounting for Success: A History of Price Waterhouse in America 1890-1990*, Harvard Business School Press, 1993.

アメリカ会計学会（American Accounting Association）／飯野利夫（訳）『基礎的会計理論』国元書房、1969年。

American Accounting Association, 'Committee on Accounting History,' *The Accounting Review*, Supplement to Vol. 45, 1970.

American Accounting Association, Committee on Foundations of Accounting Measurement, 'Report of the Committee on Foundations of Accounting Measurement,' *The Accounting Review*, Supplement to Vol. 46, 1971.

安藤英義、新田忠誓、伊藤邦雄、廣本敏郎（編集代表）『会計学大辞典（第5版）』中央経済社、2007年。

青木茂男「経営者のための会計情報」『會計』第91巻第4号、1967年。

青柳文司「会計理論の拡張と将来」『會計』第91巻第4号、1967年。

青柳文司『会計士会計学――ジョージ・オー・メイの足跡（改訂増補版）』同文舘出版、1969年。

青柳文司「会計学の中心概念」山桝忠恕（責任編集）『体系近代会計学［第1巻］ 会計学基礎理論』中央経済社、1980年。

新井清光「AAA1966年報告書における会計基準」『會計』第91巻第4号、1967年。

新井清光『会計公準論（増補版）』中央経済社、1978年。

新井清光（川村義則補訂）『現代会計学（第9版）』中央経済社、2008年。

Mary Beth Armstrong, *Ethics and Professionalism for CPAs*, South-Western Publishing, 1993.

馬場克三、内川菊義『基本 簿記概論』春秋社、1960年。

Cyril W. Banyard, *The Institute of Cost and Management Accountants: A History*, CIMA Publishing, 1985.

C. W. バンヤード（Cyril W. Banyard）／鈴木一道（訳）『イギリス管理会計士勅許協会の発展』大東文化大学経営研究所、1989年。

Mike Brewster, *Unaccountable: How the Accounting Profession Forfeited a Public Trust*, John Wiley & Sons, 2003.

マイク・ブルースター（Mike Brewster）／友岡賛（監訳）、山内あゆ子（訳）『会計破綻——会計プロフェッションの背信』税務経理協会、2004年。

Richard P. Brief (ed.), *Dicksee's Contribution to Accounting Theory and Practice*, Arno Press, 1980.

Richard Brown (ed.), *A History of Accounting and Accountants*, T. C. & E. C. Jack, 1905 (reissued by Frank Cass, 1968, and Cosimo Classics, 2004).

John W. Buckley and Marlene H. Buckley, *The Accounting Profession*, Melville Publishing, 1974.

Kees Camfferman and Stephen A. Zeff, *Financial Reporting and Global Capital Markets: A History of the International Accounting Standards Committee 1973-2000*, Oxford University Press, 2007.

John L. Carey, *The Rise of the Accounting Profession: From Technician to Professional, 1896-1936*, American Institute of Certified Public Accountants, 1969.

John L. Carey, *The Rise of the Accounting Profession: To Responsibility and Authority, 1937-1969*, American Institute of Certified Public Accountants, 1970.

A. M. Carr-Saunders and P. A. Wilson, *The Professions*, Oxford University Press, 1933.

Roy A. Chandler, 'Derek Matthews and Jim Pirie (2001) *The Auditors Talk. An Oral History of a Profession from the 1920s to the Present Day*, New York: Garland Publishing, pp. ix + 494. £75,' *Accounting, Business & Financial History*, Vol. 12, No. 1, 2002.

Michael Chatfield, *A History of Accounting Thought*, Dryden Press, 1974.

Michael Chatfield (ed.), *The English View of Accountant's Duties and Responsibilities: 1881-1902*, Arno Press, c1976.

マイケル・チャットフィールド（Michael Chatfield）／津田正晃、加藤順介（訳）『会計思想史』文眞堂、1978年。

全在紋『会計の力』中央経済社、2015年。

千葉準一、中野常男（責任編集）『体系現代会計学［第8巻］　会計と会計学の歴史』中央経済社、2012年。

Paul M. Clikeman, *Called to Account: Fourteen Financial Frauds That Shaped the American Accounting Profession*, Routledge, 2009.

Edward N. Coffman, Yvette J. Lazdowski, and Gary John Previts, 'A History of the Academy of Accounting Historians: 1999-2013,' *The Accounting Historians Journal*, Vol. 41, No. 2, 2014.

Edward N. Coffman, Alfred R. Roberts, and Gary John Previts, 'A History of the Academy of Accounting Historians 1973-1988,' *The Accounting Historians Journal*, Vol. 16, No. 2, 1989.

Edward N. Coffman, Alfred R. Roberts, and Gary John Previts, 'A History of the Academy of Accounting Historians: 1989-1998,' *The Accounting Historians Journal*, Vol. 25, No. 2, 1998.

L. Cuthbert Cropper, *Elementary Book-keeping: A Text-book for Beginners*, Macdonald & Evans, 1913.

Lawrence R. Dicksee, *Auditing: A Practical Manual for Auditors*, Gee & Co., 1892.

Lawrence R. Dicksee, *Advanced Accounting*, Gee & Co., 1903.

Lawrence R. Dicksee / Robert H. Montgomery (ed.), *Auditing: A Practical Manual for Auditors*, Authorized American Edition, Robert H. Montgomery, 1905.

James Don Edwards, *History of Public Accounting in the United States*, Bureau of Business and Economic Research, Graduate School of Business Administration, Michigan State University, 1960.

James Don Edwards, *History of Public Accounting in the United States*, paperback ed., University of Alabama Press, 1978.

J. R. Edwards, *A History of Financial Accounting*, Routledge, 1989.

J. R. Edwards and K. M. Webb, 'Use of Table A by Companies Registering Under the Companies Act 1862,' *Accounting and Business Research*, Vol. 15, No. 59, 1985.

Philip Elliott, *The Sociology of the Professions*, Macmillan, 1972.

江村稔「会計史および会計学史」黒澤清（編）『会計学の学び方』白桃書房、1957年。

江村稔「会計情報と企業会計」『企業会計』第19巻第1号、1967年。

藤井秀樹『入門財務会計』中央経済社、2015年。

藤田幸男「アメリカにおけるインターナショナル・アカウンティング研究の発展」染谷恭次郎（編著）『講座／現代会計　第5巻　経済国際化と現代会計——インターナショナル・アカウンティングへの道』中央経済社、1970年。

藤田幸男（編著）『国際化時代と会計』中央経済社、1994年。

藤田幸男「国際化時代と会計」藤田幸男（編著）『国際化時代と会計』中央経済社、1994年。

不破貞春「企業実体概念の成立と会計理論」黒澤清（主編）『体系近代会計学［第1巻］会計学の基礎概念』中央経済社、1959年。

不破貞春「企業体の概念と会計理論」黒澤清（責任編集）『近代会計学大系［第1巻］会計学の基礎概念』中央経済社、1968年。

Jane Gleeson-White, *Double Entry: How the Merchants of Venice Shaped the Modern World——and How Their Invention Could Make or Break the Planet*, Allen & Unwin, 2011.

ジェーン・グリーソン・ホワイト（Jane Gleeson-White）／川添節子（訳）『バランスシートで読みとく世界経済史——ヴェニスの商人はいかにして資本主義を発明したのか？』日経BP社、2014年。

R. グレイ（Rob Gray）、D. オーエン（Dave Owen）、C. アダムス（Carol Adams）／山上達人（監訳）、水野一郎、向山敦夫、國部克彦、冨増和彦（訳）『会計とアカウンタビリティ——企業社会環境報告の変化と挑戦』白桃書房、2003年。

Wilmer L. Green, *History and Survey of Accountancy*, Standard Text Press, 1930.

Wendy Habgood (ed.), *Chartered Accountants in England and Wales: A Guide to Historical Records*, Manchester University Press, 1994.

Gerard Hanlon, *The Commercialisation of Accountancy: Flexible Accumulation and the Transformation of the Service Class*, St. Martin's Press, 1994.

原田富士雄『情報会計論』同文舘出版、1978年。

原田富士雄「現代会計学の理論動向」『企業会計』第33巻第1号、1981年。

原田富士雄、藤田幸男／青柳文司（司会）「座談会 会計学における研究・教育のあり方」『企業会計』第33巻第1号、1981年。

橋本寿哉『中世イタリア複式簿記生成史』白桃書房、2009年。

林健治「ペイトンと企業実体論」上野清貴（編著）『会計学説の系譜と理論構築』同文舘出版、2015年。

土方久『複式簿記会計の歴史と論理――ドイツ簿記の16世紀から複式簿記会計への進化』森山書店、2008年。

平林喜博（編著）『近代会計成立史』同文舘出版、2005年。

平松一夫、辻山栄子（責任編集）『体系現代会計学［第4巻］ 会計基準のコンバージェンス』中央経済社、2014年。

広瀬義州『財務会計（第9版）』中央経済社、2009年。

広瀬義州『財務会計（第13版）』中央経済社、2015年。

Harold Howitt, *The History of the Institute of Chartered Accountants in England and Wales 1880-1965 and of Its Founder Accountancy Bodies 1870-1880: The Growth of a Profession and Its Influence on Legislation and Public Affairs*, Heinemann, 1966.

飯野利夫「AAA報告の反響とSECの動向」『會計』第91巻第4号、1967年。

飯野利夫『財務会計論』同文舘出版、1978年。

井尻雄士『会計測定の基礎――数学的・経済学的・行動学的探究』東洋経済新報社、1968年。

井尻雄士他（編）／原価研究会（訳）『会計測定の研究（上巻）（下巻）』ミネルヴァ書房、1974年、1976年。

井尻雄士「アメリカ会計の変遷と展望」『會計』第153巻第1号、1998年。

井上良二『最新財務会計論』中央経済社、1993年。

井上良二『財務会計論』新世社、1995年。

Institute of Chartered Accountants in England and Wales, *Historical Accounting Literature: A Catalogue of the Collection of Early Works on Book-keeping and Accounting in the Library of the Institute of Chartered Accountants in England and Wales, Together with a Bibliography of Literature on the Subject Published before 1750 and not in the Institute Library*, Mansell Information/Publishing, 1975.

Institute of Chartered Accountants of Scotland, *A History of the Chartered Accountants of Scotland: From the Earliest Times to 1954*, Institute of Chartered Accountants of Scotland, 1954.

伊藤邦雄「財務報告研究の変遷」『會計』第155巻第2号、1999年。

伊藤邦雄『新・現代会計入門』日本経済新聞出版社、2014年。

伊崎義憲『会計と意味』同文舘出版、1988年。

岩村一夫「日本会計研究学会第14回関東部会記」『會計』第91巻第4号、1967年。
岩田巌『利潤計算原理』同文舘出版、1956年。
H. Thomas Johnson and Robert S. Kaplan, *Relevance Lost: The Rise and Fall of Management Accounting*, Harvard Business School Press, 1987.
Terence J. Johnson, *Professions and Power*, Macmillan, 1972.
Edgar Jones, *Accountancy and the British Economy 1840-1980: The Evolution of Ernst & Whinney*, B. T. Batsford, 1981.
Edgar Jones, *True and Fair: A History of Price Waterhouse*, Hamish Hamilton, 1995.
上村久雄「会計公準の意義と体系」山桝忠恕（責任編集）『体系近代会計学［第1巻］　会計学基礎理論』中央経済社、1980年。
笠井昭次「会計（学）と簿記（学）との関係を巡って」『三田商学研究』第36巻第5号、1993年。
笠井昭次「有価証券の評価に関する学説の諸類型」『三田商学研究』第38巻第1号、1995年。
笠井昭次『会計の論理』税務経理協会、2000年。
笠井昭次『現代会計論』慶應義塾大学出版会、2005年。
片岡泰彦『複式簿記発達史論』大東文化大学経営研究所、2007年。
片岡泰彦「複式簿記の生成・発展と「パチョーリ簿記論」への展開」千葉準一、中野常男（責任編集）『体系現代会計学［第9巻］　会計と会計学の歴史』中央経済社、2012年。
片岡泰彦「ドイツ式簿記とイタリア式簿記」中野常男、清水泰洋（編著）『近代会計史入門』同文舘出版、2014年。
川本淳「エンティティーと持分」斎藤静樹、徳賀芳弘（責任編集）『体系現代会計学［第1巻］　企業会計の基礎概念』中央経済社、2011年。
川本淳「おわりに」川本淳、野口昌良、勝尾裕子、山田純平、荒田映子『はじめて出会う会計学（新版）』有斐閣、2015年。
川本淳（勝尾裕子改訂）「第1章　会計の目的」川本淳、野口昌良、勝尾裕子、山田純平、荒田映子『はじめて出会う会計学（新版）』有斐閣、2015年。
Moyra J. M. Kedslie, *Firm Foundations: The Development of Professional Accounting in Scotland*, Hull University Press, 1990.
金田一春彦、池田弥三郎（編）『学研国語大辞典（第2版）』学習研究社、1988年。
トーマス A. キング（Thomas A. King）／友岡賛（訳）『歴史に学ぶ会計の「なぜ？」──アメリカ会計史入門』税務経理協会、2015年。
J. Kitchen and R. H. Parker, *Accounting Thought and Education: Six English Pioneers*, Institute of Chartered Accountants in England and Wales, 1980.
神戸大学会計学研究室（編）『会計学辞典（第6版）』同文舘出版、2007年。
コーラー（Eric L. Kohler）／染谷恭次郎（訳）『会計学辞典』丸善、1973年。
小島男佐夫（責任編集）『体系近代会計学 Ⅵ　会計史および会計学史』中央経済社、1979年。
小島男佐夫「O. テン・ハーヴェ「簿記史」研究」『産業経理』第41巻第6号、1981年。
小島男佐夫『会計史入門』森山書店、1987年。
『国際会計研究学会年報』1984年度号、1985年。

『国際会計研究学会年報』2013 年度第 2 号（通号 34 号）、2014 年。
工藤栄一郎『会計記録の基礎』中央経済社、2011 年。
工藤栄一郎『会計記録の研究』中央経済社、2015 年。
黒澤清（編）『会計学の学び方』白桃書房、1957 年。
黒澤清（主編）『体系近代会計学［第 1 巻］　会計学の基礎概念』中央経済社、1959 年。
黒澤清「明日の会計学のために」『企業会計』第 19 巻第 1 号、1967 年。
黒澤清（責任編集）『近代会計学大系［第 1 巻］　会計学の基礎概念』中央経済社、1968 年。
黒澤清、染谷恭次郎、若杉明（編）『現代会計学の動向〔Ⅰ〕　財務会計』中央経済社、1988 年。
草野真樹『利益会計論──公正価値評価と業績報告』森山書店、2005 年。
Magali Sarfatti Larson, *The Rise of Professionalism: A Sociological Analysis*, University of California Press, 1977.
Tom Lee, 'John Richard Edwards (1989) *A History of Financial Accounting*. London: Routledge. Pp. 326. £35,' *Accounting, Business and Financial History*, Vol. 1, No. 1, 1990.
T. A. Lee, *The Development of American Public Accountancy Profession: Scottish Chartered Accountants and the Early American Public Accountancy Profession*, Routledge, 2006.
T. A. Lee, *Seekers of Truth: The Scottish Founders of Modern Public Accountancy*, Elsevier JAI, 2006.
George Lisle, *Accounting in Theory and Practice: A Text-book for the Use of Accountants, Solicitors, Book-keepers, Investors, and Business Men*, William Green & Sons, 1900.
A. C. リトルトン（A. C. Littleton）／大塚俊郎（訳）『会計理論の構造』東洋経済新報社、1955 年（なお、本書は 1966 年刊の第 4 刷を用いているが、これには巻頭に「再刊の序」（pp. 1-2）があるため、1955 年刊の第 1 刷とは頁を異にしているはずである）。
A. C. Littleton, *Accounting Evolution to 1900*, American Institute Publishing Co., 1933.
A. C. Littleton, *Accounting Evolution to 1900*, 2nd ed., Russel & Russel, 1966.
リトルトン（A. C. Littleton）／片野一郎（訳）、清水宗一（助訳）『会計発達史（増補版）』同文舘出版、1978 年。
Anne Loft, *Coming into the Light: A Study of the Development of a Professional Association for Cost Accountants in Britain in the Wake of the First World War*, Chartered Institute of Management Accountants, 1990.
James A. Lyons and Oliver S. Smith, *Bookkeeping and Accounting*, Lyons & Carnahan, c1922.
James McClelland, *The Origin and Present Organization of the Profession of Chartered Accountants in Scotland*, J. MacLehose, 1869.
Keith M. Macdonald, *The Sociology of the Professions*, Sage Publications, 1995.
松井泰則「転換期を迎えた国際会計」『明大商学論叢』第 89 巻第 2 号、2007 年。
松本雅男「AAA「基本的会計理論に関する報告書」瞥見」『企業会計』第 18 巻第 12 号、

1966年。
松村明（編）『大辞林（第3版）』三省堂、2006年。
松村明（監修）／小学館大辞泉編集部（編）『大辞泉（第2版）』小学館、2012年。
Derek Matthews, *A History of Auditing: The Changing Audit Process in Britain from the Nineteenth Century to the Present Day*, Routledge, 2006.
Derek Matthews, Malcolm Anderson, and, John Richard Edwards, *The Priesthood of Industry: The Rise of the Professional Accountant in British Management*, Oxford University Press, 1998.
Derek Matthews and Jim Pirie, *The Auditors Talk: An Oral History of a Profession from the 1920s to the Present Day*, Garland Publishing, 2001.
Geoffrey Millerson, *The Qualifying Associations: A Study in Professionalization*, Routledge & Kegan Paul, 1964.
Paul J. Miranti, Jr., *Accountancy Comes of Age: The Development of an American Profession, 1886-1940*, University of North Carolina Press, 1990.
三浦正俊「モンゴメリー監査論確立に対するディクシー監査論の影響——ディクシー著「監査論」英・米版の比較検討を中心として」『長崎総合科学大学紀要』第21巻第2号、1980年。
Robert H. Montgomery, *Auditing: Theory and Practice*, Ronald Press Co., 1912.
森川八洲男『精説簿記論〔Ⅰ〕』白桃書房、1984年。
森川八洲男『財務会計論』税務経理協会、1988年。
森川八洲男『国際会計論』白桃書房、2015年。
森川八洲男、佐藤紘光、千葉準一『会計学』有斐閣、1989年。
森藤一男「複式簿記の構造と職能——会計と簿記の区別を中心として」『産業経理』第39巻第6号、1979年。
Kenneth S. Most, *The Future of the Accounting Profession: A Global Perspective*, Quorum Books, 1993.
茂木虎雄『近代会計成立史論』未來社、1969年。
茂木虎雄「O. ten Have, *De Geschiedenis van het Boekhouden*, Delwel, 1973, 122pp.; Ditto, *The History of Accountacy*, translated by A. van Seventer, Bay Books, Palo Alto, California, 1976, Ⅴ＋112pp.」『立教経済学研究』第31巻第2号、1977年。
Gerhard G. Mueller, *International Accounting*, Macmillan, 1967.
G. G. ミューラー（Gerhard G. Mueller）／兼子春三（監修）／国際会計研究会（訳）『国際会計論』ぺりかん社、1969年。
村瀬儀祐『会計理論の制度分析』森山書店、2011年。
永野則雄『財務会計の基礎概念——会計における認識と測定』白桃書房、1992年。
中島省吾「ゴーイング・コンサーン」黒澤清（主編）『体系近代会計学［第1巻］ 会計学の基礎概念』中央経済社、1959年。
中島省吾（責任編集）『体系近代会計学［第10巻］ 国際会計基準』中央経済社、1981年。
中村宣一郎、高尾裕二、伊豫田隆俊、田村威文『イントロダクション財務会計（3訂

版)』同文舘出版、2002 年。
中村忠「ニコラス・ステイシイ著『英國会計史』Nicholas A. H. Stacey: English Accountancy 1800-1954, A Study in Social and Economic History, pp. xvii＋295, London, 1954」『一橋論叢』第 36 巻第 1 号、1956 年。
中村忠「情報会計論と伝統的会計学」『企業会計』第 22 巻第 14 号、1970 年。
中村忠『新稿 現代会計学』白桃書房、1995 年。
中野勲『会計利益測定論』中央経済社、1971 年。
中野常男『複式簿記会計原理（第 2 版）』中央経済社、2000 年。
中野常男（編著）『複式簿記の構造と機能──過去・現在・未来』同文舘出版、2007 年。
中野常男「「会計」の起源とわが国における会計史研究の展開と課題」千葉準一、中野常男（責任編集）『体系現代会計学［第 8 巻］ 会計と会計学の歴史』中央経済社、2012 年。
中野常男「会計史と会計人の「コモンセンス」」『税経通信』第 69 巻第 5 号、2014 年。
中野常男「「会計」の起源と複式簿記の誕生」中野常男、清水泰洋（編著）『近代会計史入門』同文舘出版、2014 年。
中野常男「15〜19 世紀イギリスの簿記事情」中野常男、清水泰洋（編著）『近代会計史入門』同文舘出版、2014 年。
中野常男、清水泰洋（編著）『近代会計史入門』同文舘出版、2014 年。
成田修身『減価償却の史的展開』白桃書房、1985 年。
成田修身『現代会計学の科学的構築──歴史・理論・政策』白桃書房、1990 年。
日本会計研究学会 50 年史編集委員会（編）『日本会計研究学会 50 年史』日本会計研究学会、1987 年。
日本会計研究学会近代会計制度百周年記念事業委員会（編）『近代会計百年』日本会計研究学会、1978 年。
日本国語大辞典第 2 版編集委員会、小学館国語辞典編集部（編）『日本国語大辞典（第 2 版） 第 13 巻』小学館、2002 年。
沼田嘉穂『簿記論攷』中央経済社、1961 年。
沼田嘉穂『簿記教科書（3 訂新版）』同文舘出版、1988 年。
小栗崇資「簿記・会計史の理論的相対化」竹田範義、相川奈美（編著）『会計のリラティヴィゼーション』創成社、2014 年。
小栗崇資『株式会社会計の基本構造』中央経済社、2014 年。
大石桂一『会計規制の研究』中央経済社、2015 年。
岡本大輔「企業経営における統合報告と統合報告書」『三田商学研究』第 58 巻第 2 号、2015 年。
大森明「水会計の展開と日本の水資源管理政策」『會計』第 188 巻第 6 号、2015 年。
Vincent M. O'Reilly, Murray B. Hirsch, Philip L. Defliese, and Henry R. Jaenicke／中央監査法人（訳）『モントゴメリーの監査論』中央経済社、1993 年。
イリス・オリーゴ（Iris Origo）／篠田綾子（訳）『プラートの商人──中世イタリアの日常生活』白水社、1997 年。

R. H. Parker, *The Development of the Accountancy Profession in Britain to the Early Twentieth Century*, Academy of Accounting Historians, 1986.

R. H. パーカー（R. H. Parker）／友岡賛、小林麻衣子（訳）『会計士の歴史』慶應義塾大学出版会、2006 年。

William Andrew Paton, *Accounting Theory: With Special Reference to the Corporate Enterprise*, Ronald Press, 1922.

R. W. Perks, *Accounting and Society*, Chapman & Hall, 1993.

Francis W. Pixley, *The Profession of a Chartered Accountant: And Other Lectures, Delivered to the Institute of Chartered Accountants in England and Wales, the Institute of Secretaries, & c., & c.*, Henry Good & Son, 1897.

Francis W. Pixley, *Accountancy: Constructive and Recording Accountancy*, Sir Isaac & Sons, 1908.

H. W. Robinson, *A History of Accountants in Ireland*, Institute of Chartered Accountants in Ireland, 1964.

H. W. Robinson, *A History of Accountants in Ireland*, 2nd ed., Institute of Chartered Accountants in Ireland, 1983.

Robin Roslender, *Sociological Perspectives on Modern Accountancy*, Routledge, 1992.

ロビン・ロスレンダー（Robin Roslender）／加藤吉則、杉原周樹（訳）『会計と社会——現代会計制度に関する社会学的諸観点からの考察』同友館、1995 年。

斎藤静樹「企業会計の基礎概念」斎藤静樹、徳賀芳弘（責任編集）『体系現代会計学［第 1 巻］　企業会計の基礎概念』中央経済社、2011 年。

斎藤静樹『企業会計入門——考えて学ぶ』有斐閣、2014 年。

斎藤静樹「なぜ、いま利益の概念が問われるのか」『企業会計』第 67 巻第 9 号、2015 年。

斎藤静樹、徳賀芳弘（責任編集）『体系現代会計学［第 1 巻］　企業会計の基礎概念』中央経済社、2011 年。

榊原英夫『簿記と会計』同文舘出版、1990 年。

阪本安一『情報会計の基礎』中央経済社、1988 年。

桜井久勝『財務会計講義（第 13 版）』中央経済社、2012 年。

桜井久勝『財務会計（第 16 版）』中央経済社、2015 年。

佐々木重人「渡邉泉著『会計の歴史探訪　過去から未来へのメッセージ』」『会計・監査ジャーナル』第 26 巻第 12 号、2014 年。

佐藤孝一「企業会計の三大公準」『産業経理』第 12 巻第 5 号、1952 年。

佐藤孝一「会計公準の着想と会計公準の性格」『産業経理』第 28 巻第 3 号、1968 年。

エ・シュマーレンバッハ（Eugen Schmalenbach）／土岐政蔵（訳）『動的貸借対照表論　上巻』森山書店、1938 年。

Ken Shackleton and Stephen P. Walker, *Professional Reconstruction: The Co-ordination of the Accountancy Bodies 1930-1957*, Institute of Chartered Accountants of Scotland, 1998.

清水哲雄『情報会計の理論』中央経済社、1985 年。

清水泰洋「現代会計へのプロローグ」中野常男、清水泰洋（編著）『近代会計史入門』同文舘出版、2014年。

新村出（編）『広辞苑（第6版）』岩波書店、2008年。

マルコム・スミス（Malcolm Smith）／平松一夫（監訳）『会計学の研究方法』中央経済社、2015年。

Jacob Soll, *The Reckoning: Financial Accountability and the Rise and Fall of Nations*, Allen Lane, 2014.

ジェイコブ・ソール（Jacob Soll）／村井章子（訳）『帳簿の世界史』文藝春秋、2015年。

染谷恭次郎「インターナショナル・アカウンティングへの挑戦」『企業会計』第19巻第2号、1967年。

染谷恭次郎（編著）『講座／現代会計　第5巻　経済国際化と現代会計――インターナショナル・アカウンティングへの道』中央経済社、1970年。

染谷恭次郎『国際会計――新しい企業会計の領域』中央経済社、1978年。

染谷恭次郎（編）『会計学文献目録――明治・大正・昭和前期』中央経済社、1981年。

染谷恭次郎「創刊の辞」『国際会計研究学会年報』1984年度号、1985年。

Kyojiro Someya (ed.), *The Proceedings of the Sixth International Conference on Accounting Education*, Greenwood Press and Yushodo, 1988.

染谷恭次郎（編著）『会計学の国際的展開』中央経済社、1989年。

染谷恭次郎「国際会議に見る会計学の展開」染谷恭次郎（編著）『会計学の国際的展開』中央経済社、1989年。

染谷恭次郎『最新精説簿記（改訂版）』成文堂、1992年。

染谷恭次郎『ある会計学者の軌跡――ひとつの会計学史』税務経理協会、1997年。

Nicholas A. H. Stacey, *English Accountancy 1800-1954: A Study in Social and Economic History*, Gee, 1954.

Jas. C. Stewart, *Pioneers of a Profession: Chartered Accountants to 1879*, Scottish Committee on Accounting History, Institute of Chartered Accountants of Scotland, 1977.

高橋吉之助「会計原則の理論的構造」黒澤清（責任編集）『近代会計学大系［第1巻］会計学の基礎概念』中央経済社、1968年。

高松和男「貨幣的測定」黒澤清（主編）『体系近代会計学［第1巻］　会計学の基礎概念』中央経済社、1959年。

武田隆二「伝統的会計思考の連続と断絶」『企業会計』第22巻第14号、1970年。

武田隆二『情報会計論』中央経済社、1971年。

武田隆二『簿記Ⅰ――簿記の基礎』税務経理協会、1978年。

武田隆二『簿記一般教程（改訂版）』中央経済社、1983年。

武田隆二『最新財務諸表論（第11版）』中央経済社、2008年。

武田隆二『会計学一般教程（第7版）』中央経済社、2008年。

瀧田輝己『簿記学』同文舘出版、2002年。

田村威文、中條祐介、浅野信博『会計学の手法――実証・分析・実験によるアプローチ』

中央経済社、2015年。
田中弘『新財務諸表論（第2版）』税務経理協会、2006年。
O. ten Have, *De Geschiedenis van het Boekhouden*, Delwel Publishing Co., 1974.
O. ten Have／A. van Seventer（trans.）, *The History of Accountacy*, Bay Books, 1976.
O. テン・ハーヴェ（O. ten Have）／三代川正秀（訳）『会計史』税務経理協会、1987年。
O. テン・ハーヴェ／三代川正秀（訳）『新訳 会計史』税務経理協会、2001年。
照屋行雄『現代簿記の原理』中央経済社、2014年。
友岡賛「峯村さんと過ごした日々」『三田評論』第949号、1993年。
友岡賛『近代会計制度の成立』有斐閣、1995年。
友岡賛「三田の会計学、そのひとつの時代の終焉――會田義雄博士の長逝にあたって」『三田評論』第973号、1995年。
友岡賛『歴史にふれる会計学』有斐閣、1996年。
友岡賛「三田の会計学」『三色旗』第586号、1997年。
友岡賛「染谷恭次郎著『ある会計学者の軌跡――ひとつの会計学史』」『税経通信』第52巻第12号、1997年。
友岡賛『株式会社とは何か』講談社現代新書、1998年。
友岡賛（編）『会計学の基礎』有斐閣、1998年。
友岡賛「第1章 会計とはなんだろう」友岡賛（編）『会計学の基礎』有斐閣、1998年。
友岡賛『会計プロフェッションの発展』有斐閣、2005年。
友岡賛『会計の時代だ――会計と会計士との歴史』ちくま新書、2006年。
友岡賛「三田の会計学――慶應義塾大学商学部創立50周年記念」『三田商学研究』第50巻第1号、2007年。
友岡賛『「会計」ってなに？――12歳からはじめる賢い大人になるためのビジネス・レッスン』税務経理協会、2007年。
友岡賛「第1章 会計の意義」友岡賛（編）『会計学』慶應義塾大学出版会、2007年。
友岡賛「「会計史」小史」『三田商学研究』第51巻第6号、2009年。
友岡賛『会計学はこう考える』ちくま新書、2009年。
友岡賛「会計史の論点」『三田商学研究』第54巻第3号、2011年。
友岡賛『会計学原理』税務経理協会、2012年。
津曲直躬「会計情報と外部報告――AAA「会計の基礎理論の表明」をめぐって」『會計』第91巻第4号、1967年。
角ヶ谷典幸「渡邉泉著『会計の歴史探訪』」『會計』第186巻第5号、2014年。
上野清貴『会計利益測定の理論』同文舘出版、1991年。
上野清貴『会計利益測定の構造』同文舘出版、1993年。
A. van Seventer, 'O. ten Have (1899-1974),' *The Accounting Historians Journal*, Vol. 4, No. 2, 1977.
B. G. Vickery, *Principles and Practice of Book-keeping and Accounts*, 6th ed., Donnington Press and Gregg Publishing, c1930.
J. H. フラマン（Joseph-H. Vlaemminck）／山本紀生（著訳）『簿記の生成と現代化』晃洋

書房、2009 年。

若杉明『会計学原理（改訂増補版）』税務経理協会、2000 年。

Peter Walton (ed.), *European Financial Reporting: A History*, Academic Press, 1995.

P. ワルトン（Peter Walton）（編著）／久野光朗（監訳）『欧州比較国際会計史論』同文舘出版、1997 年。

渡邉泉『損益計算の進化』同文舘出版、2005 年。

渡邉泉『歴史から学ぶ会計』同文舘出版、2008 年。

渡邉泉「現代会計の落し穴」『会計史学会年報』第 27 号、2009 年。

渡邉泉「単式簿記と複式簿記の関係——複式簿記は単式簿記から進化したのか」『會計』第 182 巻第 5 号、2012 年。

渡邉泉『会計の歴史探訪——過去から未来へのメッセージ』同文舘出版、2014 年。

渡邉泉『帳簿が語る歴史の真実——通説という名の誤り』同文舘出版、2016 年。

Gregory B. Waymire and Sudipta Basu, *Accounting is an Evolved Economic Institution*, Now, 2008.

Brian P. West, *Professionalism and Accounting Rules*, Routledge, 2003.

Edward B. Wilcox, 'James Don Edwards, *History of Public Accounting in the United States* (East Lansing: Bureau of Business and Economic Research, Michigan State University, 1960, pp. xiv, 368, ＄6.50),' *The Accounting Review*, Vol. 36, No. 3, 1961.

R. Glynne Williams, *Elementary Book-keeping*, 2nd ed., Donnington Press and Gregg Publishing, c1930.

Arthur H. Woolf, *A Short History of Accountants and Accountancy*, Gee & Co., 1912.

ウルフ（Arthur H. Woolf）／片岡義雄、片岡泰彦（訳）『ウルフ会計史』法政大学出版局、1977 年。

Beresford Worthington, *Professional Accountants: An Historical Sketch*, Gee & Co., 1895.

山桝忠恕「「資本維持」考」企業利益研究委員会（編）『会計上の利益概念』同文舘出版、1968 年。

山桝忠恕（責任編集）『体系近代会計学［第 1 巻］　会計学基礎理論』中央経済社、1980 年。

山桝忠恕「会計理論における伝統と変容」山桝忠恕（責任編集）『体系近代会計学［第 1 巻］　会計学基礎理論』中央経済社、1980 年。

山桝忠恕「「会計」の定義に関する吟味＜序説＞」『三田商学研究』第 25 巻第 3 号、1982 年。

山桝忠恕、嶌村剛雄『体系財務諸表論　理論篇（改訂版）』税務経理協会、1978 年。

山下勝治『新経営経済学大系　第 6 巻　損益計算論——損益計算制度の発展』泉文堂、1950 年。

Basil S. Yamey, Notes on the Origin of Double-Entry Bookkeeping, *The Accounting Review*, Vol. 22, No. 3, 1947.

B. S. Yamey, 'Scientific Bookkeeping and the Rise of Capitalism,' *The Economic History Review*, 2nd Series, Vol. 1, Nos. 2&3, 1949.

米山正樹「概念フレームワーク——概念フレームワークに関する分析視座」平松一夫、辻山栄子（責任編集）『体系現代会計学［第 4 巻］　会計基準のコンバージェンス』

中央経済社、2014年。
S. C. Yu, *The Structure of Accounting Theory*, University Presses of Florida, 1976.
S. C. ユー（S. C. Yu）／久野光朗（監訳）『会計理論の構造──認識論と方法論』同文舘出版、1982年。
V. K. ジンマーマン（Vernon K. Zimmerman）／小澤康人、佐々木重人（訳）『近代アメリカ会計発達史──イギリス会計の影響力を中心に』同文舘出版、1993年。

人名索引

Anderson, Malcolm（アンダーソン） *136, 268, 281, 284*
Ball, Ray（ボール） *152, 155*
Banyard, Cyril W.（バンヤード） *266*
Basu, Sudipta（バスー） *157, 158, 163*
Beaver, William H.（ビーバー） *154, 155*
Bedford, Norton M.（ベッドフォード） *180*
Blough, Carman G.（ブロウ） *180*
Brewster, Mike（ブルースター） *136, 264, 268, 284*
Brief, Richard P.（ブリーフ） *147, 250, 253*
Brown, Philip（ブラウン） *152, 155*
Brown, Richard（ブラウン） *242-245, 247, 257, 267, 273, 274, 278, 285*
Buckley, John W.（バックリー） *267, 270, 271*
Buckley, Marlene H.（バックリー） *267, 270, 271*
Carey, John L.（キャリー） *268, 275, 277*
Carr-Saunders, A. M.（カーサンダース） *266, 269*
Chambers, Raymond J.（チェンバース） *180*
Chatfield, Michael（チャットフィールド） *100, 101, 105, 139, 140, 250, 254-256, 259*
Clikeman, Paul M.（クリックマン） *269, 288*
Cotrugli, raguseo Benedetto（コトルリ） *95, 96, 98*
Courtereels, Jean（クーテレールス） *96, 98*
Datini, Francesco de Marco（ダティーニ） *105-107*
Dicksee, Lawrence R.（ディクシー） *131, 132, 137, 138-140, 142-147*
Edwards, James Don（エドワーズ） *268, 275, 276*
Edwards, J. R.（エドワーズ） *108, 162, 163, 258-261, 281*
Gernon, Helen（ガーノン） *217*
Gilman, Stephen（ギルマン） *171, 173, 179, 180*
Gleeson-White, Jane（グリーソン・ホワイト） *106, 264*
Goldberg, Louis（ゴールドバーグ） *180*
Grady, Paul（グラディー） *180*
Green, Wilmer L.（グリーン） *249, 250, 251, 267, 274*
Hatfield, Henry Rand（ハットフィールド） *180*
Kedslie, Moyra J. M.（ケドスリー） *279*
Kircher, Paul（キルシャー） *180*
Kohler, Eric L.（コーラー） *50, 57, 76, 94, 133, 134, 161*
Landis, James M.（ランディス） *161*
Lee, T. A.（リー） *260, 261, 268, 269, 278, 282, 285, 286*
Lee, Tom（リー） → Lee, T. A.（リー）
Lisle, George（ライル） *131, 144*
Littleton, A. C.（リトルトン） *72, 77, 92, 93, 133, 150-153, 156, 180, 228, 247-249, 257*
Mattessich, Richard（マテシッチ） *180*
Matthews, Derek（マシューズ） *268, 269, 281, 283, 284, 287*
Mautz, R. K.（マウツ） *179*
May, George O.（メイ） *135, 136, 156, 161, 172, 174, 178, 180*
McClelland, James（マックレランド） *267, 272, 273*
Meek, Gary（ミーク） *217*

Miranti, Jr., Paul J.（ミランティ）　*268, 280*
Montgomery, Robert H.（モンゴメリー、モントゴメリー）　*135-139*
Moonitz, Maurice（ムーニッツ）　*152, 179, 180, 251*
Moore, Underhill（ムーア）　*180*
Mueller, Gerhard G.（ミューラー）　*206, 209, 210, 212, 216, 217*
Paciolo, Luca（パチョーリ、パチョーロ、パツィオロ）　*72, 73, 77, 96, 123, 228, 231, 237, 239, 247*
Parker, R. H.（パーカー）　*140-143, 146, 147, 268, 273, 278, 279*
Paton, William Andrew（ペイトン、ペートン）　*71, 72, 150, 151, 153, 156, 179, 180*
Pattillo, James W.（パッティロ）　*180*
Pirie, Jim（ピリエ）　*268, 283, 284*
Pixley, Francis W.（ピクスリー）　*131, 132, 137, 140-142, 144, 146, 147*
Previts, Gary John（プレビッツ）　*252-254, 276*
Prince, Thomas R.（プリンス）　*180*
Roberts, Alfred R.（ロバーツ）　*250, 253, 254*
Robinson, H. W.（ロビンソン）　*268, 277*
Roslender, Robin（ロスレンダー）　*266, 267, 269*
Sanders, Thomas Henry（サンダース）　*162, 180*
Saudagaran, Shahrokh M.（ソーダガラン）　*217*
Schmalenbach, Eugen（シュマーレンバッハ）　*100, 101, 228*
Schweicker, Wolffgang（シュバイケル）　*123*
Scott, DR（スコット）　*180*
Shackleton, Ken（シャクルトン）　*268, 282*
Sharaf, Hussein A.（シャラフ）　*179*
Soll, Jacob（ソール）　*106, 264*
Stacey, Nicholas A. H.（ステーシー）　*267, 275*

Stewart, Jas. C.（スチュワート）　*244, 268, 278*
ten Have, O.（テン・ハーヴェ、テン・ハーベ）　*89, 254, 256-258*
van Seventer, A.（ファン・セベンター）　*256*
Vlaemminck, Joseph-H.（フラマン）　*89*
Walker, Stephen P.（ウォーカー）　*268, 282*
Walton, Peter（ウォルトン、ワルトン）　*214, 215, 262, 263*
Waymire, Gregory B.（ウェイマイアー）　*157, 158, 163*
West, Brian P.（ウエスト）　*267, 271*
Wilson, P. A.（ウィルソン）　*266, 269*
Woolf, Arthur H.（ウルフ）　*242, 245, 246, 257, 267, 273*
Worthington, Beresford（ワーシントン）　*267, 273*
Yamey, Basil S.（ヤーメイ）　*100, 113, 114, 119*
Yu, S. C.（ユー）　*180*
Zimmerman, Vernon K.（ジンマーマン）　*136, 142*

青木茂男　*190*
青柳文司　*134, 135, 142, 178, 189, 190, 192, 193, 202*
新井清光　*26, 32, 35, 40, 190, 194, 216*
飯野利夫　*31, 35, 39, 190*
李相和　*218*
石川昭　*217*
井尻雄士　*66, 67, 153, 180, 199, 200, 202, 203*
伊藤邦雄　*32, 38, 40, 48, 50, 150, 152, 154, 155, 165, 204*
井上良二　*54, 59*
伊豫田隆俊　*54, 217*
岩崎勇　*213*
岩田巌　*81, 82*
上村久雄　*179, 181*
氏原茂樹　*217*
内川菊義　*90, 91, 92*
江村稔　*189, 191, 234*
大雄令純　*213*

岡田博憲　　　213
小栗崇資　　　88, 90, 91, 93, 103
小野保之　　　197
笠井昭次　　　15, 35, 37, 38, 41-45, 81, 150, 156, 191, 192
片岡泰彦　　　96, 123
河合秀敏　　　217
河崎照行　　　196
川本淳　　　29, 34, 184
菊谷正人　　　217
木村和三郎　　234
工藤栄一郎　　104, 105, 110, 116
黒澤清　　　168, 189-191, 232, 233
郡司健　　　196
小島男佐夫　　96, 226, 240, 242, 258
胡丹　　　213
権泰殷　　　217
斎藤静樹　　　49, 56, 57, 169, 182, 183
斎藤奏　　　217
斉野純子　　　217
榊原英夫　　　85, 217
阪本安一　　　196, 202
桜井久勝　　　26, 33, 34, 41, 42, 165
佐々木重人　　103
佐藤孝一　　　174
佐藤宗彌　　　217
鳶村剛雄　　　53, 217
清水哲雄　　　196, 203
清水泰洋　　　104, 240-242, 245, 274, 289
杉本徳栄　　　217
隅田一豊　　　216, 217
染谷恭次郎　　85, 207-212, 215-217, 232, 238
孫銀植　　　217
武田隆二　　　78, 79, 83, 187-189, 197-199, 204
田中隆雄　　　217
田中藤一郎　　234
田村威文　　　54, 150, 151, 153, 217
千葉準一　　　201, 239, 240
角ヶ谷典幸　　103
津曲直躬　　　189, 190, 194
徳賀芳弘　　　169, 217

戸田秀雄　　　213
友岡賛　　　14, 18, 19, 21, 27, 34, 35, 43, 51, 66, 67, 94, 98, 102, 103, 116, 140, 141, 145-147, 159, 163-165, 177, 187, 188, 193, 199, 201, 207, 213, 225, 245, 247, 250, 257, 289
中島省吾　　　172, 189, 206, 216
中地宏　　　213
中野常男　　　82, 109, 110, 112-116, 119, 239-243, 245, 247, 249, 274, 289
永野則雄　　　57, 58, 60, 65, 68
中村宣一郎　　54, 217
中村忠　　　195, 196, 274
成田修身　　　132, 133, 143
沼田嘉穂　　　82, 83, 95
野村健太郎　　213
橋本寿哉　　　121
馬場克三　　　90-92
原田富士雄　　196-199, 202, 203
土方久　　　123
平賀正剛　　　213
平林喜博　　　227, 242, 245
平松一夫　　　196, 213, 217
広瀬義州　　　26, 34, 35, 37, 38, 42, 52, 165
廣本敏郎　　　50, 204
藤井則彦　　　217
藤井秀樹　　　36, 38, 42, 45, 156, 157, 165, 177
藤田幸男　　　202, 206, 210, 215, 217
不破貞春　　　171, 175, 178
松井泰則　　　214, 217, 218
溝口一雄　　　216
茂木虎雄　　　132, 231, 257, 258
森川八洲男　　52, 85, 201, 212, 213, 218
山下勝治　　　233, 234
山桝忠恕　　　23, 28, 49, 53, 61, 169, 181, 182, 191
山本昌弘　　　217, 218
吉田寛　　　216, 217
若杉明　　　53, 217, 232
渡邉泉　　　14, 77, 86-90, 92, 93, 96, 97, 99, 101-103, 111, 112, 114, 120-122, 124, 125, 127, 227-230

事項索引

Alphabet

AAA（アメリカ会計学会） 27, 151, 153, 158, 160, 161, 181, 189-191, 198, 200, 202, 207, 250-254
――会計史委員会 250-254, 262
ASOBAT（基礎的会計理論に関するステートメント） 27, 28, 189, 190, 193, 195, 197-199
FASB（財務会計基準審議会） 60, 154, 155, 164, 185
GAAP（一般に認められた会計原則） 156, 157, 251
IAS → 国際会計基準
IASB（国際会計基準審議会） 185, 219
――財務会計ステートメント 60
IASC（国際会計基準委員会） 207, 218, 219
IFRS（国際財務報告基準） 212, 219
IOSCO（証券監督者国際機構） 219
SHM 会計原則 160, 162

【あ行】

アイルランド勅許会計士協会 277, 283
アメリカ公認会計士協会 207, 275, 277, 280
イギリス会計学 131, 137, 143
意思決定 192, 193, 195-197, 204
――会計 40, 43
――支援会計 200-202
――支援機能 34, 165
――有用性アプローチ 42, 47, 48, 152, 165
一貫性 149, 150, 166
一般に認められた会計原則 → GAAP
イングランド＆ウェールズ勅許会計士協会 144, 145, 280, 282, 288

エクィティ・アカウンティング → 利害調整会計
エディンバラ会計士協会 244, 272, 285, 286
演繹的規範論 150, 151
オペレーショナル・アカウンティング → 意思決定支援会計

【か行】

会計 13, 18-20, 22-25, 28, 32, 40, 46, 47, 60, 61, 71, 74, 76-79, 81, 82, 115, 143, 191, 202, 203, 245, 248
――学 28, 131-133, 145, 155, 167
――学史 235-237
――期間の公準 21, 26, 185
――基準 150, 154, 156, 161, 164, 183, 194, 206, 220, 221
――原則 160-162, 174
――公準 26, 169, 170, 173, 174, 178, 179, 185
――公準の歴史的サーベイ 180
――史 132, 167, 225, 251, 259
――士 133, 134, 138, 160, 270, 274, 284, 288
――士会計学 131, 134, 135
――史家協会 250, 253, 254, 278, 286
――史学史 230, 231, 233, 237
――士協会 144
――士史 265
――写像説 65
――主体 170-172, 175, 177, 178, 183-185
――情報 15, 17, 22, 48, 152, 193
――責任 31-39, 42-46
――測定の基礎に関する委員会 200
――測定論 200-203

索　引　309

──単位　　171, 172, 175, 176, 178
──築像説　　65-67
──通史　　227, 234, 242, 243, 257, 261
──の拡大　　21
──の定義　　16, 18, 82, 190, 192
──の要件　　14, 20, 21, 24
──プロフェッション　　131, 135, 136, 143, 158, 160, 161, 207, 250-252, 265, 267, 269, 271, 273, 277, 281, 283, 287, 288
──プロフェッション史　　272, 273, 278
会社法　　137, 142, 163, 251
概念フレームワーク　　154-156, 164, 165, 185, 212
科学的簿記　　95
学者会計学　　134, 135
株式会社　　31, 35, 46, 73-75, 132, 136
貨幣　　22, 23, 83, 92, 125
──数値　　20, 22, 24, 25
──的測定　　168, 170, 172
──的測定の公準　　20, 21, 27, 172, 173, 185
監査　　73, 75, 131, 136, 138, 140, 160, 163, 251, 258, 287, 288
──人　　141, 142, 288
──論　　131, 132, 137, 139, 141, 179
完全な簿記　　95, 100, 111, 121, 122, 124, 126
簡便な簿記　　98, 100, 112, 113, 121, 124, 126
簡便複式簿記　　99, 100
管理会計　　14, 39, 40, 43, 44, 134, 135, 159, 160, 206
期間損益計算　　27, 48, 54, 132
企業　　21, 47
──会計　　16, 26, 32, 35, 41, 49, 52, 149, 191
──会計原則　　58
──価値　　13, 14, 22, 48
──実体　　26, 168, 170-172, 175
──実体の公準　　21, 177, 185
──体　　169, 174-178, 183, 184

基礎的会計理論に関するステートメント　　→ ASOBAT
帰納的規範論　　150, 156
グラスゴー会計士・保険数理士協会　　272, 286
経営者会計学　　134
計算書類規則　　58
継続企業　　26, 27, 170, 172, 175
──の公準　　21, 26, 174
原価計算　　73, 75, 136, 252
検証可能性　　164, 166, 194
原則主義　　162, 164
公準　　23, 25, 26, 170, 172, 173, 176, 181-183, 185, 202, 203
公正性　　150, 166
ゴーイング・コンサーン　　168, 172, 175, 176
国際会計　　206, 207, 210, 211, 262
──基準（IAS）　　162, 164, 206, 212, 216, 218, 219
──基準委員会　　→ IASC
──基準審議会　　→ IASB
──教育会議　　207-209
──士会議　　207
──論　　205, 208, 209, 216, 220
国際財務報告基準　　→ IFRS
国際的な収斂／調和化　　218
コンセプト・ベース　　→ 原則主義

【さ行】

財産管理　　14, 18, 20, 24, 25, 27, 37-39, 44, 80, 90, 91, 99, 101, 108, 116
財産法　　50, 63
財務会計　　14, 33, 34, 36, 39-44, 48, 134, 135, 155, 159, 160, 163, 172, 258
──基準審議会　　→ FASB
財務諸表　　14, 41, 64, 67, 68, 76, 77, 80, 153, 159, 193, 271
財務表　　73, 74, 77
時価評価　　149, 176
資産　　55, 56, 117
──負債アプローチ　　50, 55, 56, 63
実現主義　　60, 83

実在勘定　115-117
資本　22, 50, 52, 53, 58, 59, 61, 63-65, 75, 184
　──維持　61, 62
　──不可侵　61, 62
写像　64-66
収益　50, 52-56, 60, 63, 75, 117, 118
　──費用アプローチ　50, 55, 56, 63
受託責任　32, 33, 35-38, 45, 46
　──会計　40, 201
取得原価評価　149
純資産　63, 64
証券監督者国際機構 → IOSCO
常識的簿記　95
少数株主持分　184
情報　13, 19-25, 190, 192, 195, 204
　──会計　187-189, 195-199, 201, 202
　──提供機能　33, 34, 165, 166
剰余金　58
スコットランド勅許会計士協会　244, 278, 280, 282, 286
　──会計史委員会　278
制度会計　187, 188, 195-198, 201
税務会計　39
責任負担・責任解除会計　108, 109
説明責任　33, 36-39, 165
倉庫会計　90, 91
測定　19, 20, 24, 25, 47, 48, 53, 56, 65, 199, 202
損益計算　52, 53, 90, 91, 101, 114, 115, 118, 122, 176, 234
　──書　16, 17, 117
損益法　50, 63, 118

【た行】

貸借対照表　16, 17, 49, 65, 117, 132
単一性の原則　197
単記式簿記　90, 91, 99, 101
単式簿記　24, 87-90, 93-101, 103, 105, 107-113, 120-125, 127
勅許会計士　140-142, 145, 244, 273, 280

当期純利益　13, 50
統合報告書　22, 28

【な行】

二面性　17, 126, 127
　──公準　15

【は行】

発生主義　60, 83, 150
比較会計史　214
比較会計制度論　214, 216
非貨幣数値情報　21, 22
費用　50-56, 60, 63, 117, 118
不完全な簿記　95, 100, 111, 120, 121, 124, 125, 126
複式簿記　13-17, 20, 21, 24, 48, 72, 74, 75, 81, 85, 87-114, 116, 118, 120-127, 191, 230, 234, 240, 248, 257
負債　55, 56, 117
不偏性　194
プリンシプル・ベース → 原則主義
ベスト・プラクティス　157-160, 162, 163, 181, 183
包括利益　13
法定準備金　58
簿記　13, 14, 71, 74-87, 92, 102, 104, 112, 115, 122, 125, 240, 248
　──一巡の手続き　76, 79, 80

【ま行】

名目勘定　115-118
目的合理性　194, 195, 197, 198
模範通常定款　142, 163

【ら行】

利益　13, 22, 31, 47-55, 58-64, 66
　──計算　91, 118
利害調整会計　40, 200, 201
利害調整機能　33, 34, 165, 166
連結会計　158, 206

跋——三教授の思い出

「序」に述べられたように、『会計学の基本問題』というタイトルのお蔭で、久方振りに峯村さんのことを思い出し、三教授のことを思い出し、本書をもって彼らに捧げることにした。

峯村さん（1993年歿）と會田さん（1995年歿）については『三田評論』のために記した追悼文があるため、ここに再録する。山桝さん（1984年歿）についてはたまたま先日、ブログにおいて言及したため、その小文を（些か加筆の上）ここに収める。

峯村信吉[1]

「なにか申し上げようと筆をとりましたが、いずれ拝眉の日にゆずります」。

峯村さんからの手紙にそうあった。留学中のことだった。正直言って、なにも内容のない手紙だったが、それがまた、いかにも峯村さんらしいという気もした。しかしまた、なにか言いたいような、そんな文面でもあった。それほど筆まめではない峯村さんだったから、手紙をもらったことが嬉しくもあり、また少しく気掛かりでもあった。暗く、そして寒いグラスゴウ大学のオフィスで、短い手紙を何度も読み返した。結局「拝眉の日」は来なかった（やっぱり、なにか仰りたいことがあったんですか？　先生）。

三田に帰って来て、また教壇に立っている。「会計学史」も「財務諸表論」も、ふたつとも、かつては峯村さんが講じていた（偶然とは言え不思議ですね、先生）。そう言えば、最初の出会いも「会計学史」の講義のときだった。そう、あれは13年前、第1校舎2階の教室だった。ぶらりぶらりと、

---

1 「峯村さんと過ごした日々」『三田評論』第949号、1993年。

まるで散歩でもしているかのように、浮き世離れした老教授が入って来た。いま考えてみると、あのときはまだ還暦前だった。けれど、老教授という言葉が相応しかった。孤高の学者という風貌だった。それが峯村さんだった。
　講義はとても難しかった。そのうち解るようになるだろうと一所懸命聴いたが、1年経っても解らなかった。最初の出会いから6年後、峯村さんの退任を記念する学部の会で送辞を述べた。「峯村会計学は実に深遠でいまだに解りません」と言った。ときおり、学生に背を向けて黒板を見上げ、独り考え込んでしまう。急に自分だけの世界に行ってしまった峯村さん。その後ろ姿を見詰める僕。僕はペンを握ったまま10分も20分も待っていた。「この教壇で皆さんの貴重な時間をつぶすような仕事についたけど」などとも言っていたが、なかなかに味わい深い午後の一時だった。そんな時間こそが、なにかとても貴重なもののように思えた。ときどき自分の講義を録音していた。「夜、眠れないときに聴くと直ぐに眠たくなるんですよ」などとも言っていたけれど、峯村さんの講義では居眠りなんかできなかった。なにかとても貴重な時間のように思えた（でもやっぱり、あの講義、いま考えてみても難し過ぎましたよ、先生）。
　退任で研究室を引き払うため、夜遅く、ふたりで近くのマンションまで荷物を運んだ。真っ暗闇のなか、三田の山を下るとき台車を引っ繰り返してしまった（ちょっと夜逃げみたいでしたね、先生）。結婚のときには披露宴の乾杯の音頭をお願いした。「乾杯」と一言、たったそれだけだった。いかにも峯村さんらしかった。真夏の江ノ島の海に行った。ふたり並んで泳いだ。いわゆる弟子ではなかったのに、随分と親しかった。
　減価償却論の泰斗だった。柩には『減価償却会計』が収められた。ちょうど不惑、働き盛りだったはずの頃にものした。もちろんその頃の峯村さんは知らないが、働き盛りといった言い方はどうも似合わない。昔からあんな風だった、という。その本の直ぐ隣に花をたむけた。
　多くの、しかもどれもが質の高い著書がある。けれど、13年前の*Inflation Accounting*が最後になった。その後の峯村さんは経済学と会計学

との関係に思いをめぐらしていた。峯村さんにとって、それは畢生の仕事だった。「無駄骨になるかなあ」と言いつつも、分厚い草稿をいつも肩掛け鞄に入れていた。「やっぱり無駄骨だったかなあ」などと言いながら、ぶらりぶらりと黄泉路を歩いて行く、そんな姿が目に浮かぶ。それがまた、なにか峯村さんらしい逝き方のような気もする（でもやっぱり、もっと長生きして、あれを世に出せたらよかったですね、先生）。

　ウイスキーの大好きだった峯村さんが酒を止めて何年になるのだろう。ヘヴィ・ドリンカーだったから、いつも言っていた。「生きてる楽しみがないなあ」。けれど、古稀を過ぎてピアノを弾くのを楽しみにしていたという。ヘヴィ・スモーカーだったが、その煙草も数年前に止めた。凝り性だった峯村さんは、研究、という言葉が好きだった。どんなことについても「いやあ、いろいろ研究してみたんだけど」などと言っていた。酒の止め方、煙草の止め方も、随分、研究した、という。がしかし、少しく遅過ぎたのかもしれない。研究の完成が。「死ぬ前には思う存分、飲んでみたい」と言っていたのに、飲まずに逝ったという。通夜には一升瓶を提げて行った（祭壇にはこっちの方が似合うと思ったんですけど、やっぱりウイスキーの方がよかったですね、先生）。

　遺した蔵書をいただけるという。それを使ってなにか仕事をしようと思う。その前に、もう直ぐ書き終わる論文を峯村さんに捧げることにした。そして酒を止めた（煙草の方が後でしたね、先生）。

會田義雄[2]

　いわゆる洋式簿記（ヴェネツィア式簿記）のわが国への伝播は、一般に、明治初期のこととされているが、それは、日本初の洋式簿記書として銘記される『帳合之法』（初編、1873年刊）の存在があるからである。そして、福澤の手になるこの訳書の存在ゆえに、本塾はわが国における近代会計（学）

　2　「三田の会計学、そのひとつの時代の終焉——會田義雄博士の長逝にあたって」『三田評論』第973号、1995年。

の「原点」ともされている。

　福澤の『帳合之法』を持つこの塾が、爾来 100 有余年、わが国における会計（学）の近代化プロセスにあって、真に「原点」に恥じない貢献を（明示的に）なしてきたかどうかは知らない。とは言え、ただし、もしもそれを疑問視する向きがあるとしたら、それは、「（悪しき意味における）シューレ」を形成することなくきた「三田の会計学」、その気風によるものであろう。

　そして會田義雄こそは、まさにその気風の体現者であった。

　かつて慶應義塾に会計学の「三教授」があった。

　山桝忠恕、峯村信吉、そして會田であった。三邊金蔵（1962 年歿）、小高泰雄（1969 年歿）の両先達が拓き、また、その礎石を据えた「三田の会計学」であった。そして、それは、後継するかれら「三教授」によって開花した。

　三者三様の存在そのものが「三田の会計学」の気風を物語っていた。

　だがしかし、戦後の斯学発展に大きな足跡を残した山桝は退任を待たずに病に倒れ、減価償却論の泰斗峯村もすでに逝き、そして、此度、われわれは、最後のひとりを送った。

　三者三様の存在そのものが「三田の会計学」の気風を物語っていた。そしてまた、會田こそは、まさにその気風の体現者であった。

　斯学の全領域に通じ、わけても連結財務諸表論にあっては、その先駆にして権威であった。また「會田会計学」は「実証の会計学」としてつとに知名であった。著書、論攷は数え切れない。

　大学学部の會田研究会入会以来、15 年を超える「師」であった。多くを学んだ。とりわけ「大学人」として至高の範であった。

　会葬者にたいして謝辞を述べる機会を得、故人を評して書かれた一文を引いた。「大学人の仕事は三つあって、教育と研究と行政だという。私は會田先生ほど、この三つの分野のバランスを十分にとった人を知らない」（佐野陽子稿）。「大学人としての故人はこのことに尽きております」。そう結んだ。

三様の「三教授」であった。そのかれらから均しく教えを受けることのできた自分、そうした自分を果報者と思う。しかしながらまた、「三教授」に学ぶことのできたのも、「あの師」あってこそ、のことであった。形容すれば「寛容」の一言であった。

　一度も（いや一度しか）叱られたことがなかった。つねに恕されてきた不肖の弟子であった。そうした「師」に甘えてきてしまった不肖の弟子であった。「師」の長逝と相前後して上梓された処女作を「師」に献じていない不肖の弟子であった。「師」のために書きつつあった書は間に合わなかった。

　「師」の学風、その一片たりとも継承することのない不肖の弟子であった。とは言え、「三田の会計学」の気風、その体現者たる「師」であった。そのかれが「會田会計学」の（明示的）継承を望んでいたかどうか。それは知る由もない。

　「三教授」を失った「三田の会計学」、「三田の会計学」にとって、それは、ひとつの時代の終焉と言うよりほかはない。──がしかし、終わりはまた「始め」である。

山桝忠恕[3]

　新着の某誌に目を通していたら、或る論文にボクの本が引用されていた。執筆者の某大学の某先生は全く知らない人だが、知らない人に引用されるのはとても嬉しい。

　引用の意義・目的はいくつかあるが、いわばゴマスリ的な意図をもって引用する人も少なくなく、例えば、その本を引用する必然がないにもかかわらず、いつも師匠（指導教授）の本を引用しているような人も少なくない。

　急に山桝先生のことを思い出した。

3　友岡ゼミ blog（http://d.hatena.ne.jp/tomookazemi）、2015 年 7 月 3 日。

ボクがまだ大学院生の頃、山桝先生のお宅に伺って、色々なお話を伺った時のことを思い出した。
　その話のなかに「毎日々々、次々と色々な本や雑誌が送られてくるけれど、私は必ずその日のうちにすべてに目を通すようにしている」というものがあった。
　そして、その話は「特に自分が書いたものが引用されていないかどうかを真っ先にチェックする」と続いた。
　いかにも（人からどう見られているかをいつもとても気にしている）スタイリストの山桝さんらしいな、と思いながら、その話を聞いていた。

　山桝さんについては「素晴らしい人格者」と評する人が少なくないが、ボクは、しかし、体裁ばかりを気にしている山桝さん、そんな彼が好きだった。

著者紹介

友岡　賛（ともおか　すすむ）

慶應義塾大学卒業。
慶應義塾大学助手等を経て慶應義塾大学教授。
博士（慶應義塾大学）。

著書等（分担執筆書の類いは除く。）
『近代会計制度の成立』有斐閣、1995 年
『アカウンティング・エッセンシャルズ』（共著）有斐閣、1996 年
『歴史にふれる会計学』有斐閣、1996 年
『株式会社とは何か』講談社現代新書、1998 年
『会計学の基礎』（編）有斐閣、1998 年
『会計破綻』（監訳）税務経理協会、2004 年
『会計プロフェッションの発展』有斐閣、2005 年
『会計士の歴史』（共訳）慶應義塾大学出版会、2006 年
『会計の時代だ』ちくま新書、2006 年
『「会計」ってなに？』税務経理協会、2007 年
『なぜ「会計」本が売れているのか？』税務経理協会、2007 年
『会計学』（編）慶應義塾大学出版会、2007 年
『六本木ママの経済学』中経の文庫、2008 年
『会計学はこう考える』ちくま新書、2009 年
『会計士の誕生』税務経理協会、2010 年
『就活生のための企業分析』（編）八千代出版、2012 年
『ルカ・パチョーリの『スムマ』から福澤へ』（監修）慶應義塾図書館、2012 年
『会計学原理』税務経理協会、2012 年
『歴史に学ぶ会計の「なぜ？」』（訳）税務経理協会、2015 年

会計学の基本問題

2016 年 5 月 30 日　初版第 1 刷発行

著　者――――友岡　賛
発行者――――古屋正博
発行所――――慶應義塾大学出版会株式会社
　　　　　　　〒108-8346　東京都港区三田 2-19-30
　　　　　　　TEL〔編集部〕03-3451-0931
　　　　　　　　　〔営業部〕03-3451-3584〈ご注文〉
　　　　　　　　　〔　〃　〕03-3451-6926
　　　　　　　FAX〔営業部〕03-3451-3122
　　　　　　　振替　00190-8-155497
　　　　　　　http://www.keio-up.co.jp/
装　丁――――後藤トシノブ
印刷・製本――株式会社加藤文明社
カバー印刷――株式会社太平印刷社

　　　　　©2016 Susumu Tomooka
　　　　　Printed in Japan　ISBN 978-4-7664-2344-0

慶應義塾大学出版会

会計学

友岡賛編　会計は誰のためのものなのか、何のためにあるのか、などといった本質的な問題に始まり、会計の諸原則、財務諸表の基本的な仕組み、財務諸表の分析方法、会計制度などを簡潔かつ明瞭に解説した新スタンダード・テキスト。本文2色刷。　◎2,500円

会計士の歴史

R・H・パーカー著／友岡賛・小林麻衣子訳
会計士はどこからきたのか？　19世紀から20世紀初頭のイギリス・北米を舞台に、会計士の起源と発展の過程を明らかにし、その本質を考える。世界の研究者に影響を与えた名著ながら、平易簡潔で読みやすい。会計士を目指す方々にお勧めの一冊。　◎1,500円

表示価格は刊行時の本体価格(税別)です。